Algarve

mit Fernwanderweg Via Algarviana

Astrid Sturm

GPX-Daten zum Download

www.kompass.de/gpx

Kostenloser Download der GPX-Daten der im Wanderführer enthaltenen Wandertouren. Mehr Informationen auf Seite 3.

AUTORIN

Astrid Sturm • lebt in der Provence, Wandern ist ihre Leidenschaft. Sie war mehr als 10 Jahre als Fachbereichsleiterin Wege in einem deutschen Wanderverein tätig. Neben der Bewegung in der Natur befasste sie sich bereits sehr früh mit Datenverarbeitung und ist bestens mit GPS, Kartenkunde und digitaler Kartenbearbeitung vertraut. Darüber hinaus erarbeitete sie Qualitätskriterien für Wanderwege. Astrid Sturm ist europaweit unterwegs und war, neben ihrer regionalen Wandertätigkeit, in einer Arbeitsgruppe zur Weiterentwicklung des Europäischen Wanderwegenetzes aktiv.

Die Autorin betreut außerdem die KOMPASS-Wanderführer Spessart, Sardinien, Ahrsteig, Provence, Algarve und Nordportugal. Die neuen Ausgaben zu den Cevennen und dem Französischen Jakobsweg erscheinen 2023.

VORWORT

Die Algarve ist ein Fest für alle Sinne:
Endlos erscheinende Orangen- und Olivenplantagen, blühende Mandelbäume, sanfte Hügel, breite Flusstäler, bunte Felsen und türkisfarbenes Meer betören das Auge. Duftender, wilder Thymian und Rosmarin, süße Früchte, frischer Fisch und exzellente Weine schmeicheln Nase und Gaumen. An der Algarve hält der Sommer, was sein Name verspricht. Und ist es einmal brütend heiß, sorgt der Nortada für Erfrischung.
Quirlige Städte und Stille im Hinterland. Hier erlebt man nicht nur Natur, sondern auch Kultur: Tradition mit Zeugnissen aus der Römerzeit und moderne Architektur – die Algarve spielt mit ihrem Facettenreichtum. Die idyllischen Dörfer verzaubern und geben einen entspannten Rhythmus vor.
Bei meinen Wanderungen und Erkundungen durch diese Gegenden, habe ich stets sehr freundliche und interessierte Einheimische getroffen. In den Bars und Cafés der kleinen Dörfer entlang der Wege erfuhr ich zuvorkommende Gastfreundschaft, die den Wanderer freundlich einlädt, bei gutem Essen und einem kühlen Getränk zu rasten.
Ich wünsche viel Freude, Erholung und interessante Wanderungen an der Algarve.

Astrid Sturm

ORIENTIERUNG MIT GPS

Für Navigationsgeräte und Apps haben wir auf unserer Webseite alle Touren im GPX-Format zum Download bereitgestellt:

www.kompass.de/gpx

Hier findet man alle weiteren Informationen. Einfach das richtige Produkt auf der Seite auswählen, die Daten herunterladen und auf das Zielgerät oder in die gewünschte App importieren.

Mehrwert mit Spaßfaktor: Ob vorab zur Planung, als Sicherheit für unterwegs oder zum Erinnern und Archivieren der gegangenen Tour. Die digitale Wanderroute ist in vielerlei Hinsicht wertvoll. Ein Blick auf die Daten hilft Neues zu entdecken und liefert Inspirationen für die nächsten Touren. Alle Wandertouren aus diesem Führer stehen im GPX-Format kompakt und genau zur Verfügung.

Was ist ein GPX-Track? GPX ist ein Datenformat für Geodaten. Das Wort GPS steht für Global Positioning System (Globales Positionsbestimmungssystem). Mit einem GPX-Track bekommt man die rote Linie, also den Wanderpfad, als geografische Koordinaten.

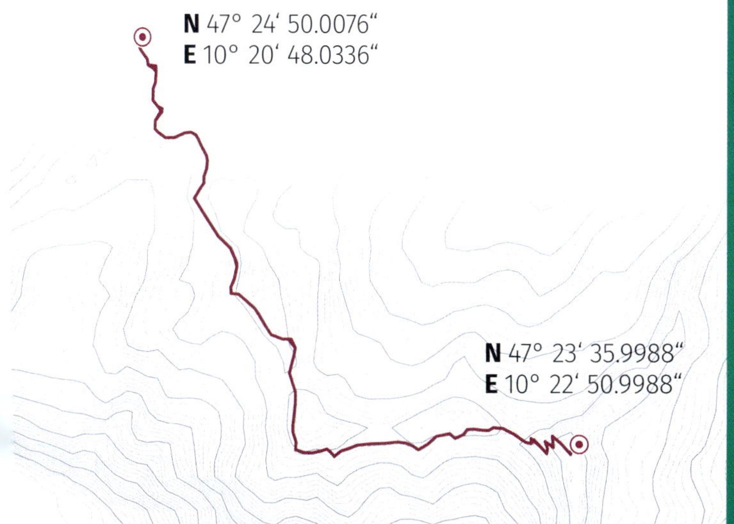

INHALT UND TOURENÜBERSICHT

AUFTAKT

ANHANG

km	h	hm	hm								
13,3	3:20	280	280	✓			✓		✓		
8	2:20	167	167	✓					✓		
7,9	2:10	268	211	✓					✓		
12,9	4:00	329	329	✓					✓		
14,4	4:20	309	309	✓					✓		
14,1	4:00	234	234	✓					✓		
10,4	3:20	374	374	✓					✓		
12,2	4:00	433	433	✓			✓		✓		
6,5	1:30	175	175	✓					✓		
8,7	3:00	415	415	✓				✓	✓		
7,6	2:30	355	355	✓				✓	✓		
7	2:15	359	359	✓			✓	✓	✓		
9,2	3:00	501	501	✓					✓		
19,8	6:30	1020	1020	✓			✓	✓	✓		
9,8	2:30	216	216	✓			✓		✓		
6,9	2:00	268	268						✓		
5,7	1:45	150	150	✓					✓		
6,9	2:00	294	294	✓					✓		
11,7	3:15	516	509	✓			✓		✓		
8,3	2:15	471	451	✓					✓		

INHALT UND TOURENÜBERSICHT

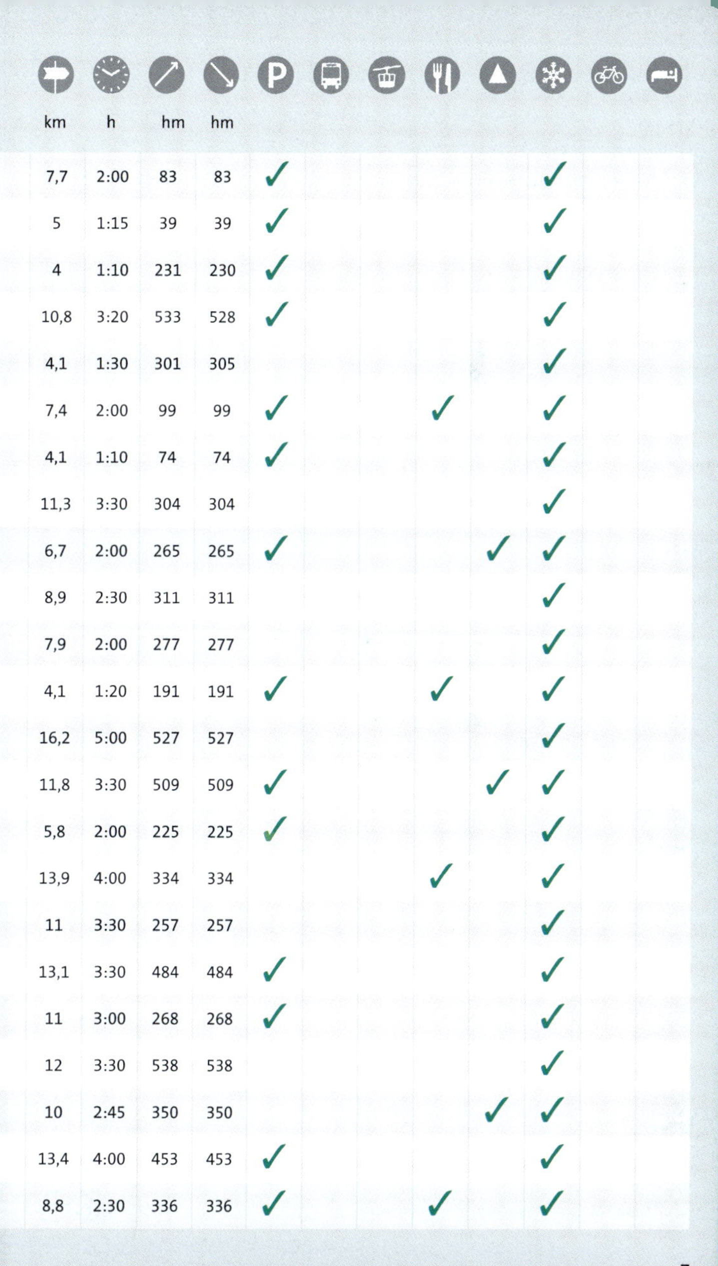

km	h	hm	hm								
7,7	2:00	83	83	✓					✓		
5	1:15	39	39	✓					✓		
4	1:10	231	230	✓					✓		
10,8	3:20	533	528	✓					✓		
4,1	1:30	301	305						✓		
7,4	2:00	99	99	✓			✓		✓		
4,1	1:10	74	74	✓					✓		
11,3	3:30	304	304						✓		
6,7	2:00	265	265	✓				✓	✓		
8,9	2:30	311	311						✓		
7,9	2:00	277	277						✓		
4,1	1:20	191	191	✓			✓		✓		
16,2	5:00	527	527						✓		
11,8	3:30	509	509	✓				✓	✓		
5,8	2:00	225	225	✓					✓		
13,9	4:00	334	334				✓		✓		
11	3:30	257	257						✓		
13,1	3:30	484	484	✓					✓		
11	3:00	268	268	✓					✓		
12	3:30	538	538						✓		
10	2:45	350	350					✓	✓		
13,4	4:00	453	453	✓					✓		
8,8	2:30	336	336	✓			✓		✓		

INHALT UND TOURENÜBERSICHT

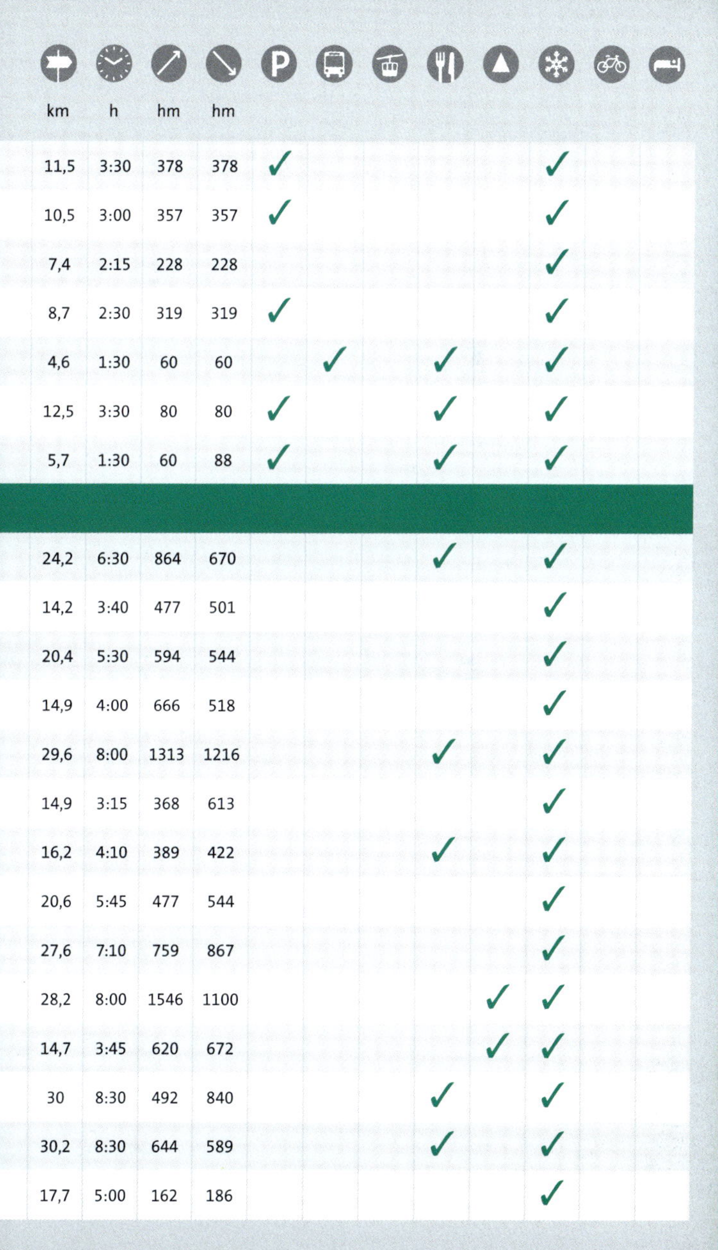

km	h	hm	hm								
11,5	3:30	378	378	✓					✓		
10,5	3:00	357	357	✓					✓		
7,4	2:15	228	228						✓		
8,7	2:30	319	319	✓					✓		
4,6	1:30	60	60		✓		✓		✓		
12,5	3:30	80	80	✓			✓		✓		
5,7	1:30	60	88	✓			✓		✓		
24,2	6:30	864	670				✓		✓		
14,2	3:40	477	501						✓		
20,4	5:30	594	544						✓		
14,9	4:00	666	518						✓		
29,6	8:00	1313	1216				✓		✓		
14,9	3:15	368	613						✓		
16,2	4:10	389	422				✓		✓		
20,6	5:45	477	544						✓		
27,6	7:10	759	867						✓		
28,2	8:00	1546	1100					✓	✓		
14,7	3:45	620	672					✓	✓		
30	8:30	492	840				✓		✓		
30,2	8:30	644	589				✓		✓		
17,7	5:00	162	186						✓		

GEBIETSÜBERSICHTSKARTE

Casével
Entradas
Parque Nat. do Vale do Guadiana
265
São Sebastião
IP2
Nsa. Sra. da Conceição
São Marcos da Ataboeira
Algodor
123
Castro Verde
Monte da Légua
Alcaria Ruiva
Corte Sines
Mina de São Domingos
São Pedro das Cabeças
Moreanes
12
Castro Verde
Santa Bárbara de Padrões
São João dos Caldeireiros
Mértola
265
Emb. del Chanza
2
Rosário
Senhora da Graça de Padrões
Ribeira de Oeiras
Guadiana
Almodôvar
Santo Amaro
São Miguel do Pinheiro
122
Sedas
Puerto de la Laja
Gomes Aires
267
São Sebastião dos Carros
Espírito Santo
Almodôvar
São Pedro de Solis
El Granado
R. Mira
Ribeira do Vascão
37
Alcoutim
Pereiro
51
Doqueno
Santa Cruz
36
Martim Longo
124
52
42/43
do Caldeirão
381
38
39
Vaqueiros
IC27
Foz de Odeleite
Cumeda do Malhão
Soudes
Ameixial
54
53
São Barnabé
33
34/35
Mealha
44
Odeleite
Cachopo
Estrada
R. Guadiana
55
45
2
Fortim
Portela
Vale da Rosa
Beliche do Cerro
40
Azinhal
56
E
29
58
57
32
46
Benafim Grande
V 525
18
131
124
Salir
30
Barranco Velho
Alcaria do Cume
Estorninhos
41
Res. Nat. do Sapal de Castro Marim
Castro Marim
Querença
Palheirinhos
IP1
31
São Brás de Alportel
Santa Catarina da Fonte do Bispo
Gilvrazino
28
E01
Loulé
Loulé
Cacela Velha
Vila Nova de Cacela
Monte Gordo
11
47
270
Pereiro
16
Praia de Cabanas
E01
Sta. Bárbara de Nexe
Pal. de Estói
Tavira
12
Santo Estêvão
Olhão
13
IP1
14
A22
50
Praia de Ilha de Tavira
Estói
Luz d.T.
Ilha de Tavira
Almansil
Moncarapacho
Quarteira
Torre de Ares
IC4
Vale da Venda
125
Bias do Sul
Vale do Lobo
49
Vale do Lobo
27
Olhão
Ilha da Armona
Faro
FAO
48
Ilha da Culatra
Parque Nat. da Ria Formosa
Ilha da Barreta
Cabo de Santa Maria
do Algarve

DAS GEBIET

Die Algarve ist etwa 135 km lang und 50 km breit und ist die südlichste von 18 Regionen Portugals. Der Name stammt aus dem Arabischen „Algharb", was „der Westen" bedeutet und einen Hinweis auf die bedeutsame Zeit der maurischen Herrschaft gibt. Die Algarve ist also nicht groß, aber sie ist vielseitig. Unzählige Strände – keiner wie der andere. Hohe Klippen. Kleine Flüsse. Hügel, Berge und Seen. Keine Stadt in der Algarve gleicht der anderen. Landschaftlich teilt sich die Algarve in verschiedene Naturräume auf: die Flusslandschaft des Guadiana, die dünne besiedelte Bergzone (Serra), das fruchtbare, von Landwirtschaft geprägte Bergvorland (Barrocal) und die touristisch erschlossene Küstenzone im Süden (Litoral Sul) und im Westen (Costa Vicentina). Die Litoral Sul wird nochmal unterteilt in die Fels-Algarve (Barlavento) und die Sand-Algarve (Sotavento). Jeder Landstrich hat seine typische Vegetation und Artenvielfalt. Die Flora der Algarve ist mit der des Mittelmeerraumes zu vergleichen und zeichnet sich durch eine überaus große Vielfalt aus. Die jeweilige Vegetation wird maßgeblich durch die klimatischen Verhältnisse und die Beschaffenheit der Böden bestimmt. Wer sich die Pflanzenwelt der Algarve ansehen möchte, kommt am besten im Frühjahr. Ab Dezember verwandelt sich die von der Sonne verbrannte und braune Landschaft in ein grünes Paradies. In der Algarve wachsen, neben den heimischen Arten, exotische Pflanzen aus dem Mittelmeerraum und aus Übersee. Sie kamen entweder mit den Römern und Arabern oder auf den Schiffen der portugiesischen Entdecker und Eroberer in die Region. Ein besonderes Erlebnis ist die Mandelblüte im Januar und Februar. Die zartrosa Blüten der kleinen Bäume geben der Landschaft dann eine sehr besondere Note. Im Februar und März verwandeln die Mimosen die Welt in ein Meer aus gelben Blütenkelchen. Ihre Blätter ziehen sich zusammen, wenn sie berührt werden. Die Orangenbäume verströmen ihren intensiven Duft zwischen Februar und Juni vor allem im Osten der Algarve. Der dornige Granatapfelbaum trägt seine roten Blüten von Mai bis September. Die weit verbreitete Zistrose mit ihren klebrigen Blättern zeigt ihre zerknitterten meist weiß-gelben Blüten zwischen März und Juni.

Medronho

Zahlreiche immergrüne Büsche mit orange-roten, kugeligen Früchten säumen die Ränder der Wanderwege. Aus den Früchten wird der Algarve-Schnaps Medronho hergestellt. Einen kommerziellen Anbau der sogenannten Erdbeerbäume gibt es nicht. Das Pflücken der Früchte ist mühselige Handarbeit und viele Bauern im Hinterland brennen den Schnaps selbst.

Früchte der Medronho-Sträucher

Die wilde Atlantikküste im Westen der Algarve

Portugal ist weltweit der größte Exporteur von Kork und die Korkeichen prägen weite Teile des Landschaftsbildes im Hinterland. Damit Korkeichen überleben können, werden sie nur alle zehn Jahre in mühevoller Handarbeit geschält. Das Jahr, in dem der Baum zuletzt abgeerntet wurde, wird mit weißer Farbe auf die Rinde geschrieben. Die rostrot leuchtende Farbe der frisch geschälten Bäume gibt sich der Baum als eine Art Schutzmantel selbst. In der Forstwirtschaft von Portugal hat der aus Australien stammende Eukalyptusbaum seinen Siegeszug angetreten. Auf gerodeten oder abgebrannten Waldflächen verspricht er durch sein schnelles Wachstum einen Gewinn in der Papierindustrie. Die ökologischen Folgen sind allerdings gravierend. Eukalyptusbäume entziehen dem Boden sehr viel Wasser und senken somit den Grundwasserspiegel. Andere Pflanzen werden zurückgedrängt und die ätherischen Öle der Eukalyptusbäume erhöhen die Waldbrandgefahr und stellen für die Tierwelt keine Nahrungsquelle dar.

In freier Wildbahn leben Chamäleons, Eidechsen, Füchse, Ginsterkatzen, Hasen, Otter, Schlangen, Steinmarder, Hirsche und Wildschweine. Man bekommt sie allerdings nur sehr selten zu Gesicht. Große Thunfisch-Schwärme ziehen im Sommer vor der Küste vorbei. Auf ihrem Weg ins Mittelmeer werden sie von Delfinen begleitet. Im Herbst und im Frühjahr machen riesige Schwärme von Zugvögeln Rast am Kap „Cabo de São Vicente“ und in der großen Lagune „Ria Formosa“. Störche nisten überall in der Algarve und Flamingos stehen in den seichten

Möwe im Naturpark „Ria Formosa“

Gewässern der Sand-Algarve. Viele andere, auch seltene Vögel leben in der Algarve. Ihnen und zu Ehren der vielen Zugvögel findet in und um Sagres jedes Jahr im Herbst das „Birdwatchingfestival“ statt.

Der Naturpark „Costa Vicentina“, der sich fast über die gesamte Westküste der Algarve erstreckt, ist eines der letzten großen Ökosysteme Europas. 60% aller Reptilien- und 65% aller Amphibienarten Portugals sind hier vertreten. In den Gewässern gibt es weit mehr als 100 verschiedene Fischarten. Der Naturpark „Ria Formosa“, eine Lagunenlandschaft, befindet sich zwischen Faro und Tavira. Durch einen, der Küste vorgelagerten, etwa 60 km langen, Dünenstreifen wird die Lagune vom Meer getrennt. Ein paar Verbindungen von der Lagune zum Meer sorgen dafür, dass das Wasser ständig ausgetauscht wird. Bei Flut ist die Lagune ein ruhiges Meer, bei Ebbe wird sie zu einem System von Millionen kleinen Wasserrinnen. Wegen des hohen Salzgehaltes des flachen Wassers, den vielen Salzwiesen und Muschelbänken ist die Lagune „Ria Formosa“ ein einzigartiger Lebensraum für seltene Pflanzen, Vögel und Wassertiere. Im Winter lassen sich die Zugvögel aus Nordeuropa hier nieder. Wenn sie nicht bleiben und brüten, tanken sie Kraft für den Weiterflug. Man zählt über 200 Vogelarten, fast 700 Pflanzenarten, an die 300 Krustentierarten, annähernd 80 Fischarten, 15 Reptilienarten und beinahe 20 Muschel- und Schneckenarten.

Korkeiche in der Serra de Monchique

Das älteste Naturschutzgebiet und wichtigste Wattgebiet Portugals befindet sich im Mündungsbereich des Flusses „Rio Guadina“ an der spanischen Grenze bei Castro Marim. Die Sumpflandschaft ist für ihren Vogelreichtum bekannt. Der Naturpark „Sapal do Castro Marim“ ist Lebensraum und Brutgebiet vieler Vogelarten. In den Feuchtgebieten mit den Salinen leben neben Reihern, Störchen und Stelzenläufern auch Flamingos, die hier gemeinsam mit vielen anderen Zugvögeln überwintern oder rasten. Es lassen sich 153 Vogelarten beobachten und 440 Pflanzenarten entdecken.

WANDERWEGE UND MARKIERUNGEN

Die Algarve ist bei entsprechender Ausrüstung eine Ganzjahreswanderregion. Die beste Wanderzeit ist jedoch von März bis Ende Mai, wenn die Natur am buntesten und vielfältigsten ist. Die Erntezeit kann man besonders schön auf Wanderungen im Barrocal und in der Serra erleben, wenn die Medronho-Früchte, Granatäpfel und Esskastanien reif sind. Und im Dezember beginnt die Natur wieder zu grünen und zu blühen. Sogar ein Bad im Atlantik ist dann noch möglich.

Eselspfad zwischen Trockensteinmauern

Die portugiesischen Wanderwege sind durchgängig sehr gut markiert. Die Fernwanderwege sind weiß-rot markiert. Die regionalen und die Naturparkwanderwege (PR) werden gelb-rot gekennzeichnet.

Die Via Algarviana führt in 14 durchgängig sehr gut markierten Tagesetappen 300 km weit von Alcoutim am spanischen Grenzfluss Guadiana bis zum sagenumwobenen Kap des heiligen Vinzenz am Atlantik. Durch das hügelige Hinterland der Algarve, vorbei an ursprünglichen Dörfern und kulturhistorisch wichtigen Städten durchläuft die Via Algarviana abwechslungsreiche Landschaften. Es gibt eine eigene Homepage, auf der ein zweisprachiger Wanderführer (Portugiesisch und Englisch) und Kartenmaterial heruntergeladen werden können:
www.viaalgarviana.org

Winde an der Algarve

Nortada: Der Nordwind ist ein Passat-Ausläufer, der von Mai bis September konstant bläst. Am stärksten und beständigsten ist er im Hochsommer, besonders an der Westküste, wenn sich über dem Atlantik ein dickes Azorenhoch breit macht.

Levante: Starke Sommerhitze hält in der Regel immer nur ein paar Tage an, wenn statt der kühlen Winde vom Atlantik der warme Levante bläst. Er führt heiße und trockene Luft von Südspanien und Nordafrika nach Portugal.

	Fernwanderweg	lokaler Wanderweg (PR)
Markierung des Wanderwegs		
Richtungswechsel/ Abzweigung		
Falscher Weg		

Markierungssystematik in Portugal

SCHWIERIGKEITSGRADE

■ LEICHT

Leichte Wanderungen auf Forstwegen ohne größere Steigungen. Meist auch für Familien mit Kindern geeignet, obwohl sie nicht durchgehend bequemen Promenaden folgen, sondern auch wurzeligen Pfaden.

■ MITTEL

Wanderungen, die hinsichtlich ihrer Länge, Wegebeschaffenheit und Höhenmetern anspruchsvoller sind. Sie setzen Kondition und Ausdauer voraus.

■ SCHWER

Anspruchsvolle Tour, die Trittsicherheit, gute Kondition und Schwindelfreiheit erfordert oder Klettersteige beinhaltet.

HINWEIS

Gehzeiten und Schwierigkeitsbewertungen können nur Richtwerte sein. Für Pausen und Besichtigungen sollte reichlich zusätzliche Zeit eingeplant werden. Faktoren wie das Wetter und individuelle Voraussetzungen gilt es zu berücksichtigen.

EINKEHRMÖGLICHKEITEN

Das Einkehrsymbol auf der Seitenleiste bezieht sich auf Einkehrmöglichkeiten unterwegs. Da sich die Öffnungszeiten saisonal sehr unterscheiden, sollten Sie sich vorab über Übernachtungs- und Einkehrmöglichkeiten informieren.

JÄGER

Die Portugiesen jagen gerne. Während der Saison von Mitte August bis Ende Februar sollten Hundebesitzer ihre Vierbeiner nicht von der Leine lassen. Gejagt wird donnerstags und an Wochenenden.

Notrufe

Allgemeiner Notruf:
112 (europaweit)
Notrufnummer des Forstdienstes: 115 (etwa bei Waldbrand)

Dunkle Felswände, endlose Sandstrände und immer eine steife Brise um die Nase, das sind **die wilden Strände von Vila do Bispo** (Tour 5). Der Praia da Cordoama ist ein weitläufiger Strand. Deshalb gibt es hier auch in der Hochsaison immer ein ruhiges Plätzchen. Er liegt zu Füßen dunkler Felswände. Sie ragen bis zu 100 Meter vom Strand empor. Der Praia do Castelejo wird ebenfalls von hohen Felswänden dominiert. Im Süden des Strandes sind sie besonders hoch. Am Praia do Castelejo ist schon etwas mehr los, als am Nachbarstrand. Vor allem, weil viele Surfer diesen Strand für sich entdeckt haben. Das Panorama vom Ponte de Aspa ist atemberaubend. Strände so weit das Auge reicht.

Die Gischt trübt die Sicht, umhüllt alles mit mystischem Licht

MEINE HIGHLIGHTS

1: Kultur-Highlight: Die Menhire und Nekropolen von Vale Fuzeiros machen diese Wanderung zu einem einmaligen Bildungsausflug.
→ Tour 16, Seite 74

2: Familien-Highlight: Die kurze Strandwanderung auf der Ilha de Tavira begeistert auch die Kleinsten: Mit der Bimmelbahn geht's zum Strand und dort locken Restaurants mit kulinarischen Genüssen. Da ist für jeden was dabei! → Tour 49, Seite 177

3: Genuss-Highlight: Die Streckenwanderung an der Landzunge „Ponta da Piedade" führt entlang verträumter Strände und beeindruckender Felsen nach Lagos, einem hübschen und quirligen Städtchen mit vielen Restaurants und Cafés.
→ Tour 20, Seite 87

4: Natur-Highlight: Fast die gesamte Algarve überblicken. Die elfte Etappe der Via Algarviana geht hoch hinauf, auf den Fóia in der Serra de Monchique.
→ Tour 61, Seite 226

5: Sportliches Highlight: Die anspruchsvolle fünfte Etappe der Via Algarviana hat es in sich. Fast 30 km im Auf und Ab über die Berge und durch wilde Flusslandschaften nach Barranco do Velho.
→ Tour 55, Seite 202

3

4

5

Sanfte Hügel mit Pinien- und Eukalyptusbäumen im Hinterland

DER STRAND VON ODECEIXE • 5 m

Dünen, Strand und Hinterland

START | Parkplatz in Odeceixe.
Anfahrt: Odeceixe liegt an der N120 zwischen Aljezur und Odemira. Die kleine Ortschaft klebt an einem steilen Hang. In der Niederung befinden sich zahlreiche Parkplätze. Eine Wandertafel neben den Parkplätzen ist unser Startpunkt.
Hinweis: Ausreichend Wasser, einen Sonnenschutz und evtl. ein Fernglas zur Storchbeobachtung mitnehmen! Badesachen nicht vergessen!
[GPS: UTM Zone 29 x: 520.399 m y: 4.143.067 m]
CHARAKTER | Die landschaftlich sehr reizvolle Tour ist entlang der Küste grün-blau, in den Farben des Fischerpfades, markiert. Im Landesinneren folgt sie der Rota Vicentina (weiß-rote Zeichen). Wegweiser helfen bei der Orientierung.
EINKEHR | Cafés und Restaurants in Odeceixe und in Praia de Odeceixe.

Das beschauliche Städtchen Odeceixe liegt ein wenig abgeschieden im äußersten Nordwesten der Algarve. Verwinkelte Gassen schlängeln sich einen Hang hinauf zum Wahrzeichen des Ortes: der Windmühle „Moinho de Odeceixe".

▶ Wir starten unsere Tour neben den Parkplätzen, in dem kleinen Ort **Odeceixe** 01, an einer Informationstafel zu dem Fernwanderweg „Rota Vicentina" und gehen in Richtung Meer. Schnell erreichen wir den Ortsausgang und wir

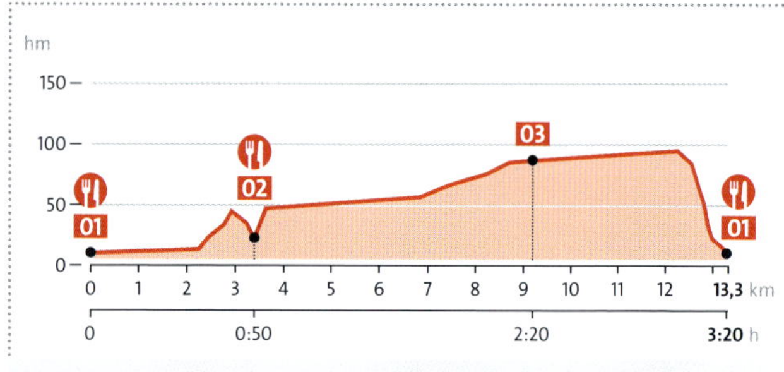

01 Odeceixe, 5 m; 02 Praia de Odeceixe, 18 m; 03 João Roupeiro 85 m

orientieren uns an den grün-blauen Markierungen des Fischerpfades. Nach ca. 50 m wenden wir uns nach rechts auf einen Feldweg. Zwischen Viehweiden laufen wir in der breiten Flussniederung des Ribeira de Seixe, bis wir wieder auf die Landstraße treffen, der wir ein gutes Stück folgen. Vorbei an dem Restaurant „Lavrador", danach weiter am Flussufer entlang, können wir schon bald die ersten Häuser von **Praia de Odeceixe** 02 erkennen.

An einer Gabelung bleiben wir an der flussnahen Verbindungsstraße, die uns leicht ansteigend in das Küstendorf bringt. Wir folgen den grün-blauen Markierungen in den Ort hinein zu dem wunderschönen Aussichtspunkt Miradouro da Maravilha. Wir verlassen den Ort hangaufwärts und biegen vor einem Wohnmobilparkplatz nach rechts auf einen Feldweg ein. Wir folgen den Markierungen des Fischerweges, der schon bald in einen Pfad entlang der Klippen übergeht. Mit etwas Glück kann

Moinho de Odeceixe

Über den Dächern von Odeceixe thront die historische Windmühle „Moinho de Odeceixe". Ihre Farben sind Weiß und Blau, wie so vieles in der Algarve. Sie ist noch in Betrieb, wurde liebevoll restauriert und kann besichtigt werden. Wenn sich ihre Flügel drehen, ertönen die Tongefäße, die am Ende der Flügel befestigt sind, und singen dem Wind ein Lied.

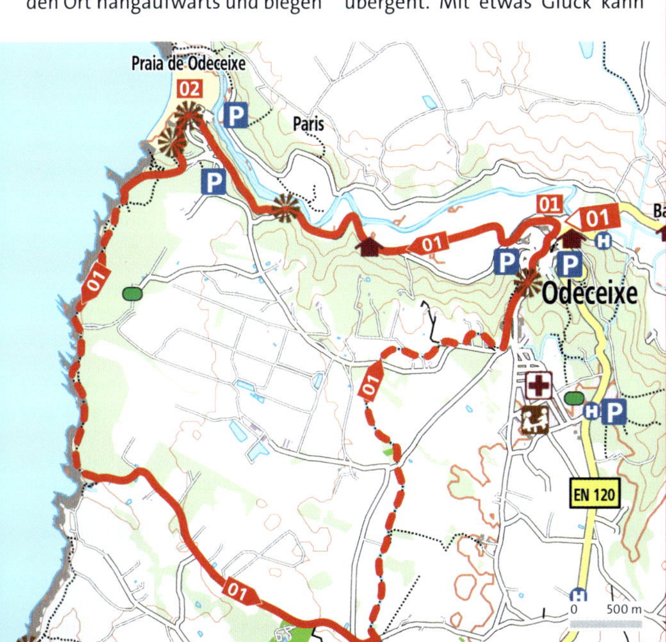

Der schöne, kleine Ort Odeceixe mit seinen weiß-blauen Häusern

man im Frühjahr den Störchen bei der Brut in den schroffen Felsen zuschauen. Der sandige Pfad schlängelt sich zwischen Zistrosen und Mittagsblumen, bis wir an einem tief eingeschnittenen Tal in das Landesinnere ausweichen müssen. Dort stoßen wir auf einen kleinen Parkplatz und folgen dem Zufahrtsweg. Vorbei an zwei Häusern in traumhafter Lage bringt uns eine kleine Straße weiter in das Hinterland.

An einer Kreuzung gehen wir geradeaus in Richtung **João Roupeiro** 03 weiter. Vorbei an ein paar Gewächshäusern und der Casa Vicentina gelangen wir zu einer kleinen Straße, der wir nur wenige Meter nach rechts folgen, bevor wir nach links abbiegen. Wir gelangen zu einem kleinen Kanal und treffen dort auf den weiß-rot markierten GR11/E9, den Fernwanderweg Rota Vicentina. Wir schlagen den Pfad nach links in Richtung „Odeceixe 4 km" ein. Ein gutes Stück führt uns der Pfad immer entlang des Wassers. Wir überqueren eine kleine Straße und ein kurzes Stück danach wechseln wir auf einen Feldweg auf die andere Kanalseite. Wir bleiben nur ein paar Meter auf dem Feldweg und wechseln dann wieder auf einen Pfad, weiter entlang des Kanals. Nach einem erneuten Seitenwechsel passieren wir eine Wohnsiedlung und entlang eines Eukalyptuswaldes erreichen wir Odeceixe.

Die Markierungen leiten uns nach links, steil bergab, in den Ort hinein. Die Windmühle „Moinho de Odeceixe" umrunden wir. Kurz darauf biegen wir scharf nach rechts ab und steigen über Stufen vorbei am Friedhof und der Kirche weiter bergab. Unterhalb der Kirche halten wir uns nach rechts. Dann führen uns die Markierungen weiter über eine Treppe bergab. An einem kleinen Platz mit Restaurants wenden wir uns nach rechts. Am Ende der Gasse gelangen wir zurück zu unserem **Ausgangspunkt** 01.

DER STRAND PRAIA DA AMOREIRA • 20 m

Dunkle Felsen und heller Sand

START | Parkplatz am Strand Amoreira.
Anfahrt: Nördlich von Aljezur führt eine geteerte Straße zum Strand Praia da Amoreira. Der Weg ist ausgeschildert und leicht zu finden.
Hinweis: Ausreichend Wasser, einen Sonnenschutz und Badesachen mitnehmen!
[GPS: UTM Zone 29 x: 513.829 m y: 4.133.961 m]
CHARAKTER | Küstenwanderung an einem der schönsten Strände der Algarve. Die Tour ist streckenweise grün-blau und weiß-rot markiert. Wegweiser helfen bei der Orientierung.
EINKEHR | Strandbar „Paraíso Do Mar", geöffnet 01. 04. – 30. 10.

Der Strand **Praia da Amoreira** bei Aljezur an der Westküste der Algarve ist einer der schönsten der ganzen Region. Er liegt am Ende eines Tales, durch das die Ribeira de Aljezur dem Meer entgegenströmt. Außergewöhnlich schön sind die Farben: Das Blau des Flusses, die dunklen Felsen und der helle Sand!

▶ Vom **Parkplatz** 01 neben dem kleinen Restaurant „Paraíso Do Mar" folgen wir der Zufahrtsstraße etwa 200 Meter in das Landesinnere. An einem großen

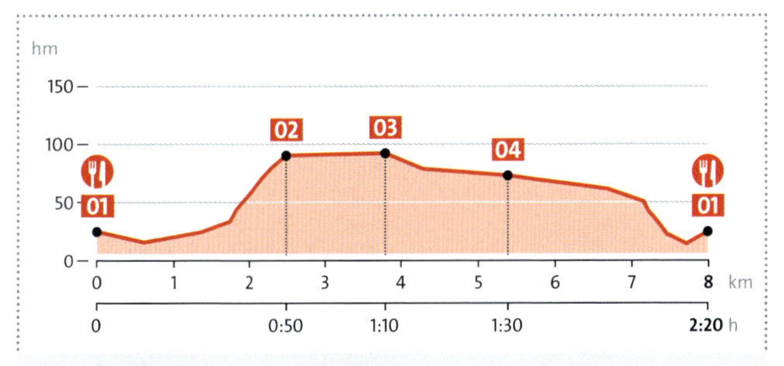

01 Praia da Amoreira, 20 m; 02 Rota Vicentina, 88 m; 03 Wegweiser, 90 m; 04 Ziegelsteingebäude, 70 m

Wunderschöne Küstenabschnitte entlang des Weges

Schotterplatz zweigen wir nach links auf eine Sandpiste ab und folgen den grün-blauen Markierungen des Fischerpfades. Der Weg schlängelt sich durch das Tal zu einer Gruppe verfallener Häuser. Dort halten wir uns nach rechts leicht hangaufwärts. Das Tal verengt sich und zu unserer rechten Seite gedeihen hohe Eukalyptusbäume neben Zistrosen, Rosmarin und Lavendel. Auf der Höhe treffen wir auf eine breite Piste und wir fädeln in den Weg schräg nach links ein. Nach wenigen Metern stoßen wir auf den GR11/E9 und folgen der weiß-rot markierten **Rota Vicentina** 02 in Richtung Rogil nach links. Über eine karge Hochebene mit vereinzelten Kiefern führt uns der Weg auf Rogli zu.

Nach einem guten Stück gelangen wir zur einer Kreuzung mit **Wegweiser** 03 und folgen ab dort wieder den grün-blauen Zeichen nach links in Richtung „Praia da Amoreira 3,5 km". Zwischen ein paar vereinzelt stehenden Häusern und der typischen Garriguelandschaft bewegen wir uns auf die Küste zu. An einer Gabelung an einer hohen Pinie halten wir uns halbrechts leicht bergan. Immer geradeaus durchlaufen wir ein Rodungsgebiet auf einem sandigen Weg, bevor wir in einen dichten Pinienwald eintauchen.

Nachdem wir ein großes **Ziegelsteingebäude** 04 passiert haben, können wir schon die Brandung des Meeres hören. Der Wald lichtet sich und vor uns liegt der weite Ozean. Mehrere Hinweisschilder weisen auf die Flora und Fauna der Region hin. Wir halten uns nach links, im Sand, am Küstenstreifen entlang. Dann führen uns die grün-blauen Zeichen nach rechts auf einen Pfad etwas dichter an der Steilküste entlang. Von schroffen Felsen hinunter eröffnet sich uns ein atemberaubender Ausblick in die Bucht Praia da Amoreira. Hinter dem Strand türmt sich der Sand zu meterhohen Dünen auf. Bei Flut wird die Ribeira de Aljezur aufgestaut und

Aljezur, Weiße Stadt am Fluss

Mitten in Aljezur treffen sich die beiden kleinen Flüsse „Ribeira das Cercas" und „Ribeira das Alfambas", um sich zu vereinen zum „Ribeira de Aljezur". Die Mauren waren es wahrscheinlich, die Aljezur im 9. Jahrhundert gründeten. Sie erbauten auf dem Hügel über der Stadt eine Burg und an den Hängen im Flusstal entstand das weiße Städtchen. Weit geht der Blick von der Burg aus über die Täler und Hügel, den Fluss hinunter bis zum Atlantik. Die Umgebung von Aljezur ist landwirtschaftlich geprägt. Es werden Getreide, Früchte und Gemüse angebaut und vor allem Süßkartoffeln sind von großer ökonomischer Bedeutung für die Region. Die Burg wurde von einem Erdbeben 1755 fast komplett zerstört und nicht wieder aufgebaut. Es stehen noch ein paar Mauerreste und ein Turm. Auch große Teile der Altstadt, die sich unterhalb der Burg befand, wurden zerstört. Deshalb wurde auf der anderen Flussseite die Neustadt von Aljezur errichtet.

bildet ein Lagunensystem. Hier leben Otter, Graureiher und Eisvögel. Nur noch wenige Meter und wir erreichen wieder unseren **Ausgangspunkt** 01. Bei entsprechendem Wetter sollte man sich ein Bad im frischen Nass nicht entgehen lassen. Auch im Hochsommer ist es an der Praia da Amoreira nie überfüllt.

3

VON DER PRAIA MONTE CLÉRIGO NACH ARRIFANA • 8 m

Entlang der Steilküste mit phantastischen Ausblicken

START | Parkplatz an der Praia Monte Clérigo bei Aljezur.
Anfahrt: Die Straße am südlichen Ortsausgang von Aljezur in Richtung „Vale da Telha" fahren. Immer am Fluss entlang führt sie hinauf in die Klippen und über einen Hügel herum nach Monte Clérigo.
Hinweis: Ausreichend Wasser, einen Sonnenschutz, Badesachen und evtl. ein Fernglas mitnehmen!
[GPS: UTM Zone 29 x: 512.943 m y: 4.132.549 m]
CHARAKTER | Herrliche Streckenwanderung an der Westküste der Algarve. Die Tour ist grün-blau in den Farben des Fischerpfades markiert.
EINKEHR | Zahlreiche Cafés und Restaurants an der Praia Monte Clérigo und in Arrifana.

Die bunten Häuschen von Praia Monte Clérigo stehen mit dem Rücken zum Meer und eine niedrige Felswand schützt sie vor Wind und Wellen. Davor breitet sich der Strand aus. Er ist rund, eingerahmt von Felsen. Der Sand hat sich zu Dünen aufgetürmt und ein kleiner Bach fließt über den Sand zum Atlantik. Der kleine Ort Arrifana, das Ziel unserer Wanderung, liegt in einer Bucht und wird von

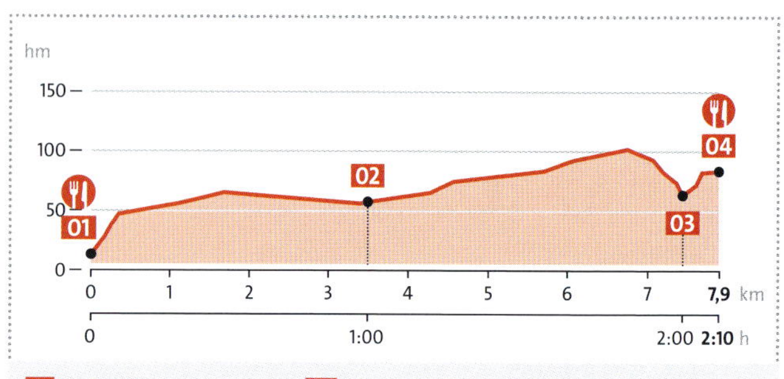

01 Praia Monte Clérigo, 8 m; 02 Ponta da Atalaia, 54 m; 03 Bachlauf, 1 m; 04 Arrifana, 81 m

Der kleine Hafen in Arrifana

hochaufsteigenden Steinklippen geschützt. Nationale und internationale Bekanntheit erlangte der Strand von Arrifana durch seine ganzjährig hohe Wellenqualität, die ihn zum beliebten Ziel für Surfer macht.

Wir starten an der Bar O Zé in **Praia Monte Clérigo** 01. Vorbei an der Bar A Rede spazieren wir entlang kleiner Häuschen auf einem gepflasterten Weg. Vor der Casa Verde, einem grünen Häuschen, steigen wir Treppenstufen hinauf. Hinter dem letzten Haus gelangen wir zu einem Parkplatz und wir folgen der Schotterpiste weiter bergan. An einer Gabelung treffen wir auf die grün-blaue Markierung des Fischerpfades und schlagen den Weg nach rechts ein. Am Ende der Sandpiste setzen wir unseren Weg auf einem sandigen Pfad fort. Ein Schild macht uns darauf aufmerksam, dass wir zum Schutz der Natur den Weg nicht verlassen sollen. Hoch über dem Meer, entlang der Steilküste, schlängelt sich der Pfad zwischen Zistrosen, typischer Küstenmacchia und Sanddünen. Immer wieder können wir traumhafte Ausblicke in die Sandbucht unter uns werfen.

An einer Felsnase, der **Ponta da Atalaia** 02, gelangen wir zu den Mauerresten einer ehemaligen Klosteranlage aus dem 12. Jahrhundert. Ein idealer Platz für ein Picknick. Wir folgen den Markierungen nach links zu einem Parkplatz, den wir an seinem Ende nach rechts auf einem Pfad verlassen. Nach kurzer Strecke erreichen wir einen phantastischen Aussichtspunkt auf eine Felsgruppe, auf der Störche nisten. Der Pfad geht in einen breiteren Sandweg über und wir bewegen uns kurz von der Küste weg. Hinter einer Gruppe von Pinien treffen wir auf einen geschotterten Platz. Dort können wir nochmal einen Blick auf die Bucht unter

Traumhafte Strände am wilden Atlantik

uns werfen, bevor wir den Küstenbereich verlassen und auf ein paar Ferienhäuser zugehen. Kurz vor Erreichen einiger Ferienhäuser, schlängelt sich der Weg nach rechts durch dichte Küstengarrigue mit vereinzelt stehenden Kiefern und Eukalyptusbäumen. Wir wandern parallel zu einem Tal zu unserer rechten Seite. Nach einem guten Stück beschreibt der Weg eine Linkskurve durch das Tal. Aus der Senke führt uns ein Schotterweg hangaufwärts. Auf der Höhe eines zerfallenen Hauses überqueren wir einen Schotterweg. Auf der folgenden Anhöhe halten wir uns halb rechts und auf der gegenüberliegenden Seite eines Tales sehen wir die Häuser von Arrifana, unserem Ziel.

Auf weichen Sandwegen geht es entlang der Küste

Der Weg führt uns bergab in das Tal, durch einen **Bachlauf** **03**, dann auf einem Sträßchen steil bergauf in den Ort. Wir folgen den Zeichen der Hauptstraße entlang. Nach etwa 100 m gelangen wir nach links zu der wunderschönen Badebucht **Praia di Arrifana** **04**.

Praia Monte
Clérigo
01
03
03
Ponta da Atalaia
02
Vale da Telha
03
03
04
03
03
Arrifana
Vales
0
500 m

PRAIA DA BORDEIRA • 41 m

Hohe Sanddünen, wilde Brandung und steile Klippen

12,9 km | 4:00 h | 329 hm | 329 hm

START | Parkplatz am Ortseingang von Bordeira.
Hinweis: Ausreichend Wasser, einen Sonnenschutz und Badesachen mitnehmen!
[GPS: UTM Zone 29 x: 512.198 m y: 4.116.750 m]
CHARAKTER | Abwechslungsreiche Rundwanderung überwiegend auf breiten Schotterwegen und auf sandigen Pfaden im Küstenbereich. Die Tour ist gelb-rot markiert und Wegweiser helfen bei der Orientierung auf dem lokalen Wanderweg PR2.
EINKEHR | Keine Einkehrmöglichkeit unterwegs. Im nahe gelegenen Carrapateira gibt es mehrere Cafés und Restaurants.

Die Bucht Praia da Bordeira ist einer der schönsten Strände an der Westküste der Algarve. Mega beliebt ist der Strand bei Surfern. Die Wellen können ziemlich hoch werden. In Carrapateira gibt es eine Surfschule und ein Surfcamp.

▶ Gegenüber der Zufahrtsstraße nach **Bordeira** 01, an einem kleinen Parkplatz, folgen wir den gelb-roten Markierungen auf einem Schotterweg abwärts in ein Tal. Bei einer Gabelung mit Wegweiser halten wir uns nach rechts in Richtung „Bordalete 3 km". Zwischen hohem Schilf geht es über einen kleinen Bach und kurz darauf nach links steil bergan. Vorbei an Erdbeer- und Eukalyptusbäumen erreichen wir eine Anhöhe, von der wir eine eindrucksvolle Aussicht genießen können. Der breite Weg führt uns

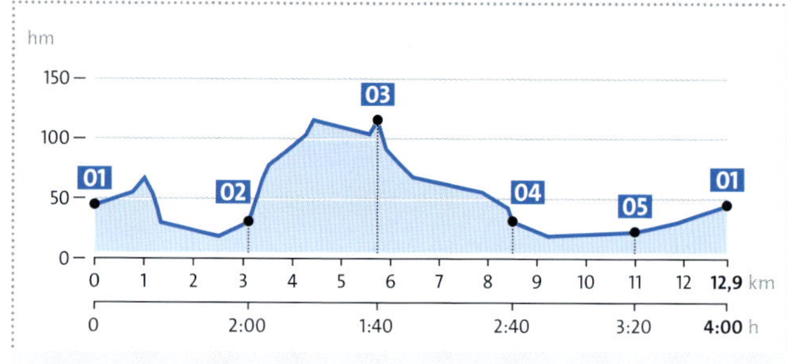

01 Bordeira, 41 m; 02 Bordalete, 27 m; 03 Hügel, 118 m; 04 Praia da Bordeira, 21 m; 05 Wegweiser, 18 m

Carrapateira

Der kleine Ort Carrapateira liegt nicht direkt am Meer, sondern geschützt hinter den großen Sanddünen, die sich an der Küste auftürmen. Viele Bewohner leben wie eh und je von der Landwirtschaft und vom Fischfang. Wie in vielen Dörfern in der Algarve steht auf einem Hügel eine kleine Mühle und natürlich gibt es eine Kirche. Einen Besuch wert ist das kleine Museum „Museu do mar e da terra" – des Meeres und der Erde. Es befindet sich mitten in Carrapateira in der Straße „Rua do Pescador". Dem Besucher wird dort auf anschauliche Weise das traditionelle Leben der Fischer und Bauern der Region nähergebracht.

dann in ein Tal mit einem schönen Korkeichenbestand. Je nach Wasserstand müssen wir über zwei kleine Bäche springen, die sich zwischen verwilderten Olivenbäumen durch das Tal schlängeln. In früheren Zeiten wurde in dieser Gegend Reisanbau betrieben und einige Betonpfosten zeugen noch von den Schleusen. Wir bleiben ein gutes Stück im Tal, bis wir auf einen Wegweiser an der Einsiedelei **Bordalete** 02 stoßen. Bordeira ist in zwei Richtungen ausgewiesen. Wir halten uns nach rechts „Bordeira 10 km" auf einem Schotterweg bergan. Von der Höhe können wir in einiger Entfernung das

Die Dünenlandschaft bei Carrapateira

Meer sehen sowie die Sanddünen bei Carrapateira. Zwischen kleinwüchsigen Zistrosen und jungen Eukalyptuspflanzen bleiben wir ein gutes Stück auf dem breiten Forstweg – zu unserer Linken das Meer und zu unserer Rechten, in einiger Entfernung, eine Gruppe von Windrädern. Dann folgen wir den gelb-roten Markierungen scharf nach links auf einen sandigen Weg in Richtung Küste.

Wir erklimmen den **Hügel** **03** mit einem kleinen Steinturm, der bereits von Weitem sichtbar war. Von dort oben haben wir einen phantastischen Ausblick auf die Küste. Ein wunderbarer Platz für ein Picknick. Durch kleinwüchsige, typische Küstengarrigue geht es hinter dem Turm nach rechts auf einem steinigen Weg bergab in Richtung Ozean. Am Fuß des Hügels halten wir uns nach links auf einen Sandweg. Die Markierungszeichen führen uns an die Steilküste, dann in Richtung Süden auf einem abwechselnd sandigen und schottrigen Weg, immer entlang der Küstenlinie, bis wir den herrlichen Ausblick auf die Dünenlandschaft der **Praia da Bordeira** **04** genießen können. An einem Sandplatz mit großen Steinen gehen wir geradeaus in Küstennähe weiter, dann hangabwärts auf die Bucht zu. Je nach Wetterlage sollte man dort eine ausgiebige Badepause einlegen. Die Brandung ist grandios an diesem Strand. Dann nehmen wir den Weg wieder auf und folgen den gelb-roten Markierungen nach links über einen sandigen Weg in das Landesinnere.

Vorbei an einem alten Hof gelangen wir in ein Tal mit beeindruckend großen, knubbeligen Pinien. Wir passieren ein paar Viehställe und erreichen eine Kreuzung mit **Wegweiser** **05**. Über uns liegt der kleine Ort Bordelette, den wir von unserem Hinweg kennen. Wir gehen nach rechts in Richtung „Bordeira 2 km“ und bleiben in der Flußniederung. In einigen Kurven schlängelt sich der Weg durch das breite Tal. Zwischen hohem Schilf gelangen wir zurück zu unserem **Ausgangspunkt** **01** in Bordeira.

DIE WILDEN STRÄNDE VON VILA DO BISPO • 122 m

Zum Aussichtspunkt „Ponte de Aspa“

14,4 km | 4:20 h | 309 hm | 309 hm

START | Parkplatz bei Vila do Bispo.
Anfahrt: Von Vila do Bispo auf der M1265 in Richtung Praia do Castelejo. Nach 2 km liegt rechter Hand ein Parkplatz unter Pinien.
Hinweis: Bei extremer Flut ist der Übergang zwischen den Stränden überspült. Badesachen und einen Sonnenschutz mitnehmen.
[GPS: UTM Zone 29 x: 506.165 m y: 4.104.949 m]
CHARAKTER | Abwechslungsreiche Rundwanderung, die aufgrund ihrer Länge eine gewisse Kondition erfordert. Ein felsiger Abschnitt verlangt Trittsicherheit. Keine durchgängige Markierung.
EINKEHR | Zur Saison Strandrestaurants an der Praia do Castelejo und der Praia da Cordoama.

Der Praia da Cordoama ist ein weitläufiger Strand. Deshalb gibt es hier auch in der Hochsaison immer ein ruhiges Plätzchen. Er liegt zu Füßen dunkler Felswände. Sie ragen bis zu 100 Meter vom Strand empor. Der Praia do Castelejo wird ebenfalls von hohen Felswänden dominiert. Im Süden des Strandes sind sie besonders hoch. Am Praia do Castelejo ist schon etwas mehr los, als am Nachbarstrand. Vor allem, weil viele **Surfer** diesen Strand für sich entdeckt haben.

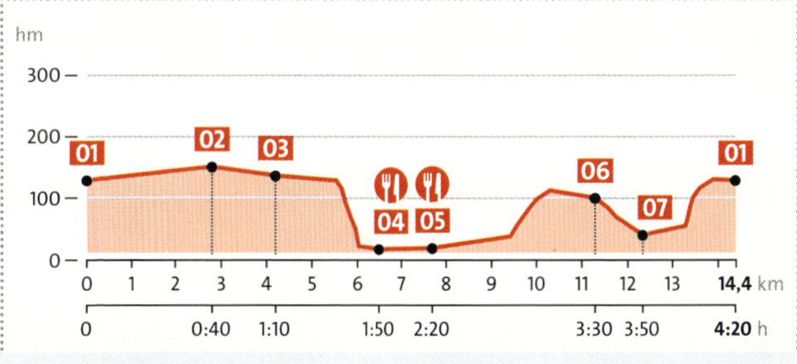

01 Parkplatz, 122 m; 02 Torre de Aspa, 145 m; 03 Ponte de Aspa, 130 m; 04 Praia do Castelejo, 6 m; 05 Praia da Cordoama, 8 m; 06 Aussichtspunkt, 92 m; 07 Verbindungsstraße, 30 m

Praia do Castelejo

▶ Ab dem **Parkplatz** 01 folgen wir der Ausschilderung in Richtung Torre de Aspa. Ein breiter Schotterweg bringt uns an eine Kreuzung, wo wir auf einen weiß-rot markierten GR treffen. Dort halten wir uns nach rechts und folgen den Zeichen zwischen eingezäunten Viehweiden bis zu einer Wettermessstation. Wir trennen uns dort wieder vom GR und gehen erneut nach rechts ohne Markierungen.

Die Hochebene ist zunächst karg und nur wenige Pflanzen bede-

Praia da Cordoama

cken den Boden, bis wir unterhalb des **Torre de Aspa** 02 auf dichtes Buschwerk stoßen. Wir halten uns geradeaus, bis wir das Casa do Guarda erreichen. Das Panorama vom **Ponte de Aspa** 03 ist atemberaubend. Strände so weit das Auge reicht. Die schwarzen Felswände zwischen den Buchten sind an die 140 Meter hoch. Von der Aussicht kommend gehen wir links am Haus vorbei auf einen etwas überwachsenen Fahrweg durch die Macchia, der sich zu einem Pfad verengt. Nach ein paar windschiefen Kiefern verbreitert sich der Weg wieder und wir biegen nach links hangabwärts. Ein steiniger Weg führt uns auf das Meer zu. Die letzten Meter in die

Mystische Stimmung an der Praia da Cordoama

Bucht **Castelejo** 04 sind steil und Steinmännchen weisen uns den angenehmsten Weg bergab.

Wir spazieren am Strand entlang. Bei entsprechendem Wetter bietet sich eine Badepause an. Vorbei an der Strandbar umlaufen wir ein paar Felsen und gelangen in die nächste Bucht **Praia da Cordoama** 05. Auch hier lockt ein Strandrestaurant mit leckeren Gerichten. Kurz vor Ende des Strandes klettern wir über ein paar schroffe Felsen und verlassen die Küste auf einem Schotterweg. An einer Gabelung halten wir uns nach rechts. Der Weg ist jetzt gelb-rot markiert. Ein Wegweiser an der folgenden Kreuzung zeigt uns die Richtung zum Torre de Aspa nach rechts. Der Weg windet sich leicht hangaufwärts und es duftet nach Zistrosen und Pinien. Wir verlassen die gelb-roten Markierungen an der nächsten Kreuzung und gehen geradeaus, leicht abschüssig, weiter. Ein gelbes Schild in Richtung Vila do Bispo ignorieren wir. Wir bleiben auf dem Hauptweg und ignorieren abzweigende Wege.

Nachdem wir den Pinienwald verlassen haben, gelangen wir zu einem **Aussichtspunkt** 06 mit einem phantastischen Blick in die Bucht Cordoama. Abschüssig führt uns der Weg in das Inland. Zwischen Eukalyptus und Pinien macht die Schotterpiste eine scharfe Rechtskurve über ein Bachbett. Vorbei an einem Staubecken wandern wir bergab und verlassen den kleinen Wald. Etwa 30 Meter, bevor wir die Verbindungsstraße zum Strand erreichen, biegen wir nach links. Ein Schotterweg bringt uns leicht ansteigend in ein Tal. Nach einem zerfallenen Haus wenden wir uns nach rechts, sehr steil bergauf. Wir erreichen die **Verbindungsstraße** 07 und wenden uns nach links und folgen ihrem Verlauf auf einem schmalen Schotterweg, neben der Fahrbahn, zurück zu unserem **Ausgangspunkt** 01.

DAS CABO DE SÃO VICENTE • 71 m

Rundweg am südwestlichsten Punkt des europäischen Kontinents

  14,1 km  4:00 h 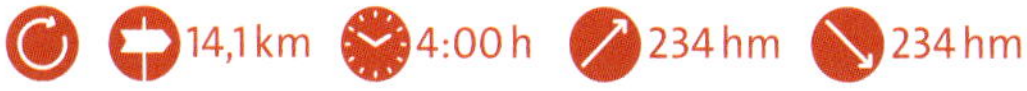  234 hm 234 hm

START | Parkplatz am Cabo de São Vicente.
Anfahrt: Ab Sagres ist das Cabo de São Vicente ausgeschildert.
Hinweis: Ausreichend Wasser, einen Sonnenschutz und je nach Wetterlage Badesachen oder einen Pullover oder eine Windjacke einpacken!
[GPS: UTM Zone 29 x: 500.447 m y: 4.097.531 m]
CHARAKTER | Eindrucksvoller Rundweg an der wilden Westküste. Im Inland verläuft die Tour auf breiten Wegen und Straßen mit weiß-roter Markierung. Entlang der Küste auf dem Fischerpfad mit grün-blauen Zeichen.
EINKEHR | Keine Einkehrmöglichkeit unterwegs. Restaurant und Café neben dem Leuchtturm am Cabo de São Vicente.

Der legendäre Ort ist umgeben von mystischer Landschaft. Keinen Baum, keinen Strauch lässt der stetige Wind emporwachsen. Die Gischt der brandenden Wellen fliegt meterhoch die Steilklippen hinauf und taucht alles in feinen Sprühnebel. Dies unterstreicht nur noch den Eindruck, das Ende der Welt sei erreicht.

▶ Wir starten unsere Tour am eindrucksvollen Leuchtturm am **Kap de São Vicente** 01. Er ist einer

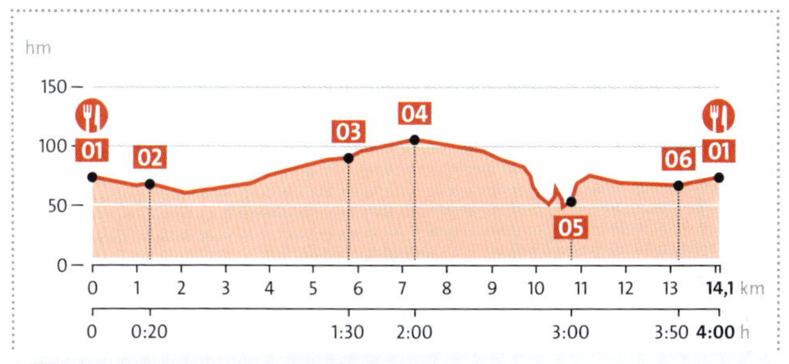

01 Cabo de São Vicente, 71 m; 02 Forte de Beliche, 65 m;
03 Wegegabelung, 88 m; 04 Schotterpiste, 104 m;
05 Praia do Telheiro, 50 m; 06 Zufahrtsstraße, 64 m

Der Leuchtturm am Cabo de São Vicente

der lichtstärksten Leuchttürme Europas und sein Lichtkegel reicht 60 km weit über den Atlantik. Entlang der Zufahrtsstraße orientieren wir uns an den Markierungen des GR11, der Rota Vicentina. Nach etwa 500 Metern führen uns die weiß-roten Zeichen auf einen Feldweg nach links durch die Küstengarrigue. In einem Bogen gelangen wir zurück zur Zufahrtsstraße, der wir ein gutes Stück folgen.

Neben der Straße passieren wir das **Forte de Beliche** **02**. Danach biegen wir nach links in ein Asphaltsträßchen ab. Schnurgerade folgen wir dem Straßenverlauf durch das einzigartige Ökosystem

Über eine Leiter durch ein Seitental

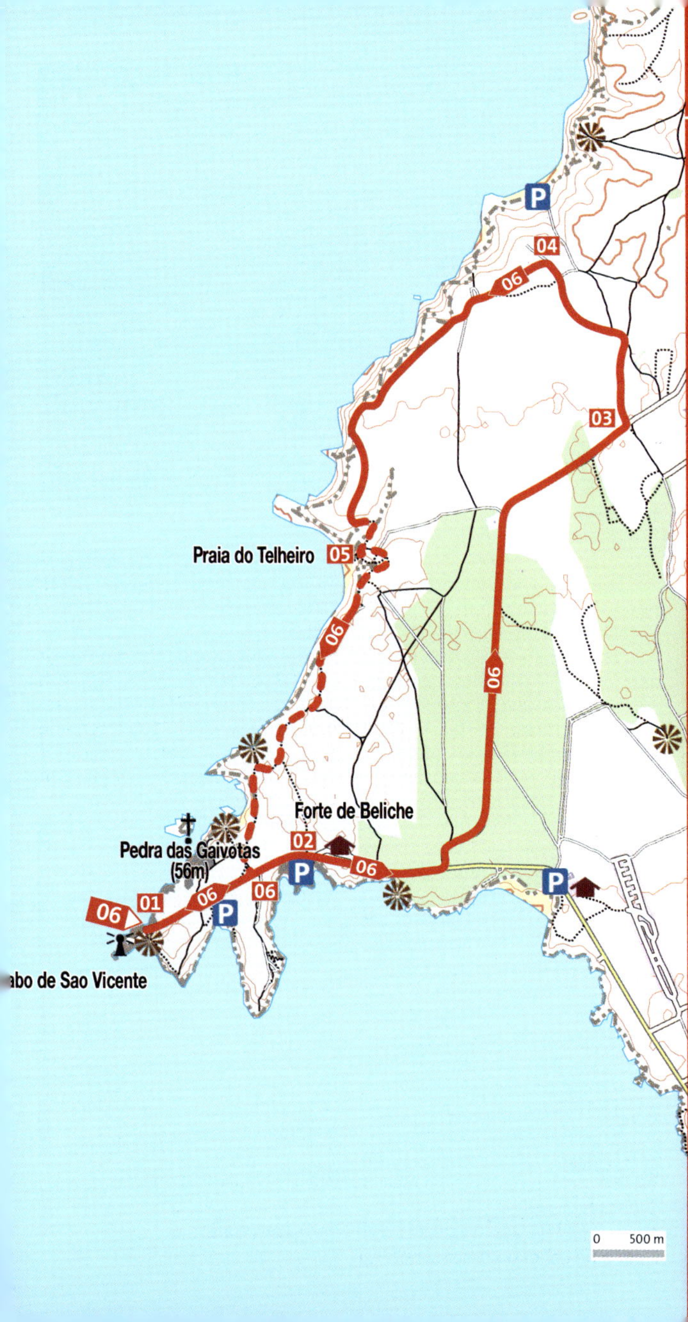

Praia do Telheiro

Forte de Beliche

Pedra das Gaivotas (56m)

abo de Sao Vicente

01 02 03 04 05 06

0 500 m

Der traumhafte Praia do Telheiro

aus Sümpfen und Dünen. Es ist einer der Hauptkorridore des Vogelzuges nach Afrika und lockt jährlich im Herbst Vogelkundler aus aller Welt an. Schließlich gelangen wir zu der Einsiedelei „Vale Santo", wo wir uns rechts halten. An einer **Wegegabelung** 03, in der Nähe eines kleinen weißen Hauses, halten wir uns nach links und gehen in eine, mit Schilf bewachsene Senke. Ein sandiger Weg bringt uns auf eine Hochebene.

An einer Kreuzung wenden wir uns nach links und folgen den grün-blauen Zeichen des Fischerpfades entlang der Steilküste auf einer breiten **Schotterpiste** 04. In der Ferne ist der Leuchtturm sichtbar und von der Höhe können wir immer wieder Blicke auf die schroffen Felsformationen werfen. Ein gutes Stück bleiben wir auf der breiten Schotterpiste, dann halten wir uns nach rechts, näher der Küste entlang. An manchen Stellen helfen Steinmännchen der Orientierung. Der sandige Weg bewegt sich etwas von der Küste weg. Zwischen Mittagsblumen, Zistrosen und Wacholder wird der Pfad steiniger und führt uns bergab in eine Schlucht. Mit Hilfe einer kleinen Leiter durchschreiten wir das Tal.

Weiter geht es auf einem Pfad bergauf zu dem Parkplatz an der **„Praia do Telhairo"** 05. Diesen verlassen wir auf seiner rechten Seite auf einen Pfad, der uns durch ein weiteres Tal führt. Von der nächsten Anhöhe können wir einen phantastischen Blick auf die Küstenlinie werfen. Die Markierungszeichen leiten uns auf einem Pfad durch typische Küstengarrigue entlang der steilen Küste auf den Leuchtturm zu. Wieder erleichtern uns Steinmännchen die Orientierung auf dem etwas unbequemen Weg über schroffe Felsen.

Wir stoßen auf die **Zufahrtsstraße** 06 zum Leuchtturm und folgen den weiß-roten Markierungen zurück zum **Leuchtturm** 01.

VON DER PRAIA DA MARTINHAL ZUR PRAIA DO BARRANCO • 19 m

Bunte Felsen zwischen sandigen Buchten

START | Parkplatz an der Praia da Martinhal.
Anfahrt: Von Vila do Bispo auf der N268 in Richtung Sagres. Am Ortsanfang von Sagres dem Schild nach links zum „Martinhal Beach Family Resort“ folgen. Nach etwa 1 km nach rechts zur „Praia do Martinhal“ abbiegen. Parkplätze stehen neben dem Restaurant zur Verfügung.
Hinweis: Ausreichend Wasser, einen Sonnenschutz und Badesachen mitnehmen!
[GPS: UTM Zone 29 x: 506.619 m y: 4.097.150 m]
CHARAKTER | Traumhafte Rundwanderung mit mäßigen Steigungen, gekrönt von einer herrlichen Badebucht. Die Tour verläuft entlang der Küste auf Pfaden, der Rückweg erfolgt über breite Sandwege. Die Strecke ist nicht markiert.
EINKEHR | Keine Einkehrmöglichkeit unterwegs.

Der Strand Praia do Martinhal befindet sich östlich von Sagres. Er wird von einer Landzunge vor dem starken Wellengang und dem Westwind geschützt. Windig ist es trotzdem, denn dort bläst der Nordwind über den Strand. Das ruhige Wasser und der kräftige Wind sind eine super Kombination für das Windsurfen. Auch bei

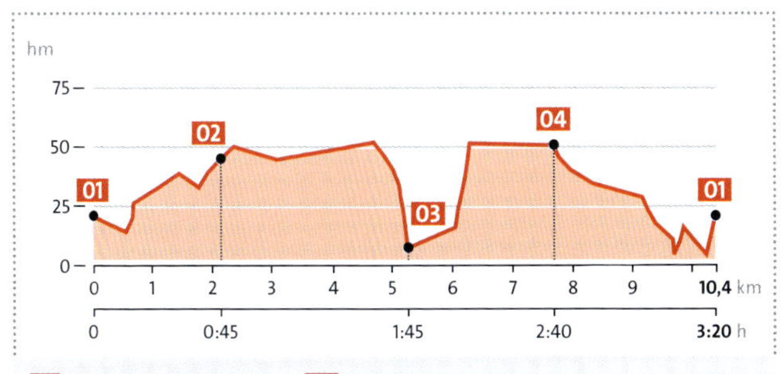

01 Praia do Martinhal, 19 m; 02 Ponta dos Caminhos, 44 m;
03 Praia do Barranco, 5 m; 04 Hof, 50 m

Die sandige Praia do Barranco

Tauchern ist der Strand beliebt und die vorgelagerten Inseln sind ein Paradies für Vögel. Der Strand eignet sich besonders gut für Kinder. Die Bucht fällt sanft ins Meer, das Wasser ist oft spiegelglatt.

▶ Wir starten am Restaurant an der Sandbucht in **Martinhal** 01 und spazieren unterhalb einer Ferienanlage auf den Dünen. Mit einem schönen Ausblick auf die kleinen, vorgelagerten Inselchen windet sich der Pfad entlang der Küste, einige Meter oberhalb des Meeresspiegels. Wir gelangen zu einer kleinen, steinigen Bucht, die wir durchschreiten und auf der Gegenseite wieder verlassen. Zwischen Wacholder, Zistrosen, Rosmarin und Thymian halten wir uns immer entlang der Steilküste. Nach links abzweigende Pfade ignorieren wir. Wir umrunden einen tiefen Einschnitt mit türkisblauem Wasser und rötlichen Felsen – ein wahrhaft traumhaftes Fotomotiv. Die Wege verzweigen und wir halten uns immer auf dem küstennächsten Weg.

Kurz vor einem Steintürmchen am **„Ponta dos Caminhos“** 02 erreichen wir den nächsten schönen

Sagres

Die Befestigungsanlage Fortaleza de Sagres aus dem 17. Jahrhundert liegt auf der Landzunge Ponta de Sagres. Auf dem Gelände befindet sich eine hübsche kleine Kapelle, die vielleicht von Heinrich dem Seefahrer gegründet wurde. In der Kirche hängt ein Gemälde, auf dem eine Nau, ein typisches Schiff aus dem 17. Jahrhundert, abgebildet ist. Vor der Kirche befindet sich ein großer Kreis, der aus Steinbrocken geformt ist. Möglicherweise handelt es sich um eine Windrose. Allerdings lässt ihre Einteilung die Wissenschaftler rätseln. Das Gelände der ehemaligen Festung ist recht groß. Und am schönsten ist eigentlich der Ausblick. Alleine für ihn lohnt es sich, den Eintrittspreis von drei Euro zu bezahlen.

Traumhaftes Farbspiel an der steilen Küste

Aussichtspunkt in eine tiefe Felsspalte. Ein kurzes Stück entfernen wir uns etwas von der Küste und gehen auf einen entfernt gelegenen Hof zu. An einem größeren Platz, mit klar erkennbarem Weg auf den Hof zu, halten wir uns nach rechts auf einen Pfad, bis wir auf einen breiteren Sandweg stoßen. Wir halten uns nach links und kurz darauf nach rechts, wieder auf einen Pfad. Steinmännchen erleichtern die Orientierung. Zwischen dichtem Buschwerk steigen wir in die Bucht **„Praia do Barranco“** 03 hinab. Die traumhafte

Blick auf die vorgelagerten Inseln und Sagres

Sandbucht bietet sich für eine ausgiebige Badepause an.

Danach verlassen wir den Strand auf seiner linken Seite in das Inland. Dort, wo der schmale Weg endet, gehen wir durch das Bachbett. Nach nur wenigen Metern wechseln wir wieder die Bachseite und steigen auf einem steinigen Weg steil bergauf. Auf der Hochebene halten wir uns auf einem sandigen Weg nach links auf einen Steinturm zu. In der kargen Landschaft scheinen nur Disteln zu überleben. Schafe weiden auf der Ebene. Wir bleiben immer auf dem Hauptweg und ignorieren abzweigende Pfade. In einiger Entfernung passieren wir den Steinturm und gehen in Richtung eines verlassenen Hofes.

Nach dem **Hof** **04** zweigen wir nach rechts und direkt darauf nach links auf einen Sandweg, der uns zurück zur Küste bringt. Der Weg wird schmaler und wir gelangen zu dem Küstenpfad, den wir von unserem Hinweg kennen. Entlang der Küste gehen wir zurück nach **Martinhal** **01**.

Glasklares Wasser entlang der wilden Küste

ZUR PRAIA DO ZAVIAL • 33 m

Küstenwanderung zum beliebten Surferstrand

START | Im Ort Figueira, an der Bar O Sapinho.
Hinweis: Je nach Wetterlage einen Pullover oder eine Windjacke einpacken. Ausreichend Wasser, einen Sonnenschutz und evtl. ein Fernglas mitnehmen! Badesachen nicht vergessen!
[GPS: UTM Zone 29 x: 513.827 m y: 4.103.016 m]
CHARAKTER | Landschaftlich sehr reizvolle Rundwanderung auf Küstenpfaden und Sandpisten. Die Tour ist nicht durchgängig markiert. Streckenweise helfen die grün-blauen Markierungen des Fischerpfades oder ein roter Punkt. Etwas Orientierungssinn ist erforderlich.
EINKEHR | Strandbar und Restaurant an der Praia do Zovial (Mitte März bis Mitte November) und in Figueira.

Der Küstenabschnitt zwischen Sagres und Salema ist sehr dünn besiedelt und die Landschaft hat sich ihre Ursprünglichkeit bewahren können. Traumhafte Sandstrände, die zum Baden einladen, reihen sich aneinander und an der Praia do Zovial amüsieren sich überwiegend Surfer.

▶ In der Ortsmitte von **Figuera** 01 nehmen wir die Straße „Via do Rossio" gegenüber der Bar „O Sapinho". Wir wandern zwischen kleinen Häusern hindurch und verlassen den Ort auf einem Schotterweg entlang von Strommasten. An einer Gabelung halten wir uns nach links und gelangen

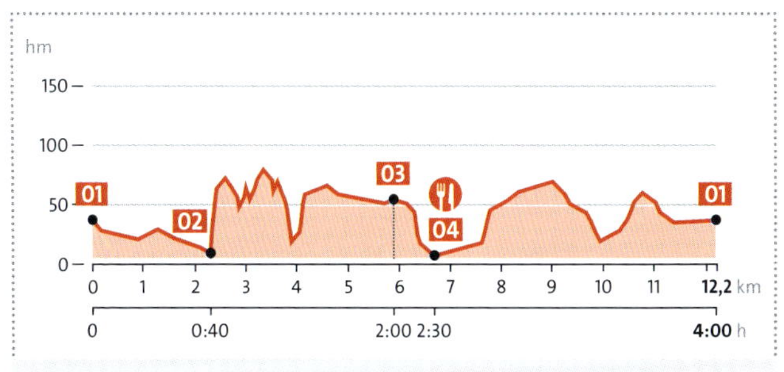

01 Figueira, 33 m; 02 Praia do Figueira, 4 m; 03 Ponta Da Torre, 51 m; 04 Praia do Zavial, 2 m

Wie Perlen reihen sich die traumhaften Sandstrände aneinander

zu einem kleinen Asphaltsträßchen, dem wir nach rechts, durch ein Tal, auf das Meer zu folgen. Dieser Weg ist für Autos gesperrt und dementsprechend wenig frequentiert. Die Straße endet und ein Pfad führt uns durch die schöne Küstenlandschaft. An einer weiteren Verzweigung nehmen wir den rechten Pfad, durch einen Bachlauf, und erreichen die wunderschöne Badebucht **Praia do Figuera** **02**.

Wir verlassen die Bucht auf ihrer rechten Seite steil bergauf. Dieser Einstieg ist mit einem roten Punkt markiert. Unter Kiefern gelangen wir auf die Anhöhe, von wo wir einen phantastischen Ausblick auf die Sandstrände des Küstenabschnitts werfen können. Wir folgen dem Pfad auf der Höhe zwischen Rosmarin, Thymian und Wacholder. Die nächste Bucht umrunden wir in einiger Entfernung, wir laufen durch ein Tal und

Hier findet man noch menschenleere Strände

auf der gegenüberliegenden Seite bergauf. Bald schon geht es in den nächsten Talabschnitt bergab, dann wieder auf die Höhe. Wir passieren ein paar Mauerreste, oberhalb der Steilküste, und haben den nächsten Strand schon in unserem Blickfeld. In die folgende Bucht, die letzte vor der Felsnase, kraxeln wir steil, mit Hilfe der Hände, bergab. Wir queren die Bucht und steigen auf der anderen Seite wieder bergauf. Wir halten uns auf dem traumhaft schönen Pfad in Küstennähe. An manchen Stellen streifen wir vom Inland kommende Fahrwege und manchmal helfen die grün-blauen Markierungen des Fischerpfades oder der rote Punkt. Der Weg wird etwas breiter und entfernt sich von der Küste. Wir orientieren uns auf einen spitzen Felsen zu. Hinter dieser Felsspitze, der **Ponta Da Torre** 03, eröffnet sich uns ein traumhafter Ausblick in die, bei Surfern beliebte, Sandbucht **Praia do Zovial** 04.

Wir bleiben zunächst oberhalb der Steilküste und klettern dann zwischen gelben und roten Felsen in die wunderschöne Sandbucht mit Restaurant hinab. Bei gutem Wetter können wir unseren Blick bis nach Sagres streifen lassen. Vom Parkplatz folgen wir der Zufahrtsstraße. Nach etwa 300 m biegen wir nach rechts, zwischen Schilf, in einen Weg ein. Vorbei an ein paar Häusern geht es steil bergauf. Wir folgen dem Schotterweg auf der Höhe zwischen Zistrosen. In einer Linkskurve gehen wir geradeaus auf einem roten Sandweg weiter, auf eine Gruppe von Windrädern zu. Nach einem guten Stück gabelt sich der Weg und wir orientie-

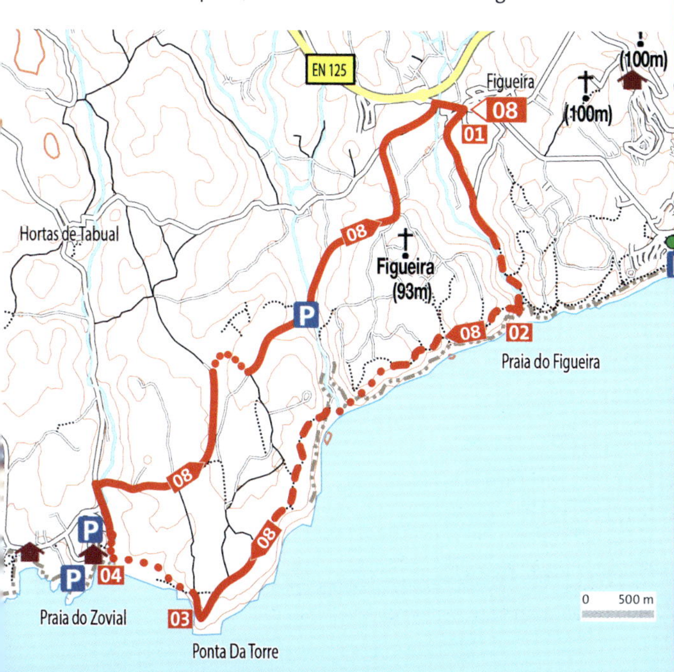

Sonne, Sand und Meer satt

ren uns an der rechten Fahrspur. Wiederum nach rechts führt uns der Weg hangabwärts in Richtung Figueira und dann erneut nach rechts auf einen breiteren Fahrweg zu. Diesem folgen wir nach links, durch ein Tal und entlang einer Stromleitung. An einer Gabelung halten wir uns rechts weiter bergauf. An einem eingezäunten Haus biegen wir nach links und der Weg führt uns hangabwärts wieder auf die Windräder zu. Vorbei an Obstgärten und zwischen Schilfrohr wenden wir uns an der nächsten Kreuzung nach rechts auf die Ortschaft Figueira zu. Ein Asphaltsträßchen bringt uns über eine Brücke zurück zu unserem **Ausgangspunkt** 01.

Traumhafter Atlantik

IM WALD VON BARÃO DE SÃO JOÃO • 99 m

Zwischen Eukalyptusbäumen und Pinien durch die Mata National

START | Parkplatz bei Barão de São João.
Anfahrt: Von Lagos auf der N120 in Richtung Bensafrim. Nach 4 km auf die M535 und auf dieser 15 km bis Barão de São João. Der Parkplatz befindet sich oberhalb der Ortschaft am Kulturzentrum. [GPS: UTM Zone 29 x: 519.562 m y: 4.110.397 m]
CHARAKTER | Der schöne, kurze Rundwanderweg „Pedra do Galo" PR1 verspricht an heißen Tagen Abkühlung im Wald. Die Tour ist gelb-rot markiert und Wegweiser helfen bei der Orientierung.
EINKEHR | Keine Einkehrmöglichkeit unterwegs.

Der Wanderweg führt uns durch dichten Pinienwald oberhalb des noch sehr ursprünglichen Dorfes Barão de São João. Im 15. Jahrhundert war der heutige Staatsforst Holzlieferant für die Schiffe der portugiesischen Entdecker.

▶ Wir starten unsere Tour etwas außerhalb der Ortschaft **Barão de São João** 01 am Parkplatz neben dem Kulturzentrum. Eine Hinweistafel gibt uns Informationen zum Rundweg. Wir folgen der gelb-roten Markierung zwischen Eukalyptusbäumen auf einem Schotterweg hangaufwärts.

Nach einem guten Stück erreichen wir einen **Wegweiser** 02 und bie-

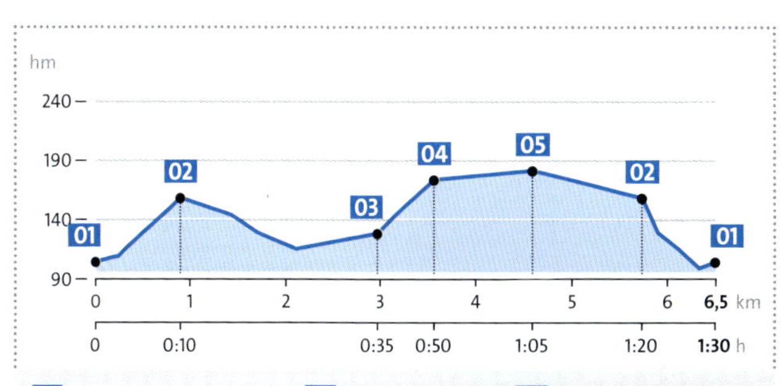

01 Barão de São João, 99 m; 02 Wegweiser, 155 m; 03 Abzweig, 124 m; 04 Schotterpiste, 171 m; 05 Abstecher, 179 m; 02 Wegweiser, 155 m

Kunst am Wegesrand – Fisch im Teich

gen nach links in einen Waldweg ein. Vor einem zerstörten Forsthaus wenden wir uns nach rechts. Wir wandern über eine Anhöhe und halten uns an einer Gabelung erneut nach rechts. Mehrere Picknickplätze unter hohen Pinien laden zum Verweilen ein. Der Forstweg windet sich durch den dichten Wald und durch ein paar Baumfenster können wir weite Blicke in das nördlich gelegene Gebirge bei Monchique werfen. Mehrere Kunstobjekte zieren den Wegesrand.

Über dichten Pinienwald blicken wir bis zur Serra de Monchique

Nach einer langgezogenen Kurve biegen wir an einem **Abzweig** 03 scharf nach rechts ab. Vorbei an einer Fischskulptur in einem Teich gehen wir bergan auf ein Windrad zu. Auf der Höhe gelangen wir zu einer **Schotterpiste** 04. Wir halten uns nach rechts und spazieren auf dem breiten Weg zwischen Pinien und Kiefern zu einer Wegespinne. Dort machen wir einen **Abstecher** 05 zum Menhir, der laut Wegweiser 140 m entfernt steht.

Nach Besichtigung des Felsens aus der Jungsteinzeit laufen wir an der Wegespinne geradeaus in den Wald hinein. Die gelb-roten Zeichen führen uns hangabwärts bis zu dem **Wegweiser** 02, den wir vom Hinweg bereits kennen. Wir halten uns geradeaus und gelangen zurück zum **Parkplatz** 01.

Der Menhir Pedra do Galo

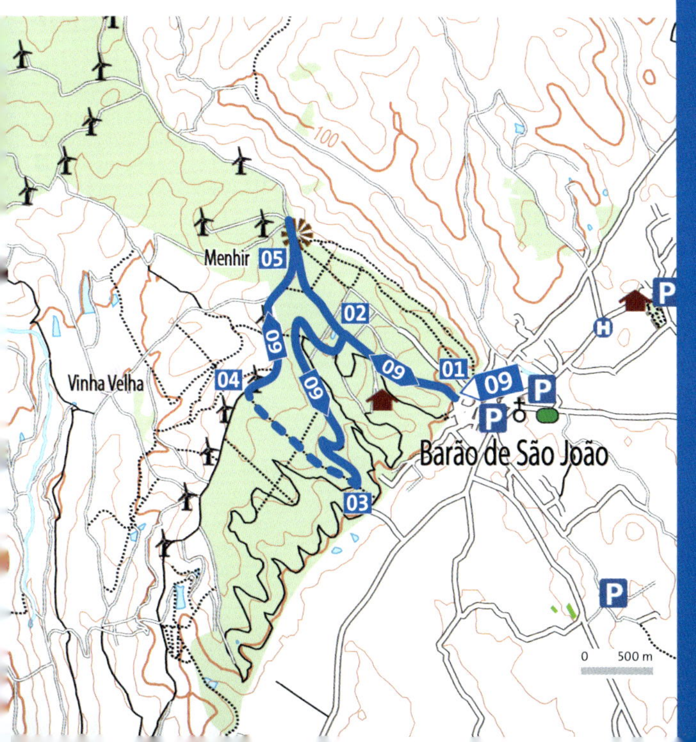

VON MARMELETE AUF DEN MIRADOURO DOS PICOS • 392 m

Rundwanderung in der westlichen Serra de Monchique

  8,7 km  3:00 h  415 hm 415 hm

START | Ortsmitte von Marmelete.
Anfahrt: Von Monchique über die N267 etwa 17 km nach Marmelete.
[GPS: UTM Zone 29 x: 529.614 m y: 4.129.294 m]
CHARAKTER | Abwechslungsreiche Rundwanderung überwiegend auf breiten Forstwegen. Die Tour „Percurso Pedestre de Marmelete PR6" ist gelb-rot markiert und Wegweiser helfen bei der Orientierung.
EINKEHR | Keine Einkehrmöglichkeit unterwegs. Schöne Snack-Bar Luz in Marmelete.

Diese Rundtour führt uns zu dem phantastischen Aussichtspunkt Miradouro dos Picos in der westlichen Serra de Monchique. Von der Höhe können wir bis zum Atlantik blicken. Die sanfte, dünn besiedelte Hügellandschaft ist überwiegend mit Eukalyptus- und Korkeichenwäldern bewachsen.

▶ Im kleinen Supermarkt im Ort **Marmelete** 01 können wir uns noch mit Proviant eindecken. Wir folgen der Straße und wenden uns vor der Tankstelle nach rechts bergauf. Entlang von Viehweiden gewinnt der Schotterweg stetig an Höhe. Wir werfen einen Blick zurück und können eine herrliche

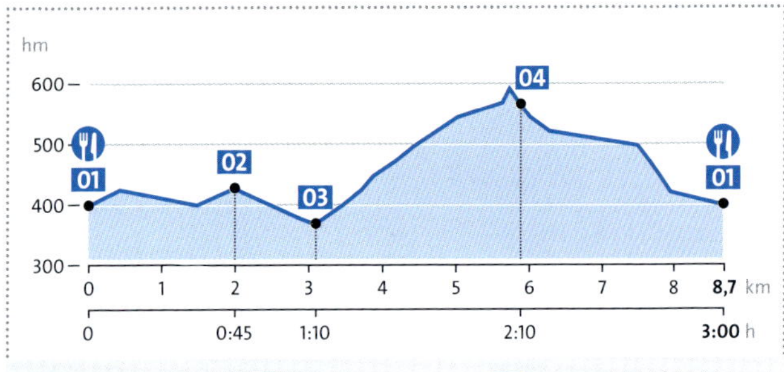

01 Marmelete, 392 m; 02 Schotterpiste, 421 m; 03 Bienenkörbe, 360 m; 04 Miradouro dos Picos, 565 m

Der Gipfel des Miradouro dos Picos

Aussicht bis zum Meer genießen. An einer Gabelung führen uns die gelb-roten Markierungen hangabwärts nach links an einem Haus vorbei, dann nach rechts weiter bergab. In einer Linkskurve verlassen wir den Schotterweg auf einen schmalen Weg geradeaus.

Unter Korkeichen schlängelt sich der Weg im sanften Auf und Ab bis zu einer breiten **Schotterpiste** 02, der wir nach links folgen. An einem Hof halten wir uns nach rechts bergauf. An einer Verzweigung fädeln wir nach links ein und die Markierungszeichen leiten uns zwischen Korkeichen hangabwärts, an einem weiteren Hof vorbei.

In einer Kurve verlassen wir den breiteren Weg geradeaus. Neben uns entdecken wir ein paar **Bienenkörbe** 03. Der Weg verengt sich zu einem Pfad, dem wir immer weiter bergauf folgen. Bei Gabelungen wählen wir immer den ansteigenden Pfad, bis wir auf eine Ruine stoßen. Dort folgen wir einem breiteren Weg scharf nach links. Der etwas überwachsene Weg bringt uns in Kurven immer weiter bergauf zu einem verlassenen Häuschen. Die Landschaft ist von Eukalyptusbäumen geprägt. Es folgt eine weitere scharfe Linkskurve, dann führen uns die gelb-roten Zeichen nach rechts und der Weg steigt nur noch leicht an. Der Weg be-

Herrliche Aussicht vom Miradouro dos Picos

Schöner Rastplatz auf dem Miradouro dos Picos

schreibt eine Linkskurve und wir ignorieren einen scharf nach links abzweigenden Pfad. In der nächsten Kurve biegen wir wieder nach links ab, dann wieder nach links auf einen Pfad zwischen jungen Eukalyptuspflanzen. Der Weg wird etwas breiter und wir wenden uns nach links auf einen Pfad. Vorbei an mehreren Felsgruppen gelangen wir leicht abschüssig zu einer Forststraße, wo wir auch auf den GR13, der Via Algarviana, stoßen. Ein Wegweiser zeigt uns an, dass es zum **Miradouro dos Picos** 04 noch 200 Meter sind. Wir halten uns nach links, dann verlassen wir den GR13 und steuern auf die Antennenanlagen des Gipfels zu. Vor dem Tor halten wir uns auf einem steinigen Pfad nach rechts. Auf der Höhe werden wir mit einem grandiosen Ausblick belohnt. Ein Picknickplatz lädt zum Verweilen ein.

Entlang eines Zaunes wandern wir zwischen hohen Eukalyptusbäumen auf felsigem Gelände bergab. Wir treffen auf einen breiteren Weg, dem wir nach rechts bis zu einem Forstweg folgen. Dort halten wir uns erneut nach rechts und folgen dem Sträßchen. An der nächsten Kreuzung treffen wir wieder auf die weiß-roten Markierungen der Via Algarviana und folgen den nun weiß-rot-gelben Zeichen geradeaus. Wir passieren ein Haus und verlassen den Wald. An einem Rodungsgebiet gehen wir geradeaus auf einen Feldweg, entlang schöner Felsformationen. Vorbei an einem Gebäude führt uns der Weg steil bergab zur Zufahrtsstraße nach Mamelete.

Wir wenden uns nach rechts in Richtung der Ortschaft. Nach den ersten Häusern nehmen wir die Straße nach links und laufen parallel zur Hauptstraße. Vorbei an einer Wasserstelle und an der alten Mühle erreichen wir wieder den Hauptplatz von **Marmelete** 01 mit der Bar/Restaurant Luz.

Schöne Korkeichen am Wegesrand

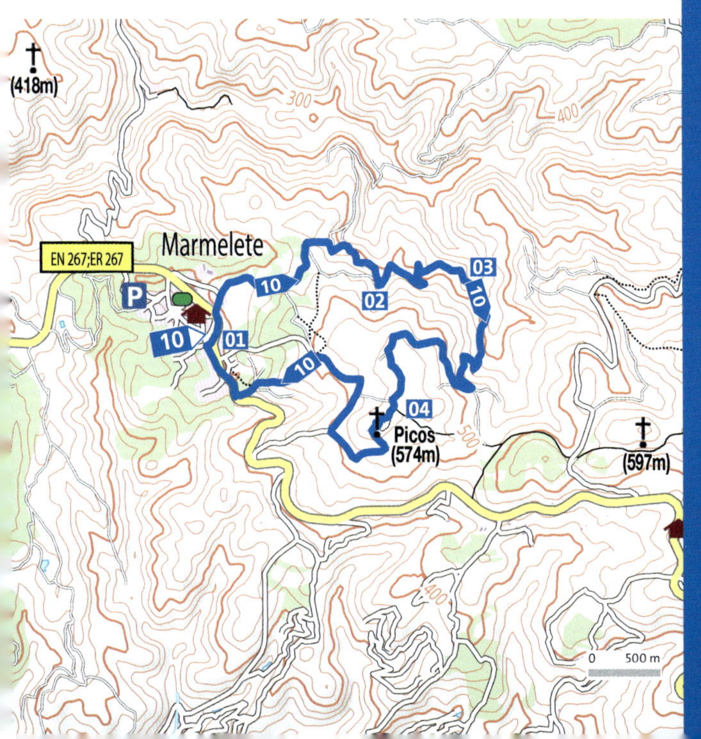

VOM FÓIA DURCH DIE SERRA DE MONCHIQUE 1 • 883 m

Rundwanderung zu einem Wasserfall

START | Parkplatz auf dem Gipfel des Fóia.
Anfahrt: Von Monchique auf der N266-3 der Beschilderung ca. 8 km zum Fóia folgen.
Hinweis: Je nach Wetterlage einen Pullover/eine Windjacke oder Sonnenschutz einpacken. Ausreichend Wasser und ein Fernglas mitnehmen!
[GPS: UTM Zone 29 x: 536.141 m y: 4.129.954 m]
CHARAKTER | Landschaftlich sehr reizvolle Rundwanderung am höchsten Gipfel der Algarve. Die Tour ist überwiegend gelb-rot markiert und trägt die Bezeichnung PR5 – „Rota des Cascatas". Ein kurzes Stück folgen wir den weiß-roten Zeichen der Via Algarviana. Wegweiser helfen bei der Orientierung.
EINKEHR | Keine Einkehrmöglichkeit unterwegs. Am Start-Endpunkt, auf dem Gipfel des Fóia, befindet sich ein Restaurant.

Die abwechslungsreiche Rundwanderung führt uns vom höchsten Punkt der Serra de Monchique auf Pfaden durch Kastanienwälder in ein einsames Tal mit Wasserfall.

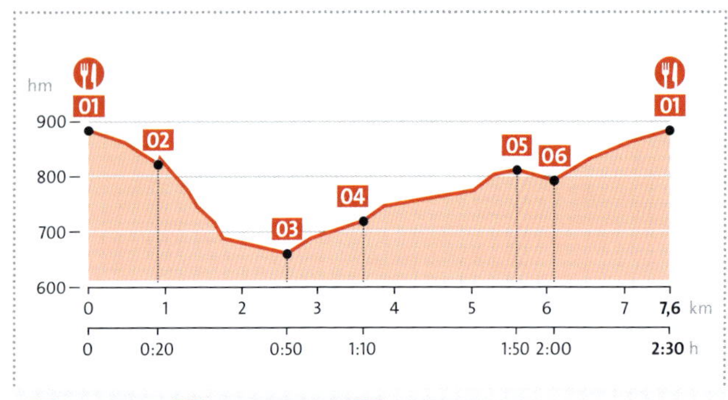

01 Fóia, 883 m; 02 Abzweig, 819 m; 03 Wasserfall, 651 m; 04 Viehstall, 712 m; 05 Parc Aventura, 808 m; 06 See, 788 m

Unterhalb des Gipfels des Fóia

▶ Neben dem Parkplatz auf dem Gipfel des **Fóia** 01 finden wir eine Informationstafel mit Hinweisen zu den örtlichen Wanderwegen. Wir folgen den gelb-roten Zeichen des PR5 auf einer kleinen Asphaltstraße. Von links stößt der weiß-rot markierte GR13 zu unserem Weg hinzu.

Wir bleiben zunächst auf der kleinen Asphaltstraße, bis wir am nächsten **Abzweig** 02 auf einen schmalen Weg nach links abbie-

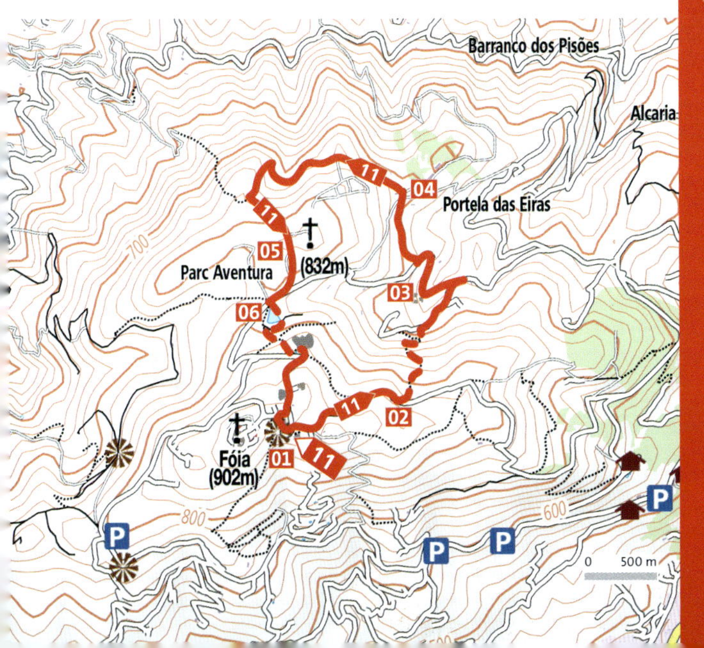

Phantastische Aussichten von der Höhe

gen. Der Weg führt uns zwischen zerfallenen Häusern und Felsen in Serpentinen bergab. Teilweise geht es recht steil auf dem immer schmaler werdenden Pfad, bis wir auf einen breiteren Weg stoßen, dem wir weiter hangabwärts folgen. Die Markierungszeichen führen uns in einer Spitzkehre nach rechts. Zwischen jungen Eukalyptusbäumen und stattlichen Esskastanienbäumen wandern wir entlang von Terrassen und steil hinab zu einer Straße. Wir wenden uns nach rechts und passieren ein paar Häuser. An einer Gabelung halten wir uns weiter hangabwärts zu einer Straße. Dort gehen wir nach links und folgen der Straße durch ein bewirtschaftetes Tal. Je nach Jahreszeit können wir den **Wasserfall** **03** „Cascalho dos Frades" bewundern. Der Weg steigt auf der Gegenseite an und beschreibt eine Linkskurve. Wir biegen nach rechts in einen Feldweg ein und laufen hinter einem Haus vorbei. Von der Höhe können wir einen herrlichen Ausblick über die bergige Landschaft genießen.

Wir umrunden einen **Viehstall** **04** und zwischen schönen Felsformationen betreten wir einen kleinen Eukalyptuswald. Zunächst führt uns der steinige Weg steil bergan. Die Vegetation lockert auf und wir können bis zum Meer blicken. Vorbei an einer Felsnase wandern wir in einer langgezogenen Kurve zwischen Terrassen. Dann geht es scharf nach links, steil bergan, auf die Antennenanlage auf der Anhöhe zu. Wir treffen auf einen Schotterweg, dem wir geradeaus, zwischen hohen Kiefern hindurch, folgen.

Nach dem **Parc Aventura** **05** laufen wir geradeaus über eine Wiese bis zu einer kleinen Straße. Dort halten wir uns nach rechts und treffen nach ca. 100 Metern auf die weiß-rot markierte Via Algarviana. Wir verlassen den PR5 und folgen den weiß-roten Zeichen nach links durch eine Zaunöffnung.

Den kleinen **See** **06** umrunden wir an seinem rechten Ufer. Ein Pfad führt uns hangaufwärts, wo wir den eingezäunten Bereich an einer markanten Felsgruppe wieder verlassen. Ab dort folgen wir wieder den gelb-roten Zeichen des PR5, die uns auf einer kleinen Straße zurück zu unserem **Ausgangspunkt** **01** bringen.

VOM FÓIA DURCH DIE SERRA DE MONCHIQUE 2 • 883 m

Auf den höchsten Berg der Algarve

START | Parkplatz auf dem Gipfel des Fóia.
Anfahrt: Von Monchique auf der N266-3 der Beschilderung ca. 8 km zum Fóia folgen.
Hinweis: Je nach Wetterlage einen Pullover/eine Windjacke oder Sonnenschutz einpacken. Ausreichend Wasser und ein Fernglas mitnehmen!
[GPS: UTM Zone 29 x: 536.136 m y: 4.130.014 m]
CHARAKTER | Abwechslungsreiche Rundwanderung auf Forstwegen und kleinen Landstraßen. Die Tour ist gelb-rot markiert und trägt die Bezeichnung PR3 – „Trilho Da Fóia".
Wegweiser helfen bei der Orientierung.
EINKEHR | Zwei Restaurants in Belém. Am Start-/Endpunkt, auf dem Gipfel des Fóia, befindet sich ebenfalls ein Restaurant.

Die Serra de Monchique bietet auch an heißen Tagen angenehme Temperaturen und frische Luft. Der Fóia ist mit seinen 902 Metern der höchste Berg der Serra und von der Höhe können wir traumhafte Aussichten bis zur Küste und auf Monchique genießen.

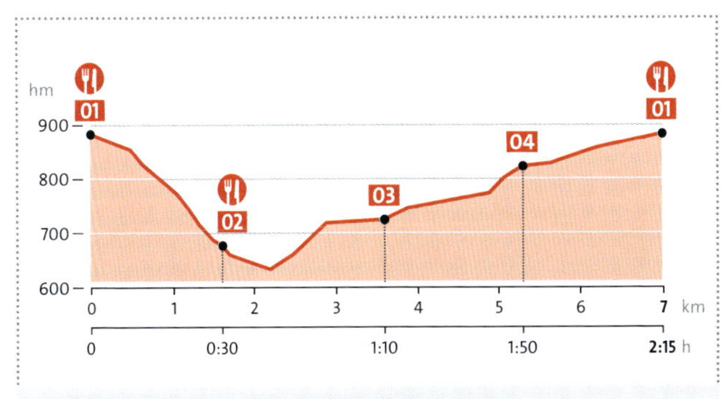

01 Fóia, 883 m; 02 Belém, 669 m; 03 Ruine, 718 m;
04 Zufahrtsstraße, 820 m

Terrassenlandschaft in den Hängen der Serra de Monchique

Neben dem Parkplatz auf dem Gipfel des **Fóia** 01 finden wir eine Informationstafel mit Hinweisen zu den örtlichen Wanderwegen. Wir folgen den gelb-roten Zeichen des PR3 vorbei an einer schönen Felsformation zu einem Wegweiser. Dort halten wir uns nach rechts und gehen durch den Dschungel an Sendemasten auf dem Hügel. Der Weg biegt nach rechts ab und führt uns in Serpentinen bergab. Zwischen Rosmarin, Thymian und Zistrosen können wir eine herrliche Aussicht bis zur Küste genießen. Die Vegetation wird dichter und junge Eukalyptusbäume säumen den Wegesrand. Ab der dritten Serpentinenkurve ist der Weg gepflastert und führt, entlang von Terrassen, zu den ersten Häusern von **Belém** 02.

Mimosenblüte im Frühjahr

Zwischen zwei Steintürmchen hindurch gelangen wir zu einer Landstraße, wo wir uns links halten. Durch eine Allee hoher Eukalyptusbäume erreichen wir die kleine Ortschaft. Vorbei an zwei Restaurants folgen wir den Markierungen nach einem Haus nach links bergauf. In einigen Kurven bringt uns ein Schotterweg steil bergan durch Eukalyptuswald. Wir wandern an einem Haus vorbei und folgen einem sandigen Weg zu einer imposanten Korkeiche.

Hinter einer **Ruine** 03 betreten wir wieder dichten Eukalyptuswald. Wir überqueren eine schmale Fahrstraße und laufen auf einem Feldweg weiter hangaufwärts auf vereinzelt stehende Häuser zu. Dann biegen wir nach links auf einen Pfad, der uns zu einem Schotterweg bringt. Wir halten uns vor einem Stromhäuschen nach rechts und stoßen nach nur wenigen Metern, an einem Wegweiser,

Monchique

Die größte Sehenswürdigkeit ist Monchique selbst. In einer Talsenke zwischen den beiden höchsten Gipfeln der Algarve liegt die kleine Bergstadt Monchique. Auf 450 Meter Höhe ziehen sich die weißen Häuser den Osthang des Berges „Foía" hinauf. Die kleinen Straßen der Altstadt sind steil und bieten immer wieder tolle Ausblicke auf die umliegende grüne Bergwelt. Kunsthandwerk ist seit jeher das wirtschaftliche Standbein der Stadt. Ob Webarbeiten aus Wolle oder Leinen, Körbe aus Weiden, Holzlöffel oder -klappstühle, getöpferte Keramik und Steingut, oder die Herstellung von Schinken und Wurst, Süßigkeiten und Schnaps – all dies hat in Monchique eine lange Tradition. Den zauberhaften Ort erlebt man am besten während eines Stadtbummels durch die Gassen der Altstadt. Die vielen Handwerker, die überall kleine Läden betreiben, lassen dich gerne bei ihrer Arbeit zusehen.

auf die Via Algarviana. Dort wenden wir uns nach links bergauf und folgen den nun weiß-rot-gelben Markierungen. Wir verlassen die breite Schotterpiste nach rechts auf einen steinigen Pfad, der uns zur **Zufahrtsstraße** 04 vom Foia bringt. Die Antennen auf dem Gipfel im Visier, spazieren wir auf der Höhe auf unseren **Ausgangspunkt** 01 zu. Die Via Algarviana verlässt unseren Weg nach rechts. Wir steuern geradeaus auf den Berg zu.

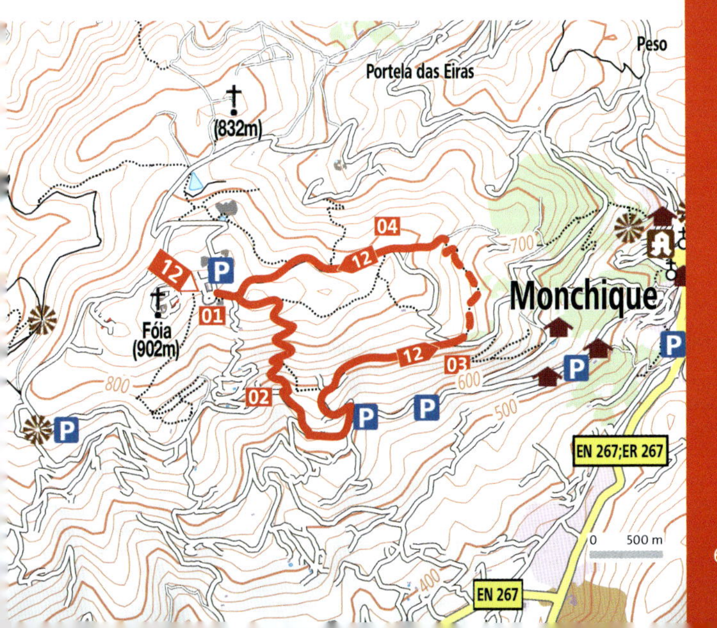

13 AUF DEM MÜHLENWEG VON MONCHIQUE • 443 m

Durch den Wald von Mata Porcas

9,2 km | 3:00 h | 501 hm | 501 hm

START | Ortsmitte von Monchique.
[GPS: UTM Zone 29 x: 539.306 m y: 4.130.264 m]
CHARAKTER | Einfache Rundwanderung auf Forstwegen und kleinen Landstraßen. Die Tour ist gelb-rot markiert und trägt die Bezeichnung PR4 – „Trilho Dos Moinhos". Wegweiser helfen bei der Orientierung.
EINKEHR | Keine Einkehrmöglichkeit unterwegs. Diverse Cafés und Restaurants in Monchique. Unterwegs kommt man an zwei schönen Rastplätzen vorbei.

Dieser Mühlenwanderweg führt uns durch den Wald von Mata Porcas und ist benannt nach der Wassermühle von Poucochinho. Eine erfrischende Tour, besonders an heißen Sommertagen.

▶ In der Ortsmitte von **Monchique** 01, auf dem zentralen Platz, finden wir eine Informationstafel zu den örtlichen Wanderwegen. Wir folgen der Wegweisung des PR4 „Trilho Dos Moinhos" entlang der Hauptstraße links neben dem Springbrunnen und an der Apotheke vorbei. An der „Pizzeria Nicola" biegen wir nach links bergauf und nach der „Galerie San Antonio" nach rechts über Treppen weiter bergan. Wir orientieren uns an der guten Markierung durch die engen Gassen immer

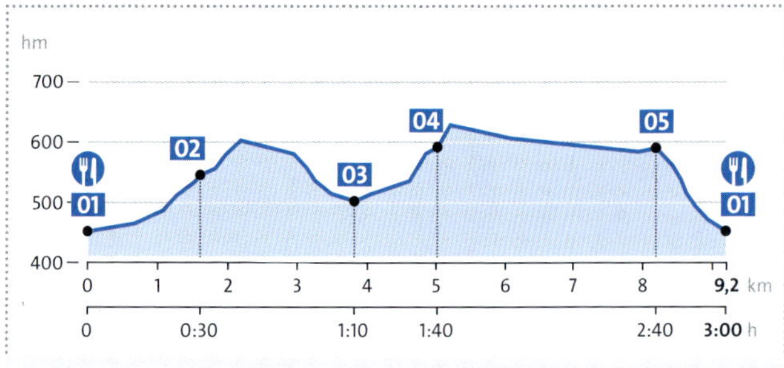

01 Monchique, 443 m; 02 Landstraße, 540 m; 03 Rastplatz, 495 m; 04 Schotterpiste, 588 m; 05 Pfad, 586 m

Blick auf Monchique

Die Kirche in Monchique

weiter hangaufwärts, zunächst noch im Stadtgebiet, dann durch reines Wohngebiet.

Entlang von Korkeichen verlassen wir den bebauten Bereich und gelangen zu einer **Landstraße** 02. Dort halten wir uns nach rechts und kurz darauf nach links, auf einem steinigen Weg, weiter bergan. Zwischen Esskastanien und Eukalyptusbäumen gewinnt der Weg weiter an Höhe. Von einer unbewaldeten Fläche bietet sich uns ein herrlicher Ausblick auf den Gipfel des Fóia. Wir zweigen in einen Feldweg nach rechts ab und wandern leicht abschüssig wieder in den Eukalyptuswald hinein. Der Weg beschreibt eine Linkskurve und an einem großen Felsen biegen wir nach rechts ab. Wir treffen auf einen asphaltierten Weg, dem wir zu einer Landstraße, neben ein paar Häusern, folgen. Dort wenden wir uns nach links und bleiben auf der Straße. Nach einer kleinen Brücke erreichen wir einen schön gelegenen **Rastplatz** 03 an einem kleinen Bach. Ein idealer Ort für eine Pause und einen Abstecher zur Mühle von Poucochinho.

Danach setzen wir unseren Weg auf der linken Straßenseite fort und laufen hangaufwärts. Wir halten uns immer auf dem Hauptweg und können schon bald eine phantastische Aussicht bis zum Meer genießen. An einer Kreuzung wenden wir uns nach links. Dann geht es nochmal steil bergauf bis zu einer **Schotterpiste** 04. Wir setzen unseren Weg nach rechts fort und folgen dem Sträßchen immer weiter bergan. Die gelb-roten Markierungen führen uns über eine Anhöhe, vorbei an einer schönen Felsformation. Wir passieren ein paar vereinzelt stehende Häuser und gelangen in ein Tal. Picknickplätze neben einem kleinen Bach laden zu einer weiteren Rast ein. Danach geht es durch ein kleines Waldstück und wir bleiben immer auf dem Hauptweg. Wir erreichen eine breitere Straße, der wir geradeaus folgen. Vorbei an einem größeren Anwesen und einem kleinen Haus steigen wir zu einer Landstraße hinab. Wir wenden uns nach rechts und bleiben ein gutes Stück auf der wenig befahrenen Straße. Nach einer Kurve schlüpfen wir nach links durch eine Öffnung in der Leitplanke.

Ein **Pfad** 05 führt uns steil bergab zu einem Querweg, der uns nach links zurück nach **Monchique** 01 bringt.

AUF DIE PICOTA • 406 m

Zum zweithöchsten Gipfel der Serra de Monchique

   19,8 km  6:30 h  1020 hm 1020 hm

START | Kreisel am Intermarché in Monchique.
Hinweis: Je nach Wetterlage einen Pullover oder eine Windjacke einpacken. Ausreichend Wasser, einen Sonnenschutz und evtl. ein Fernglas mitnehmen!
[GPS: UTM Zone 29 x: 539.380 m y: 4.129.603 m]
CHARAKTER | Eine aufgrund ihrer Länge und der zu bewältigenden Höhenmeter anstrengende Rundwanderung, die rein technisch aber leicht zu meistern ist. Die Tour ist gelb-rot markiert und trägt die Bezeichnung PR2 – Caminho das Caldas – Picota. Wegweiser helfen bei der Orientierung.
EINKEHR | Restaurant in Caldas de Monchique.

Während auf dem Fóia immer Betrieb herrscht, trifft man auf der Picota meist niemanden. Sie bietet einen phantastischen 360-Grad-Blick auf die Landschaft um Monchique. Die anspruchsvolle Bergwanderung führt über den Kurort Caldas de Monchique auf den zweithöchsten Gipfel der Serra de Monchique.

▶ Wir starten unsere Tour am **Kreisel** 01 gegenüber dem Supermarkt „Intermarché“. Neben dem Café finden wir einen Wegweiser zum Wanderweg PR2

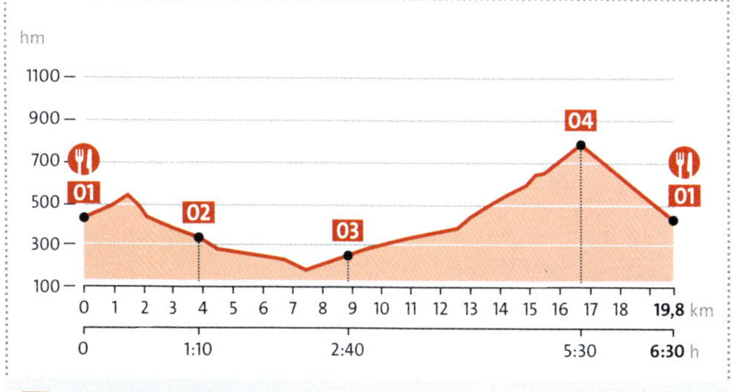

01 Kreisel, 406 m; 02 Landstraße, 311 m;
03 Caldas de Monchique, 224 m; 04 Picota, 773 m

Die Kirche in Caldas de Monchique

„Caminho das Caldas" und folgen den gelb-roten Markierungen auf einer kleinen Straße bergauf. Vorbei an vereinzelt stehenden Häusern wandern wir durch die in Terrassen angelegte Landschaft. Nach etwa einem Kilometer halten wir uns nach rechts auf einen Feldweg. Nach wenigen Metern gabelt sich der Weg und wir gehen nach links hangaufwärts. An einem Wassertank treffen wir auf einen Schotterweg, dem wir geradeaus, hangabwärts, folgen. Der Weg führt uns bergab an einer Villa vorbei, dann nach rechts auf einen schmaleren Weg. Uns bietet sich ein herrlicher Ausblick bis nach Portimão, Lagos und die Küstenlinie. Wir biegen nach links auf einen felsigen Pfad, der uns bergab zu einem Fahrweg bringt. Wir halten uns nach rechts und folgen der Straße immer geradeaus. Zufahrten zu den Häusern ignorieren wir.

Nach einem guten Stück treffen wir auf eine **Landstraße** 02. Auf der gegenüberliegenden Seite nehmen wir den Asphaltweg in Richtung Cortez. Der Weg führt uns in Serpentinen in ein Tal, dann bergauf zu einer Gabelung. Wir fädeln nach rechts ein und gehen dann nach links entlang einer Steinmauer. Nach einer Anhöhe geht es auf einem Schotterweg bergab. An einer weiteren Gabelung wenden wir uns nach links bergauf, dann steil bergab, auf einem Erdweg. Vorbei an einem kleinen Haus erreichen wir das Tal. Wir gehen über eine Brücke und

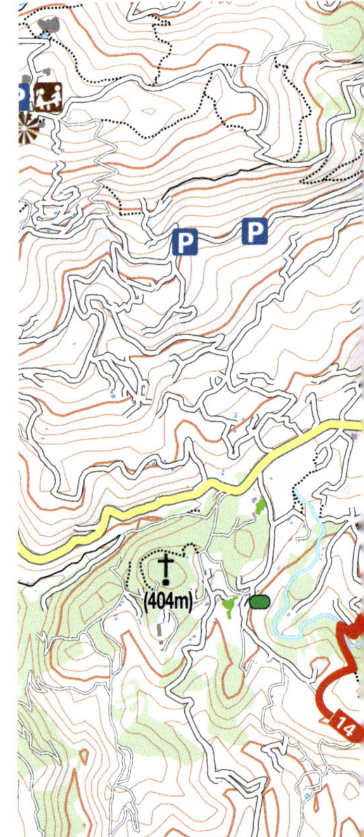

gelangen hangaufwärts zu einer gepflasterten Straße.

Hinter einem Firmengelände entlang und links neben dem Kurhotel vorbei erreichen wir, über Ziegelsteinstufen, den Ort **Caldas de Monchique** **03**. Am zentralen Platz befindet sich ein Restaurant. Wir halten uns nach rechts und umrunden die kleine Kirche. An einem beige-braun gestreiften Haus überqueren wir eine Fahrstraße und gehen am Restaurante Rouxinol auf einem Pflasterweg, unter imposanten Eukalyptusbäumen, bergan. Nach kurzer Strecke führt uns ein sandiger Weg nach rechts weiter bergauf zu einem Schotterweg. An ein paar Häusern vorbei gelangen wir zu einem Asphaltsträßchen, dem wir folgen. Bei einer Gabelung orientieren wir uns hangabwärts nach rechts. Terrassen mit Orangen- und Zitronenbäumen sowie schöne Felsformationen bestimmen das Landschaftsbild.

Nach einem guten Stück verlassen wir den Hauptweg nach links auf einen Sandweg. Vorbei an einem verlassenen Haus führen uns die Zeichen hangaufwärts und ober-

Palmen, Agaven und Orangenbäume

halb zweier Häuser entlang. Wir erreichen eine Straße und biegen nach rechts ab. Nach etwa 500 Metern zweigen wir nach links ab und folgen einer kleineren Straße bergan. An einem orange farbenen Haus nehmen wir einen Pfad, der uns zu einer Kreuzung bringt. Wir machen einen Abstecher auf den Gipfel der **Picota** 04 und genießen die phantastische Aussicht.

Zurück an der Kreuzung, folgen wir den weiß-roten Zeichen der Via Algarviana. Vorbei an ein paar Bauernhöfen gelangen wir zurück nach **Monchique** 01.

Orangenbäume am Wegesrand

SÃO MARCOS DA SERRA • 119 m

Durch das Tal der Odelouca

  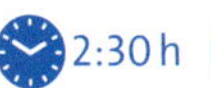  

START | Sportplatz bei São Marcos Da Serra.
Anfahrt: Von Silves auf der M502 nach São Marcos Da Serra. Im Ort ist der Sportplatz, der etwas außerhalb liegt, ausgeschildert.
Hinweis: Je nach Wasserstand des Odelouca kann die Querung des Flusses beschwerlich sein.
[GPS: UTM Zone 29 x: 555.747 m y: 4.135.200 m]
CHARAKTER | Landschaftlich sehr reizvolle Rundwanderung auf Feldwegen entlang der Ribeira de Odelouca. Die Tour ist gelb-rot markiert und trägt die Bezeichnung PR2 Percurso do Lagoão.
EINKEHR | Einkehrmöglichkeiten und Supermärkte in São Marcos Da Serra.

Die fruchtbare Landschaft bei São Marcos Da Serra ist von dem Fluss Odelouca durchzogen. Vereinzelte Bauernhöfe und Olivenplantagen prägen das Landschaftsbild in dem schönen Tal, und in der kleinen Ortschaft São Marcos Da Serra scheint die Zeit stillzustehen.

▶ Außerhalb der Ortschaft São Marcos Da Serra, am **Sportplatz** 01, steht eine Hinweistafel zum Wanderweg PR2. Wir starten unsere Tour entlang einer Mauer auf einer kleinen Asphaltstraße bis zu einem kleinen weiß-blauen Haus. Die gelb-roten Markierungen führen uns nach rechts auf einen Feldweg. Zwischen Korkeichen wandern wir oberhalb des Flusslaufes. Dann entfernt sich der Weg vom Bachbett und wir

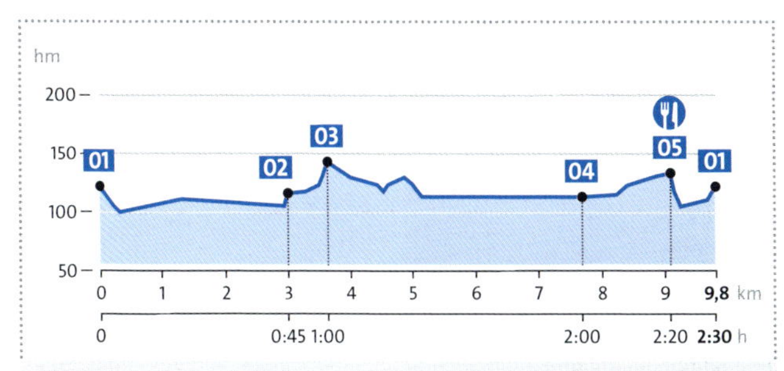

01 Sportplatz, 119 m; 02 Ribeira de Odelouca, 113 m; 03 Pereiros, 141 m; 04 Bahnlinie, 110 m; 05 São Marcos Da Serra, 131 m

Kleiner See bei Pereiros

treffen auf eine Asphaltstraße, der wir nach rechts folgen. Zwischen Ackern und Weideland erreichen wir wieder den Flusslauf. Wir verlassen die Asphaltstraße auf einen Feldweg nach links und durchqueren das Flussbett des **Odelouca** **02**.

Das Flussbett des Odelouca bei São Marcos Da Serra

Vorbei an einem Hof gelangen wir zu einer Querstraße. Uns wird die Möglichkeit geboten, einer Abkürzung nach links zu folgen. Wir wählen aber die etwas längere Variante nach rechts und passieren einen kleinen Fischteich. Ein Schotterweg bringt uns nach links, leicht bergan, durch die verschlafene Ortschaft **Pereiros** **03**.

Danach schlängelt sich der Wegeverlauf zwischen Korkeichen, Kiefern und hohen Eukalyptusbäumen durch ein Tal mit einem kleinen Bachlauf, bis wir wieder den Odelouca erreichen. Wir wandern jetzt auf der anderen Flussseite auf einem Feldweg, umgeben von Viehweiden. An vereinzelt stehenden Häusern vorbei stoßen wir auf eine **Bahnlinie** **04**.

Dort wenden wir uns nach links und gehen neben einer Landstraße auf **São Marcos Da Serra** **05** zu. Im Ort angekommen, halten wir uns halblinks. Wir passieren die Kirche und laufen hangabwärts und nach rechts in Richtung „Sai-

Am Ufer des Odelouca

da“. Danach führen uns die Zeichen nach links in Richtung Sportplatz. Wir verlassen den Ort über eine Brücke, erreichen wieder das weiß-blaue Haus, das wir vom Beginn der Wanderung kennen, und gelangen zurück zu unserem **Startpunkt** 01.

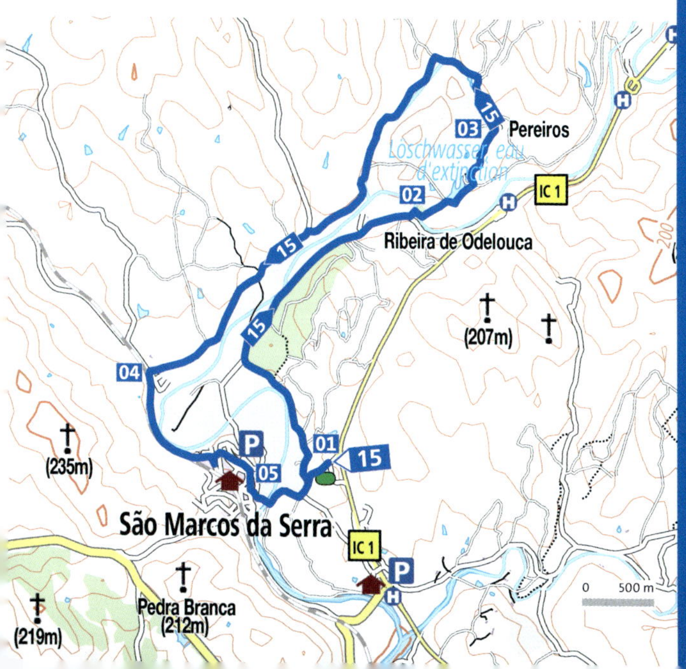

DIE MENHIRE VON VALE FUZEIROS • 96 m

Geschichtsträchtige Rundtour über den Hügel Cerro da Vilarinha

 6,9 km  2:00 h  268 hm 268 hm

START | Ortsmitte von Vale Fuzeiros.
Anfahrt: Von Silves auf der N124 in Richtung S.B. Messinies, dann auf der M1080 nach Vale Fuzeiros. In der Ortsmitte befindet sich eine Informationstafel zum Wanderweg.
[GPS: UTM Zone 29 x: 557.837 m y: 4.122.998 m]
CHARAKTER | Historisch interessante Rundwanderung, die keine großen Anforderungen stellt. Die Tour ist gelb-rot markiert und trägt die Bezeichnung PR4 „Circuito Arqueológico da Vilarinha“. Wegweiser helfen bei der Orientierung.
EINKEHR | Einkehrmöglichkeit am Start-/Endpunkt der Wanderung in Vale Fuzeiros.

Die knapp 7 km lange Wanderroute Vilarinha – Vale Fuzeiros führt an mehreren Menhiren und Nekropolen vorbei. Neben diesen archäologischen Funden bietet dieser Rundweg immer wieder beeindruckende Panoramaaussichten über die grüne Hügellandschaft.

▶ Von der Hinweistafel mit Wanderkarte in Vale **Fuzeiros** 01 gehen

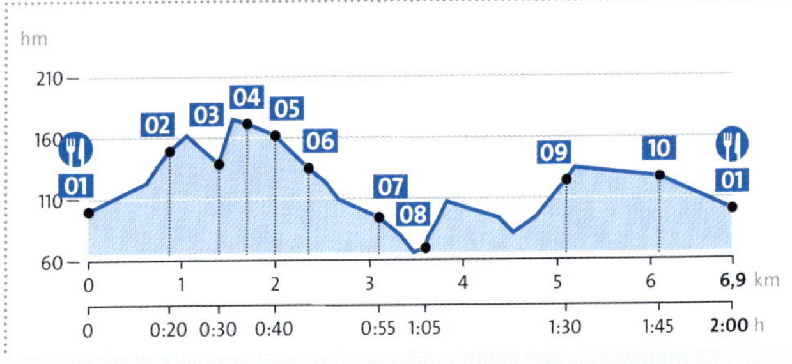

01 Vale Fuzeiros, 96 m; 02 Nekropole da Pedreirinha, 147 m; 03 Felsgrab, 136 m; 04 Menhir, 170 m; 05 Menhir, 160 m; 06 Menhir, 132 m; 07 Menhir, 90 m; 08 Bach, 64 m; 09 Nekropole, 121 m; 10 Nekropole, 124 m

wir zwischen Zitronen- und Orangenbäumen auf einem Sträßchen in das Flusstal. Die gelb-roten Markierungen führen uns an einem Bauernhof vorbei, dann geradeaus auf einen Schotterweg. Wir wandern hangaufwärts auf rötlich glitzernder Erde und halten uns im Hang nach rechts auf einen schmaleren Weg. Ein Holzwegweiser zeigt uns die Richtung zur **Necrópole** 02. Wir machen einen Abstecher und eine Hinweistafel erläutert, dass dort drei Gräber zu sehen seien. Die verwachsene Stelle lässt das leider nicht erkennen und etwas enttäuscht gehen wir zurück zum Hauptweg. Nach kurzer Strecke deutet ein weiterer Wegweiser in Richtung „Sepultura".

Menhir bei Vale Fuzeiros

Erneut verlassen wir den Hauptweg und folgen dem Pfad zu

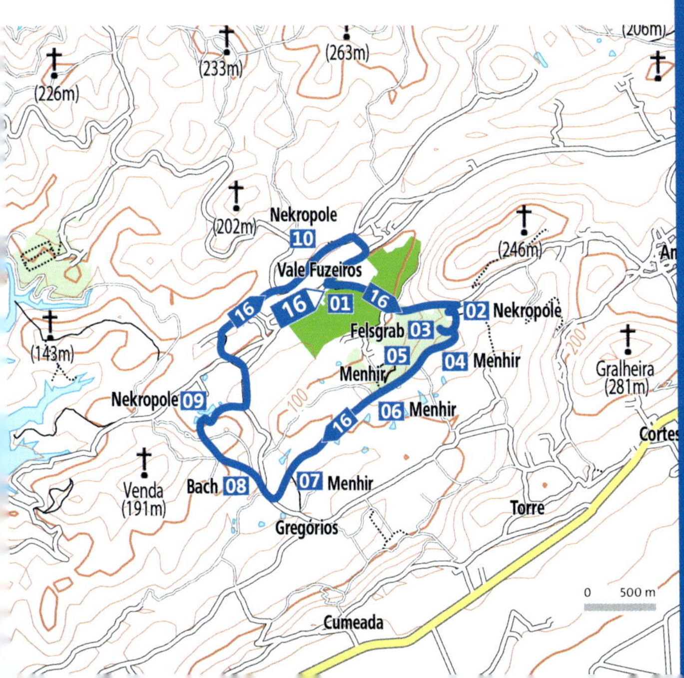

Felsgrab auf dem Höhenzug

einem, diesmal deutlich sichtbaren, in Sandstein gemeißelten **Felsgrab** 03. Es folgt ein steiler Anstieg auf einen Hügel, auf dem wir den ersten **Menhir** 04 entdecken. Eine Tafel erläutert Details (leider nur auf Portugiesisch) zu dem Stein, der zwischen 6000 und 5000 v. Chr. aufgestellt worden sein soll. Durch eine Senke und über den nächsten Hügel gelangen wir zu einem weiteren, etwas kleineren **Menhir** 05. Von dem Höhenzug haben wir eine phantastische Aussicht auf die Serra de Monchique. Im Auf und Ab erreichen wir den dritten **Menhir** 06. Auffällig sind die vielen kleinen Stauseen am linken Hang, die wohl zur Bewässerung dienen. Der Weg führt uns steil bergab zum vierten und höchsten **Menhir** 07, der zur Abwechslung am linken Wegesrand steht. Wir steigen zu einer Straße hinab, die wir schräg nach rechts überqueren.

Zwischen Schilf queren wir ein **Bachbett** 08 und laufen hangaufwärts, dann nach rechts zwischen zwei Kuppen hindurch. An einer Kreuzung halten wir uns geradeaus. Vorbei an einem mit Palmen eingerahmten Haus umrunden wir den Hügel und gelangen wieder zu der Straße, der wir nach links folgen. An einer Gabelung wenden wir uns erneut nach links und orientieren uns dann an einem Wegweiser zur **Necrópole** 09 auf einen roten Sandweg bergan. Die Necrópole de Carrasqueira hat fünf Gräber.

Wir gehen den Hang weiter hoch und folgen einer kleinen asphaltierten Straße nach rechts. Vorbei an Villen bleiben wir oberhalb der Ortsschaft und spazieren zwischen Orangenplantagen, bis wir auf eine breitere Straße treffen. Wir biegen nach rechts und nach kurzer Strecke nach links zu einer weiteren **Necrópole** 10 ab. Die Markierungszeichen führen uns zwischen Häusern hindurch und wir haben den Eindruck, auf Privateigentum zu sein. Die Necrópole da Forneca scheint Kindern als Spielplatz zu dienen. Wir folgen einem schmalen Pfad hinter den Häusern, treffen auf eine Straße und halten uns hangabwärts. An der Hauptstraße wenden wir uns nach rechts und gelangen zurück zu unserem **Ausgangspunkt** 01.

DIE HALBINSEL ILHA DO ROSARIO • 27 m

Rundweg entlang des Kanals

 5,7 km 1:45 h ↗150 hm 150 hm

START | Campingplatz „Campismo O Paraíso“.
Anfahrt: Von Silves auf der N124 in Richtung „Odelouca/ Monchique“. Nach etwa 1 km nach links der Beschilderung zum Campingplatz folgen.
Hinweis: Ausreichend Wasser, Sonnenschutz und Mückenschutz mitnehmen!
[GPS: UTM Zone 29 x: 546.845 m y: 4.114.966 m]
CHARAKTER | Einfache Rundwanderung entlang des Kanals am Rio Arade und der Ribeira de Odelouca.
EINKEHR | Keine Einkehrmöglichkeit unterwegs. Der Club Nautico am Start-/Endpunkt der Wanderung hat von Mai bis September geöffnet.

Ebbe und Flut bestimmen den Wasserstand des Rio Arade bis nach Silves. Der Fluss soll bis nach der Maurenzeit schiffbar gewesen sein und Silves hatte große Bedeutung als Handelsplatz. Flussabwärts von Silves mündet die Ribeira de Odelouca in den Arade. Die beiden Flüsse bilden die Halbinsel Ilha do Rosario.

▶ Wir starten unsere Tour am Eingang zum **Campingplatz** 01. Ein Wegweiser zeigt uns die Rich-

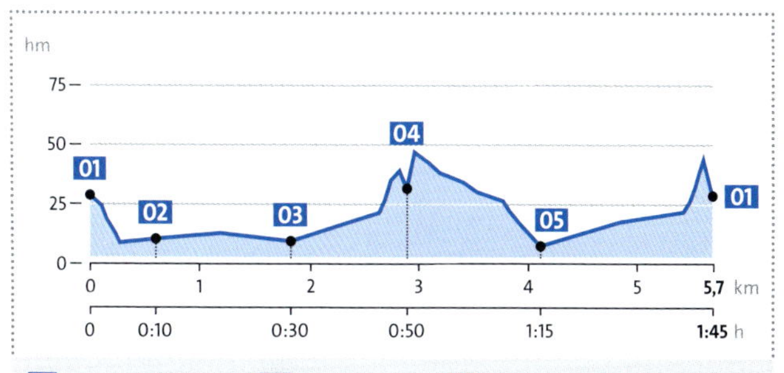

01 Campingplatz, 27 m; 02 Rio Arade, 8 m; 03 Ribeira de Odelouca, 7 m; 04 Vale de Lama, 30 m; 05 Gebäude, 5 m

Der Kanalweg am Odelouca

tung nach rechts zum „Club Nautico", gelegen am **Rio Arade** 02. Vorbei an einem weiß-blauen Haus schlagen wir nach rechts den Weg entlang des Kanals ein. Ein Verlaufen ist auf dieser nicht markierten Strecke unmöglich – wir folgen immer dem kleinen, nicht immer mit Wasser gefüllten Kanal.

Am Zusammenfluss von Rio Arade und der **Ribeira de Odelouca** 03 können wir unter einem hohen Eukalyptusbaum einen herrlichen Ausblick auf die Flusslandschaft werfen. Wir passieren ein Haus und der Wegeverlauf ändert die Kanalseite. Orangenbäume säumen den Weg und mit etwas Glück können wir Störche beobachten. Der Kanal ändert seine Innenform und kurz darauf treffen wir auf eine kleine Asphaltstraße, der wir weiter folgen. An einer Gabelung halten wir uns bergauf nach rechts und gehen auf ein paar Häuser zu. Schnell ist die kleine Ortschaft **Vale de Lama** 04 erreicht. Am Ortsende, an einem Stop-Schild, gehen wir geradeaus weiter. Vorbei an einem Wasserbecken wandern wir hangabwärts zwischen Plantagen. Vereinzelt stehen Häuser am Wegesrand. Dann geht der Weg in einen Schotterweg über. Eine Straße nach links ignorieren wir. Ebenso die Zufahrten zu Häusern. Wir halten uns immer geradeaus auf dem breiten Schotterweg. Die Landschaft ist geprägt von Feldern, Kühen und Eseln.

Nach einem großen, verlassenen **Gebäude** 05 erreichen wir einen Bach. Auch dort gehen wir geradeaus weiter und folgen der Beschilderung in Richtung Campingplatz. Wir gehen unter einem Bewässerungskanal hindurch und treffen an einem Haus wieder auf den schmalen Kanal, dem wir zu Anfang der Wanderung gefolgt sind. Wir orientieren uns an seinem Verlauf auf einem kleinen Pfad daneben und erreichen nach kurzer Strecke unseren **Ausgangspunkt** 01.

Zusammenfluss von Arade und Odelouca

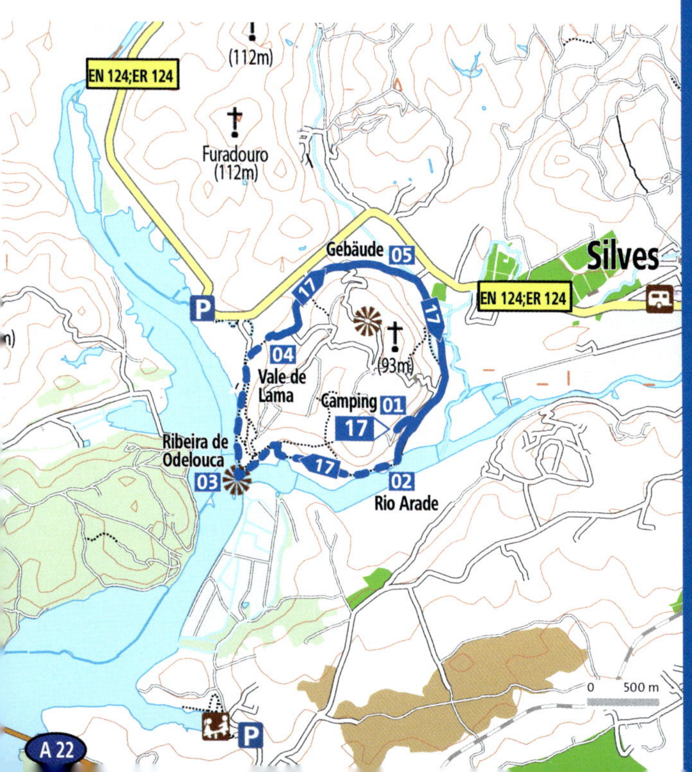

DIE WINDMÜHLE VON SILVES • 62 m

Rund um die alte Hauptstadt der Algarve

START | Burg in Silves.
Hinweis: Je nach Wetterlage einen Pullover oder eine Windjacke einpacken. Ausreichend Wasser und einen Sonnenschutz mitnehmen!
[GPS: UTM Zone 29 x: 549.858 m y: 4.116.154 m]
CHARAKTER | Kurze, aussichtsreiche Rundwanderung, die keine großen Herausforderungen stellt. Die Tour ist nicht markiert, doch die Orientierung in der offenen Landschaft ist sehr einfach.
EINKEHR | Keine Einkehrmöglichkeit unterwegs.

Silves ist eine entzückende Festungsstadt, die einst die Hauptstadt der Algarve war. Heute hat Silves eine ruhige und friedliche Atmosphäre, war aber während der Maurenzeit eine wichtige Festung und bedeutende Handelsstadt. Überreste dieser glorreichen Vergangenheit sind die riesige rote Steinburg, die uneinnehmbaren Stadtmauern und die gotische Kathedrale, die an der Stelle einer großen Moschee erbaut wurde.

▶ In der Nähe der Burg von Silves, dem **Castelo de Silves** 01, sind mehrere Parkplätze ausgeschildert. Wir starten unsere Wanderung vor der Burg und laufen die Straße bergab zu einem Kreisel neben einem Supermarkt. Links vorbei an einem Wohnmobilstellplatz gehen wir geradeaus auf einer Asphaltstraße. In der Ferne können wir bereits die schöne Windmühle von Silves erkennen. Wir biegen auf eine kleine As-

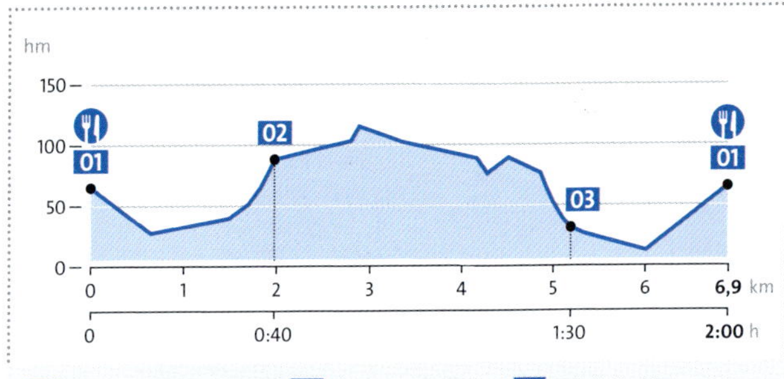

01 Castelo de Silves, 62 m; 02 Windmühle, 86 m; 03 Erdpiste, 27 m

Die Burg in Silves

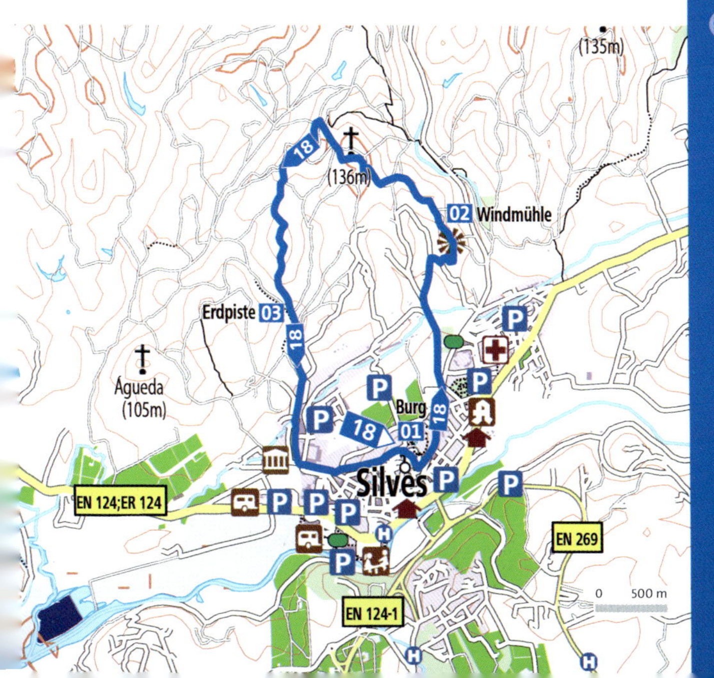

Die Windmühle von Silves

phaltstraße ab und orientieren uns in Richtung Caniné. Der Weg führt uns hangaufwärts entlang von Schilf und neben Orangenbäumen. Unter einer Brücke hindurch steigt der Weg weiter an. Wir passieren einen Hof zu unserer Rechten und wenden uns an einer Gabelung nach rechts. Der Weg führt steil bergauf, vorbei an schönen Villen, dann zweigen wir nach links auf einen Schotterweg ab und gehen steil bergan zur **Windmühle** 02. Uns bietet sich eine phantastische Aussicht von der Höhe.

Wir setzen unseren Weg fort und steigen steil bergab. Nachdem wir der Kammlinie gefolgt sind, kommen wir an einem Haus vorbei. Der breite Schotterweg schlängelt sich in Kurven auf den nächsten Hügel. Dort halten wir uns nach links und direkt nach rechts. Der Weg bleibt auf der Höhe im Hang. An einer Wegespinne gehen wir nicht steil bergauf geradeaus, sondern nach halbrechts und fädeln direkt in den ansteigenden Weg nach links ein. Auf der folgenden Anhöhe orientieren wir uns nach links und dann wieder links. Wir wandern unterhalb einer Reihe von Pinien entlang und nehmen an der nächsten Gabelung erneut den linken Weg. Im Auf und Ab führen uns die sandigen Wege zu einem Stein mit einer 9-km-Markierung. Wir wenden uns nach links. Über die Hügel erreichen wir eine breitere **Erdpiste** 03, der wir geradeaus nach Silves zurück folgen. Bei den ersten Häusern gehen wir halbrechts durch ein Wohngebiet, dann immer geradeaus. Am Stop-Schild, am Ende der Straße, bei einem weinroten Haus, biegen wir nach links ab. Vorbei an einem Park, dann halblinks, gelangen wir zurück zur **Burg** 01.

Blick auf Silves von der Höhe

VON SALEMA NACH LUZ • 9 m

Klippenwanderung entlang der Steilküste und traumhafter Sandstrände

11,7 km

3:15 h

516 hm 509 hm

START | Bucht von Salema.
Hinweis: Je nach Wetterlage eine Windjacke oder Badesachen einpacken. Ausreichend Wasser und einen Sonnenschutz mitnehmen!
[GPS: UTM Zone 29 x: 515.531 m y: 4.102.402 m]
CHARAKTER | Herrliche Streckenwanderung auf Klippenpfaden an der Felsalgarve. Keine durchgehende Markierung. Steinmännchen helfen bei der Orientierung.
EINKEHR | Restaurants und Cafés in Salema, Burgau und Luz.

Auf halber Strecke zwischen Sagres und Lagos liegt die Praia da Salema, die ursprünglich ein Fischerstrand war. Auch heute wird sie von den Fischern genutzt, wie Frühaufsteher feststellen können. Das Gleiche gilt für die Küstenorte Burgau und Luz. Und zwischen diesen kleinen Orten finden sich zahlreiche, traumhafte Badebuchten, eingerahmt von hohen Felsen.

▶ Von der kleinen Strandpromenade in **Salema** 01 biegen wir in die kleine Gasse am „Casa Pizza Restaurante". Zwischen den weiß-blau getünchten Häusern führt uns das Sträßchen leicht bergan und geradeaus aus dem Ort heraus. Nach dem Häuschen Acolmeia, kurz vor Erreichen einer Gruppe von Zypressen, wenden wir uns nach rechts auf einen

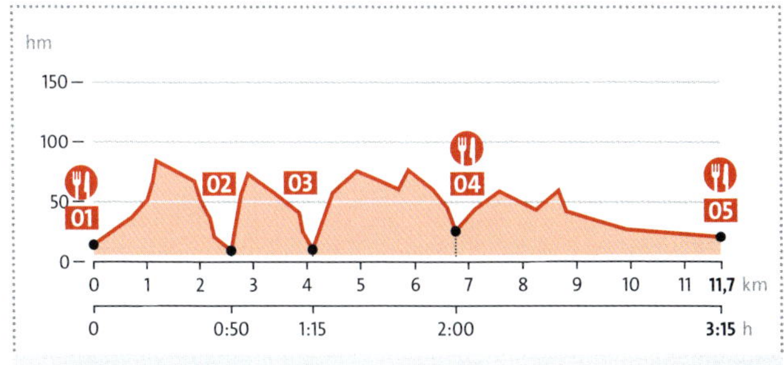

01 Salema, 9 m; 02 Boca Do Rio, 4 m; 03 Almádena, 5 m; 04 Burgau, 21 m; 05 Luz, 16 m

Pfad. Während wir schnaufend bergauf wandern, steigen uns Düfte von Wacholder, Thymian und Rosmarin in die Nase. Steinmännchen erleichtern die Orientierung. Auf der Höhe treffen wir auf einen Küstenpfad, dem wir nach links folgen. Wir stoßen auf einen breiteren Fussweg und halten uns nach rechts. Ein Hinweisschild gibt Informationen zu Flora und Fauna des Küstenabschnitts. Kurz darauf, an einer Gabelung, fädeln wir nach links ein. Der Weg führt oberhalb von Ausgrabungen aus der Römerzeit entlang der Steilküste.

Vorbei an weiteren Hinweisschildern zur Region und Geschichte steigen wir in die Bucht **„Boca do Rio“** 02 hinab. Ein Flüsschen fließt durch das breite Tal und mündet am Ende des Strandes ins Meer. Manchmal liegt aber auch so viel Sand im Weg, dass der Fluss sich aufstaut und ein kleiner See entsteht. Wir verlassen die schöne Bucht auf der gegenüberliegenden Seite, hinter einem zerfallenen Häuschen, nach rechts.

Steil bergauf, dann entlang der Steilküste erreichen wir das Forte de Almádena. Vorbei an den Resten der aus dem 17. Jh. stammenden Anlage gehen wir in Küstennähe auf einem sandig roten Pfad auf einen Neubau zu. Wir umrunden das Gebäude auf seiner linken Seite, überqueren die Zufahrtsstraße des Hauses und halten uns entlang der Küstenlinie bis zur Praia de **Almádena** 03. Zur Saison hat in der steinigen Bucht ein Restaurant geöffnet.

Wir steigen aus der Bucht auf einem Pfad bergan, dann auf einem breiten steinigen Weg entlang der Steilküste zu ein paar zerfallenen Häusern am Ende der Bucht. Ein Pfad bringt uns auf die Höhe zu einer Ruine. Dort wenden wir uns nach rechts und orientieren uns entlang der Küstenlinie. Von dort oben können wir eine herrliche Aussicht zurück nach Salema und

Der Strand in Salema

auf unsere Ziele Burgau und Luz werfen. Wir treffen auf eine breitere Sandpiste, die uns durch eine Senke führt. Vom folgenden Hügel steigen wir in den Touristenort **Burgau** 04 hinab. Durch kleine Sträßchen und über Stufen gelangen wir zum Strand. Zwei große Steinrampen führen vom Ort in das Meer hinein und mehrere Restaurants laden zum Einkehren ein. Wir verlassen die Bucht auf einem gepflasterten Weg, dann steil bergauf auf einem Schotter-

Die Bucht von Burgau

weg. Bei erster Gelegenheit wenden wir uns auf einen schmaleren Weg entlang der Küste und auf einen Pfad nach rechts. Es folgt ein wunderschöner Abschnitt unterhalb luxuriöser Villen neben den Klippen. Wir wandern über einen Hügel und unterhalb von Häusern auf einem roten Sandpfad. Auf dem parallel verlaufenden Schotterweg laden ein paar Sitzbänke zum Verweilen ein. Hinter einem weiß-blauen Häuschen stoßen wir auf eine Schotterpiste, der wir in den Ort **Luz** 05 folgen. An der Kirche endet unsere Tour.

Der Fischerort Salema

VON LUZ NACH LAGOS • 16 m

Entlang der Steilküste und schöner Sandstrände

START | Kirche in Luz.
Hinweis: Je nach Wetterlage eine Windjacke oder Badesachen einpacken. Ausreichend Wasser und einen Sonnenschutz mitnehmen!
[GPS: UTM Zone 29 x: 523.958 m y: 4.104.452 m]
CHARAKTER | Traumhafte Streckenwanderung auf Klippenpfaden. An einigen Stellen ist Trittsicherheit gefragt. Keine durchgehende Markierung. Steinmännchen helfen bei der Orientierung.
EINKEHR | Je nach Saison: Strandbars und Restaurants entlang der Strecke in Luz, Porto de Mós, Ponta da Piedade.

Die Landzunge „Ponta da Piedade" ist **das** Fotomotiv der Felsalgarve! Wind und Wasser haben Skulpturen aus Fels geschaffen. Die Baumeister der Natur ließen im türkisblauen, klaren Wasser beeindruckende Gebilde entstehen – Türme, Tore, Höhlen und Brücken aus Fels. Entlang der Steilküste der Landzunge verstecken sich viele kleine, verträumte Strände. An der Spitze der Landzunge steht ein kleiner Leuchtturm.

▶ Von der Kirche in **Luz** 01 gehen wir das kurze Stück hinab zum Meer und folgen der schönen Uferpromenade mit ihren hohen Palmen nach links. Am Ende der Promenade halten wir uns auf einer gepflasterten Straße unterhalb von Villen am Sandstrand

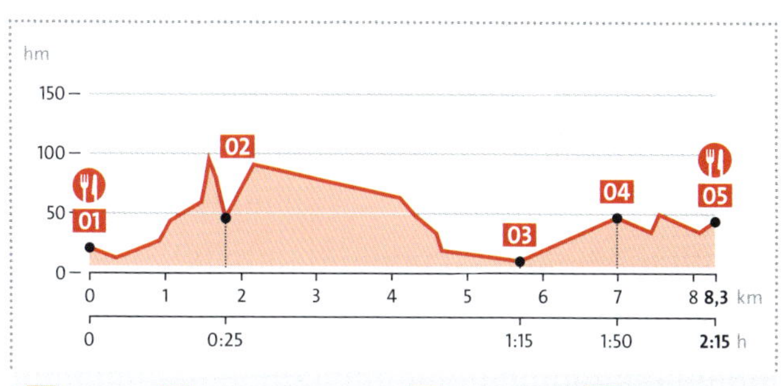

01 Luz, 16 m; 02 Torre de Atalaia, 42 m; 03 Canavial, 5 m; 04 Leuchtturm, 43 m; 05 Parkplatz, 40 m

Ponta da Piedade

entlang. Ein Sträßchen führt uns hangaufwärts, ein wenig von der Küste weg. Am Ende der Straße wenden wir uns nach rechts, wieder auf das Meer zu. Ein sandiger Weg bringt uns an die Steilküste und wir steigen auf einem steinigen Pfad zu dem Turm **„Torre de Atalaia“** 02 empor. Von der Höhe können wir eine phantastische Aussicht zurück, auf den Küstenort Luz, werfen. Entlang eines

Der Leuchtturm von Lagos

Geländers folgen wir dem breiten Küstenweg ein gutes Stück immer auf der Höhe. An manchen Stellen geht es steil bergab. Kinder sollte man besser an die Hand nehmen. Hangabwärts gelangen wir zu einer Feriensiedlung in Porto de Mós. Ein traumhafter Sandstrand lädt zu einer ausgiebigen Badepause ein und Strandbars und Restaurants locken mit leckeren Angeboten. Wir folgen

Lagos

Geschützt in der Bucht „Baía de Lagos“ an der Mündung des Flusses „Ribeira de Bensafrim“ liegt die Stadt Lagos. Schon seit Ewigkeiten gibt es hier einen Hafen, von dem aus die Menschen vieler Epochen in den Atlantik aufbrachen. Von hier starteten auch die Schiffe, die im 15. Jahrhundert die Welt für Europa entdeckten und eroberten, Beute und Schätze aus Übersee mitbrachten. Damals war Lagos Angelpunkt des portugiesischen Welthandels. Einige Gebäude in der Altstadt erinnern an diese Zeit. Erst in den 1960er-Jahren wurde Lagos wiederentdeckt – von den Touristen. Heute ist Lagos ein hübsches und quirliges Städtchen mit vielen Restaurants, Cafés und kleinen Geschäften. Die schönen, mit Keramikfliesen verkleideten Häuser, die alte Markthalle, die tausend Jahre alte Stadtmauer, der Gouverneurspalast und die Kapelle Santo António sind absolut sehenswert.

Blick zurück auf Luz

dem Strand bis zu der Bucht **Canavial** 03, an deren Ende uns Felsen den Weg versperren, und steigen die Klippen hinauf. Dort gibt es mehrere Varianten – ein Netz aus Pfaden durchzieht die Landzunge.

Wir orientieren uns am **Leuchtturm** 04 und spazieren auf schmalen Wegen, entlang der Felsküste, bis zu dem Leuchtfeuer. Danach folgt der schönste Abschnitt der Wanderung: Die „Ponta da Piedade“ – die Gipfel der Schönheit. Wir umrunden die bizarren Felsformationen und steigen – je nach Belieben – in die Buchten hinab.

Am **Parkplatz** 05, neben dem Restaurant „O Camilo“, haben wir das Ziel unserer Wanderung erreicht.

DIE LANDZUNGE VON MEXILHOEIRA GRANDE • 10 m

Wattwanderung zur Rocha Delicada

  7,7 km  2:00 h  83 hm  83 hm

START | Bahnhof von Mexilhoeira Grande.
Anfahrt: Von Portimão etwa 10 km auf der N125 in Richtung Lagos.
Hinweis: Zur Vogelbeobachtung ein Fernglas mitnehmen!
[GPS: UTM Zone 29 x: 534.665 m y: 4.112.044 m]
CHARAKTER | Eine einfache Rundwanderung auf Schotterwegen und Dammpfaden. Die Tour ist gelb-rot markiert und trägt die Bezeichnung „PR1 – Percurso Pedestre Rocha Delicada". Wegweiser helfen bei der Orientierung.
EINKEHR | Keine Einkehrmöglichkeit unterwegs. In der Ortschaft Mexilhoeira Grande befinden sich Restaurants und Cafés.

Die Tour führt zunächst durch flache Kulturlandschaft, dann durch das Naturschutzgebiet „Ria de Alvor". Der eigentliche Felsen, der Rocha Delicada, liegt ganz im Süden der Landzunge und ist ein Hügel von nur 30 m Höhe.

▶ Am **Bahnhof** 01 von Mexilhoeira Grande finden wir eine Informationstafel zum Wanderweg PR1 und folgen den gelb-roten Markierungen auf einem Feldweg parallel zu den Gleisen.

Nach nur kurzer Strecke erreichen wir einen **Wegweiser** 02. Dort beginnt unser eigentlicher Rundweg. Von links kommen wir später zurück. Wir wandern geradeaus

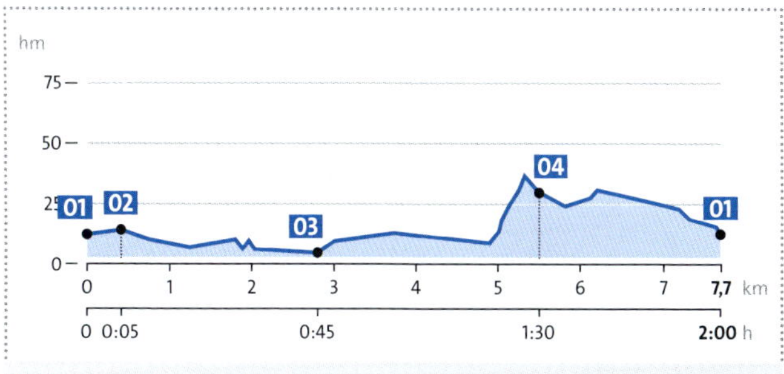

01 Bahnhof, 10 m; 02 Wegweiser, 12 m; 03 Kreuzung, 2 m; 04 Hügel, 28 m

Ein Paradies für Ornithologen

weiter und folgen der empfohlenen Gehrichtung der Rundtour. Orangen- und Zitronenbaumplantagen zieren den Wegesrand. Gärten zwischen vereinzelt stehenden Häusern prägen das Landschaftsbild. Wir halten uns immer auf dem Hauptweg, passieren eine Allee von Olivenbäumen und spazieren an einem Kanal entlang, bis wir auf einen weiteren Wegweiser an einer **Kreuzung** 03 treffen. Ein kleines Stück geradeaus und wir erreichen einen kleinen Parkplatz mit einer Informationstafel. Die Zeichen führen uns auf einen kleineren Rundweg über einen Damm, der Meer und Brackwasser trennt. Flamingos, Störche und Kormorane tümmeln sich in den seichten Gewässern und in der Ferne können wir bis zur Serra de Monchique blicken.

Im Uhrzeigersinn gelangen wir zurück an die Kreuzung und wir

Schnurgerade zwischen den Wassern

Der Wanderweg verläuft auf dem Damm

halten uns hangaufwärts auf einen **Hügel** **04** in Richtung Estação (Bahnhof). Von der Anhöhe haben wir eine schöne Aussicht auf Portimão. Abzweigende Zufahrtsstraßen zu Häusern ignorieren wir und wir halten uns immer auf dem Hauptweg. Zwischen Mandelbäumen und Trockensteinmauern führt uns der Weg zurück zum Wegweiser, den wir vom Beginn der Wanderung kennen. Nach rechts gelangen wir zurück zum **Bahnhof** **01**.

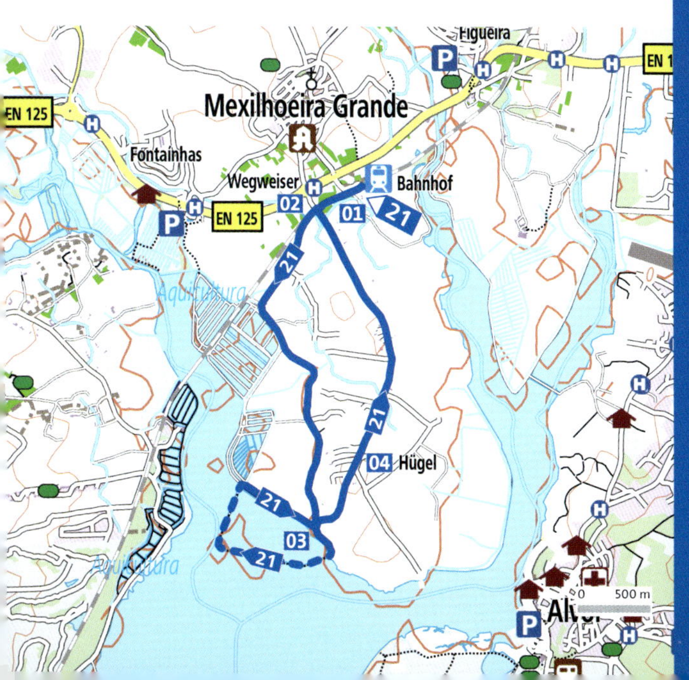

DIE DÜNEN VON ALVOR • 4 m

Strandspaziergang zur Vogelbeobachtung

START | Yachthafen von Alvor.
Hinweis: Je nach Wetterlage eine Windjacke oder Badesachen einpacken. Ausreichend Wasser und ein Fernglas mitnehmen!
[GPS: UTM Zone 29 x: 535.957 m y: 4.109.116 m]
CHARAKTER | Landschaftlich sehr reizvolle Rundwanderung auf Stegen und entlang des Strandes. Die Tour ist gelb-rot markiert und trägt die Bezeichnung PR2 – Percurso Pedestre Ao Sabor da Maré. Wegweiser helfen bei der Orientierung.
EINKEHR | Einkehrmöglichkeiten in Alvor und am Strand von Alvor.

Nicht nur Ornithologen werden von dieser kurzen Rundtour begeistert sein. Die Holzstege, die zum Schutz der Natur angelegt wurden, fügen sich harmonisch in das Landschaftsbild und der traumhafte Strand ist ein Paradies zum Baden. Im Gegensatz zu vielen anderen Orten an der Algarve, ist Alvor nicht allzu stark von den Felsküsten eingeengt. Das bedeutet mehr Platz an einem breiten, langen Sandstrand.

Wir starten unsere Tour am Yacht- und **Fischerhafen** 01 von Alvor, an einem großen Holzgebäude, das mit A gekennzeichnet ist. Dort verwahren die Fischer ihr Material und man kann ihnen bei ihrer Arbeit über die Schulter blicken. Ganz in der Nähe beginnt ein Weg über einen Holzsteg und dort finden wir auch eine Informationstafel zu unserem Wanderweg. Die Tour beschreibt die Form einer Acht. Wir folgen den

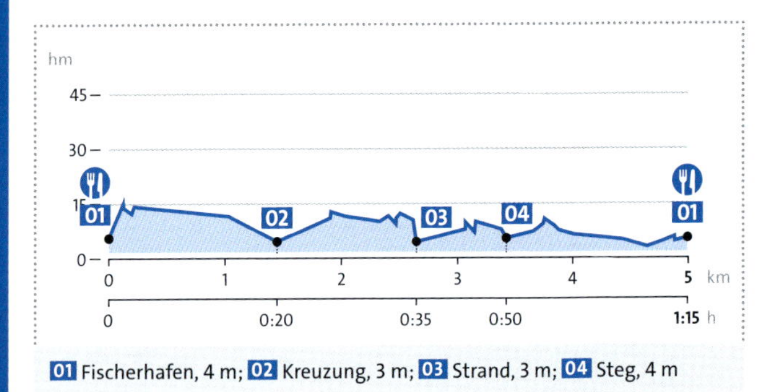

01 Fischerhafen, 4 m; 02 Kreuzung, 3 m; 03 Strand, 3 m; 04 Steg, 4 m

Vogelbeobachtungsstation bei Alvor

Holzstege führen zu den Dünen

gelb-roten Markierungen auf dem Steg. An einem Aussichtspunkt zur Vogelbeobachtung zweigt ein Weg nach links ab. Wir halten uns geradeaus und genießen den Blick über die Lagune ins Inland, bis zur Serra de Monchique. Ein gutes Stück weiter, an einem überdachten Rastplatz, führt uns der Weg nach links. Wir erreichen eine **Kreuzung** 02 und wenden uns nach rechts. Ein breiter Sandweg führt uns, vorbei an einem Abzweig, nach links zu einer Steinmole.

Wir folgen ihr auf einen kleinen, weiß-grünen Leuchtturm zu, bis wir zum **Strand** 03 gelangen. Ab dort laufen wir nach links, immer entlang des Wassers. Einen Steg ins Inland, mit einer Aussichtsplattform, ignorieren wir. Am zweiten **Steg** 04 finden wir eine gelb-rote Markierung und treten unseren Rückweg an. Wir erreichen fast wieder die Kreuzung, die wir vom Hinweg kennen, biegen aber ein paar Meter vorher nach rechts auf einen anderen Holzsteg ab. Der Weg führt uns auf Alvor zu. An einem Rastplatz treffen wir auf einen Schotterweg, in den wir nach rechts einschlagen. Über eine Kreuzung gehen wir geradeaus hinweg. Vorbei an verschiedenen Strandrestaurants steuern wir auf unseren **Ausgangspunkt** 01 zu.

Möwen am Strand

VON PRAIA DO VAU ZUM PRAIA DO ALVOR • 6 m

Klippenwanderung entlang der zerklüfteten Felsküste

4 km 1:10 h 231 hm 230 hm

START | Parkplatz an der Praia do Vau.
Anfahrt: Von Portimão über Praia da Rocha nach Praia do Vau
Hinweis: Ausreichend Wasser, Sonnenschutz und Badesachen mitnehmen!
[GPS: UTM Zone 29 x: 539.284 m y: 4.108.317 m]
CHARAKTER | Eine landschaftlich eindrucksvolle Streckenwanderung auf Küstenpfaden. Ein paar steile Passagen erfordern Trittsicherheit. Die Strecke ist nicht markiert. Manchmal dienen ein roter Punkt oder Steinmännchen der Orientierung.
EINKEHR | Einkehrmöglichkeit in Bar/Restaurant am Ziel der Wanderung am Praia do Alvor.

Der Küstenabschnitt zwischen Praia do Vau zum Praia do Alvor ist besonders stark zerklüftet, wodurch sich Dolinen gebildet haben. Die runden Löcher im Fels bieten phantastische Einblicke auf die darunter liegenden Strände.

Wir beginnen unsere Wanderung an der **Praia do Vau** 01. Neben den Parkplätzen entdecken wir ein Hinweisschild zu einem Wanderweg entlang der Küste, dem Percurso 3. Wir werden allerdings etwas weiter wandern, als dort angegeben. Zusätzlich kön-

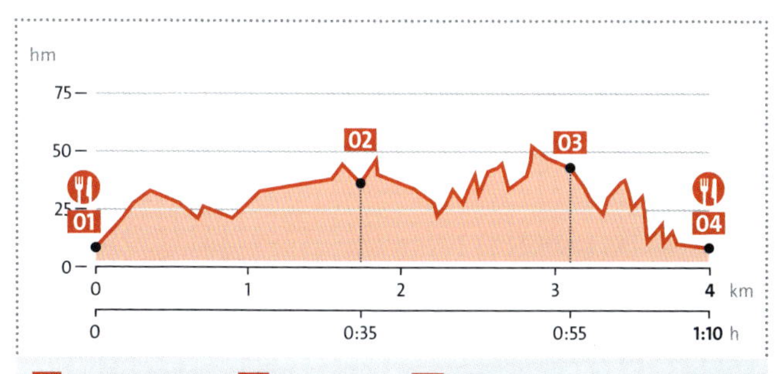

01 Praia do Vau, 6 m; 02 Dolinen, 35 m; 03 Hotel, 42 m; 04 Praia do Alvor, 6 m

Traumhafte, kleine Sandstrände

nen wir uns an dem Schild über Flora und Fauna des Küstenabschnitts informieren.

Wir verlassen die schöne Bucht mit dem traumhaften Sandstrand auf einem Holzsteg hinauf zu den Klippen. Ein sandiger Pfad führt uns entlang der Steilküste an schönen Villen vorbei. An einer sehr gepflegten Anlage treffen wir auf einen Schotterweg und gehen

Blick auf Portimão

in einen Taleinschnitt hinein. Auf der Gegenseite steigen wir mit Hilfe eines Seils auf erdigen Stufen bergan. Dieser Abschnitt kann etwas rutschig sein. Auf der Höhe schlängelt sich der Weg entlang bizarrer Felsformationen. Immer wieder bieten sich neue schöne Ausblicke, die traumhafte Fotomotive abgeben. Wir laufen mal durch kleine eingeschnittene Täler, mal durch waldige Passagen. Nach einem Pinienwald stoßen wir auf ein kleines eingezäuntes Haus. Daneben befindet sich ein Aussichtssteg, der Einblicke in ein Loch ermöglicht – eine **Doline** 02. Direkt daneben befinden sich zwei weitere Dolinen. Ein Holzzaun dient der Sicherheit.

Wir setzen unseren Weg fort und durchqueren, mit etwas Kraxelei, zwei weitere Täler, bis wir auf einen großen Gebäudekomplex stoßen. Dort schlagen wir den Weg ins Hinterland ein und halten uns in der Nähe des Zaunes. Auf der Anhöhe treffen wir auf einen Schotterweg, der uns am Eingangstor zum **Hotel** 03 vorbeiführt.

Wir gehen geradeaus, auf einem Sandpfad, unterhalb einer Ferienhausanlage und gelangen wieder in Küstennähe. Über Ziegelsteintreppen, dann nach rechts auf einen schlammigen Pfad, gelangen wir in die Bucht **Praia do Alvor** 04. Strandbars und Restaurants laden zu einer Pause ein.

VON ARMAÇÃO DE PÊRA NACH BENAGIL • 7 m

Streckenwanderung entlang der wilden Steilküste

10,8 km 3:20 h 533 hm 528 hm

START | Fischerhafen in Armação de Pêra.
Hinweis: Je nach Wetterlage eine Windjacke oder Badesachen einpacken. Sonnenschutz nicht vergessen!
[GPS: UTM Zone 29 x: 557.175 m y: 4.106.223 m]
CHARAKTER | Eindrucksvolle Klippenwanderung auf Küstenpfaden. An manchen Stellen besteht Rutschgefahr. Die Tour ist im ersten Abschnitt stellenweise mit einem roten Punkt markiert. Ab Marinha 03 gelb-rote Markierung.
EINKEHR | Zur Nebensaison keine Einkehrmöglichkeit unterwegs.

Vorbei an einsamen Sandbuchten und eindrucksvollen Dolinen geht es bis zu dem malerischen Fischerdorf Benagil. Besonders spektakulär unterwegs: die Kapelle Ermida de Nossa Senhora da Rocha. Einen Besuch wert, vor allem wegen ihrer Lage: 35 Meter über dem Ozean, auf einer schmalen Landzunge, gerade so breit, dass die Kapelle darauf Platz hat.

▶ Von den Holzhäuschen der Fischer in **Armação de Pêra** 01 spazieren wir entlang der Uferpromenade, vorbei an der Tourist-Information, auf die ockerfarbenen Felsen am Ende der Bucht zu. Hinter einem indischen Restaurant wenden wir uns nach links in Richtung Strand und steigen ein paar Erdstufen hinauf. Auf der Anhöhe wandern wir entlang der Fels-

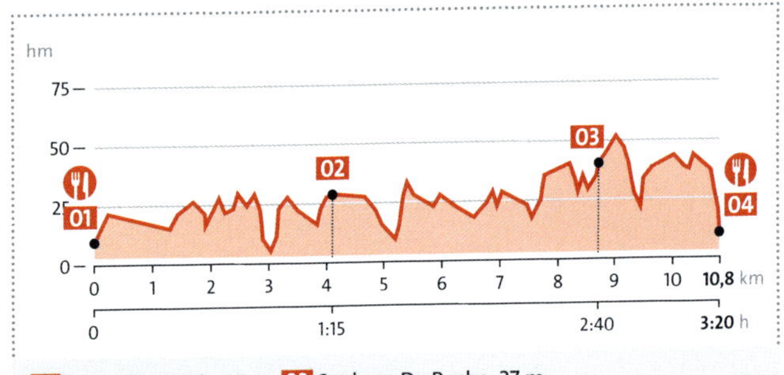

01 Armação de Pêra, 7 m; 02 Senhora Da Rocha, 27 m; 03 Marinha, 39 m; 04 Benagil, 8 m

Felsbogen an der zerklüfteten Küste

kante auf einem Pfad oberhalb des Sandstrandes. Vor einer Bar laufen wir über eine Holzbrücke und weiter, neben Ferienhausanlagen, entlang der Steilküste. Der Küstenweg führt uns im sanften Auf und Ab, mal über Stufen, mal über Pfad, durch zwei Holzgatter hindurch. Über Treppen steigen wir zum Strand hinab. Wir verlassen die Bucht über ein paar Stufen und biegen nach links in den Küstenpfad. Noch ein kurzes Stück und wir erreichen die Sandbucht Praia da Senhora da Rocha. Auf einem gepflasterten Weg umrunden wir die Bucht.

Vorbei an einem Wohnmobilstellplatz gelangen wir zu der Kapelle **Senhora Da Rocha** 02, die idyllisch auf einer engen Landzunge thront. Wir gehen oberhalb der Klippen auf einem Schotterweg, entlang eines Holzgeländers, weiter. Abzweigende Wege zu den Stränden ignorieren wir. Oberhalb einer kleinen Bucht halten wir uns in Richtung Inland und steigen den Weg bergab. Eine Rote-Punkt-Markierung hilft bei der Orientierung. An einer breiten Schotterpiste halten wir uns nach links und gehen auf der Gegenseite bergan. Schmalere, abzweigende Pfade ignorieren wir. Die roten Bodenmarkierungen führen uns durch die typische Garrigue-Landschaft mit Wacholderbüschen. Vorbei an einer Doline bringt uns ein sandig roter Weg wieder zur Steilküste. Im Meer unter uns liegt ein Felsklotz, der einem U-Boot gleicht. Möwen und Kormorane umschwirren die bizarren Formationen. Wir kommen an einer weiteren kleinen Bucht vorbei. Ein breiter Felsweg bringt uns zwischen Kiefern hindurch und entlang der Küstenlinie zu eingezäunten Dolinen. An einem Schotterweg halten wir uns in Küstennähe. Wieder erleichtern rote Punkte die Orientierung. Über eine kleine Holzbrücke gelangen wir zu einem Parkplatz mit

Schöne Felsformation – das sogenannte U-Boot

Rastplätzen. Weiter geht's in Küstennähe. In der nächsten Bucht beeindruckt uns ein schöner Felsbogen und wir passieren weitere Dolinen. Der Weg führt uns durch dichten Wacholder, gespickt mit Kiefern. Wir umrunden den nächsten tiefen Einschnitt und steigen fast bis in die Bucht hinab. Kurz vor Erreichen des Strandes wenden wir uns nach rechts auf einen Pfad, wieder etwas ins Hinterland, und folgen den roten Bodenmarkierungen zurück zur Steilküste.

Wir laufen oberhalb unzugänglicher Sandbuchten bis zu einem Treppenweg. Entlang einer Steinmauer umrunden wir die Bucht **Praia da Marinha** 03. Im Sommer hat dort eine Strandbar geöffnet. Ein paar Stufen bringen uns zu ei-

Die Kapelle Senhora da Rocha

nem Parkplatz. Mehrere Rastplätze laden zum Verweilen ein. Eine Hinweistafel gibt Informationen zum Wanderweg „Sete Vales". Wir folgen jetzt den gelb-roten Zeichen des PR1 und gelangen zu einem sehr schönen Aussichtspunkt, mit Blick auf die zerklüftete Felslandschaft. Auf einem breiten Sandweg wandern wir entlang der Küste, immer auf der Höhe. An einer Stelle müssen wir etwas kraxeln, dann führen uns die Zeichen auf einen Pfad und über Treppen erreichen wir den Parkplatz des Restaurants O Algar.

Nach links kommen wir in die Bucht von **Benagil** 04, dem Ziel unserer Wanderung. Empfehlenswert ist eine Bootstour zu den spektakulärsten Grotten der Region.

VON BENAGIL NACH VALE DE CENTEANES • 8 m

Im Auf und Ab entlang der spektakulären Steilküste

4,1 km

1:30 h

301 hm 305 hm

START | Strand in Benagil.
Hinweis: Je nach Wetterlage eine Windjacke oder Badesachen einpacken. Ausreichend Wasser, einen Sonnenschutz und evtl. ein Fernglas mitnehmen!
[GPS: UTM Zone 29 x: 551.018 m y: 4.104.712 m]
CHARAKTER | Reizvolle Klippenwanderung auf Küstenpfaden. An manchen Stellen besteht Rutschgefahr. Ein paar steile Passagen erfordern Trittsicherheit. Die Tour ist gelb-rot markiert.
EINKEHR | Einkehrmöglichkeiten am Start- und Endpunkt der Wanderung.

Die meisten Strände an der Felsalgarve sind idyllische Badebuchten am Fuße der Klippen. Keine Bucht ist wie die andere. Die Felsen und ihre Formen sorgen für Abwechslung: Grotten, Höhlen, Bögen, Türme oder einfach große, runde Brocken – immer wieder neu zusammengewürfelt.

▶ Wir starten unsere Streckenwanderung an der kleinen Bucht in **Benagil** 01. Verschiedene Anbieter preisen organisierte Bootstouren zu den schönsten Grotten der Küste an. Eine Hinweistafel informiert zum Küstenabschnitt. Wir folgen den gelb-roten Markierungen hangaufwärts am Restau-

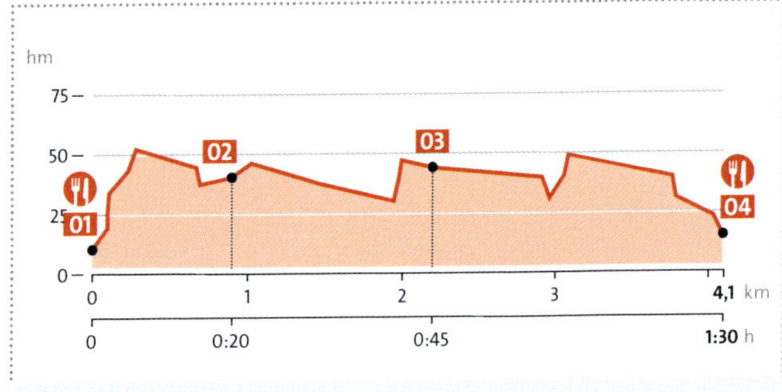

01 Benagil, 8 m; 02 Carvalho, 39 m; 03 Leuchtturm, 43 m; 04 Vale de Centeanes, 13 m

Der Leuchtturm Alfanzina, im Vordergrund eine Doline

Felstor bei Benagil

rant Casa do Pasto Lamy vorbei. Entlang kleiner Häuser und ein paar Stufen bergan, verlassen wir den Fischerort. Ein felsiger Pfad führt uns unterhalb einer Ferienhausanlage neben die Klippen. Wir bleiben immer in Küstennähe und gelangen zu einer kleinen Sandbucht, der **Praia de Carvalho** 02.

Über einen Treppenweg und nach links auf einen Pfad wandern wir entlang der Steilküste. Kleine Ferienhäuser fügen sich in das Landschaftsbild. Wir orientieren uns immer entlang der Küstenlinie und können Felshöhlen bewundern. Wir steuern auf den Leuchtturm in der Ferne zu. Vorbei an einem Rastplatz und mehreren Hinweisschildern zu den Felsformationen erreichen wir eine eingezäunte Doline. Durch einen kleinen Kiefernwald und über einen steinigen Weg gelangen wir in ein Tal. Vor einem Picknickplatz gehen wir bergan. Wir passieren eine weitere Doline und gelangen, an einem kleinen Asphaltsträßchen, zum Eingangstor des **Leuchtturms Alfanzina** 03.

Über felsiges Terrain erreichen wir wieder die Steilküste. Entlang von Holzpfosten und vorbei an einer Sitzbank klettern wir in ein Tal. Auf der Gegenseite führen uns die Markierungszeichen wieder an die Klippen. Ein traumhaft gelegener Picknickplatz bietet Gelegenheit zu einer Rast mit phantastischer Aussicht auf die wilde Küste. Frisch gestärkt setzen wir unseren Weg neben einer Ferienhausanlage fort. Entlang eines Holzgeländers und über einen geschotterten Treppenweg erreichen wir **Vale de Centeanes** 04, eine kleine Bucht mit Strandbar, das Ziel unserer Wanderung.

DURCH DIE LAGUNEN AM PRAIA GRANDE • 7 m

Strand und Dünen im Vogelparadies

7,4 km 2:00 h 99 hm 99 hm

START | Parkplatz an der Praia Grande.
Anfahrt: Von Albufeira auf der M526 in Richtung Armação de Pêra. Nach knapp 9 km, am Kreisel, in Richtung „Praia Grande". Der Beschilderung bis zum Parkplatz folgen.
Hinweis: Je nach Wetterlage Badesachen und Sonnenschutz oder eine Windjacke einpacken. Fernglas zur Vogelbeobachtung nicht vergessen!
[GPS: UTM Zone 29 x: 558.968 m y: 4.105.697 m]
CHARAKTER | Einfache Wanderung über Stege, Pfade, Schotterwege und entlang des Strandes. Die Tour ist teilweise gelb-rot markiert.
EINKEHR | Am Strand in der Bar Carlos und im Hinterland in der Snackbar Algarcias.

Der Strand Praia Grande ist sehr breit und ziemlich lang. Das Wasser ist angenehm ruhig und somit gut geeignet für Familien mit Kindern. Entlang des Holzsteges kann man Möwen, Kormorane, Störche und Flamingos beobachten. In der flachen Wattlandschaft weiden Pferde und Schafe.

Wir starten unsere Tour am **Parkplatz 01** an der Praia Grande.

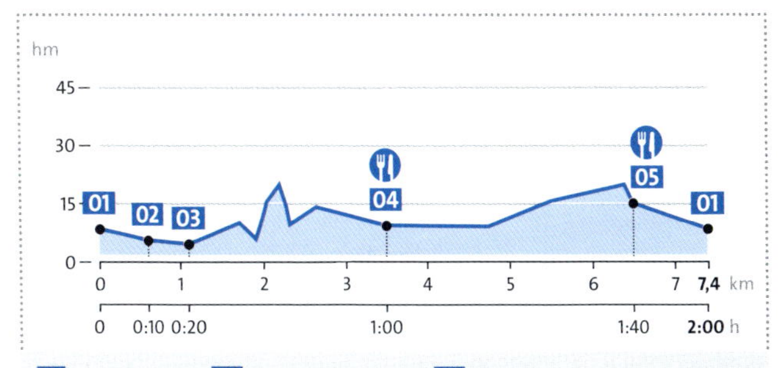

01 Parkplatz, 7 m; 02 Holzplattform, 4 m; 03 Strand, 3 m; 04 Strandbar, 8 m; 05 Snackbar, 14 m

Die flache Wattlandschaft ist ideale Weidefläche

Eine Hinweistafel informiert zum Wanderweg „Percurso de Natureza", der die Form einer 8 hat. Wir orientieren uns entlang eines Holzsteges und gelangen zu einem Abzweig zu einer **Holzplattform 02**. Von dort haben wir eine herrliche Aussicht auf die flache Wattlandschaft. Ein idealer Ort zur Vogelbeobachtung.

Wir folgen weiter dem Steg und gehen an einer Brücke geradeaus vorbei weiter zum **Strand 03**. Mit Blick auf Armação de Pêra spazieren wir am Strand entlang. Bei einer kleinen Holzhütte nehmen wir den Holzsteg zurück ins Inland. Wir überqueren die Düne und erreichen unseren Parkplatz. Die Tour ist jedoch noch nicht zu Ende. Nach links setzen wir den Weg auf einer breiten Sandpiste fort. Wir laufen entlang von kleinen Holzpfosten, zwischen denen ein Seil gespannt ist, was als Absperrung zum Schutz der Pflanzen in den Dünen dient. Nach einem guten Stück wenden wir uns nach links, auf einen Weg in Richtung **Strandbar 04**. Ab dort gehen wir nochmals ein Stück am Strand entlang, bis wir vor einer Flussmündung auf einen Sandweg abzweigen. Wir überschreiten eine Kuppe und halten uns geradeaus. Links neben uns liegt ein Feuchtgebiet. Nachdem wir eine kleine Brücke überquert haben, halten wir uns vor einem Pinienwald nach links auf einen Feldweg.

Wir wandern zwischen Weidelandschaft mit Mandelbäumen, Ginster und Fenchel zu einer Kreuzung. Geradeaus, rechts neben zwei zerfallenen Windmühlen mit Palmen vorbei, erreichen wir eine Kreuzung, wo wir uns nach links wenden. Nach kurzer Strecke biegen wir nach rechts auf eine kleine Asphaltstraße. Hinter einer **Snackbar 05** biegen wir nach links in einen Wiesenweg. Entlang eines eingezäunten Geländes gelangen wir zu einer Lagune. Wir nehmen den Weg nach rechts, passieren einen weiteren Vogelbeobachtungsposten und erreichen wieder den **Parkplatz 01**.

Holzsteg zum Schutz der Dünen

NATURPFAD SÃO LOURENÇO BEI QUINTA DO LAGO • 4 m

Wattwanderung zu römischen Ausgrabungen

 4,1 km  1:10 h   74 hm  74 hm

START | Parkplatz in Quinta do Lago.
Anfahrt: Ab Almancil in Richtung „Quinta do Lago". Dort der Beschilderung in Richtung Praia folgen.
Hinweis: Fernglas zur Vogelbeobachtung mitnehmen!
[GPS: UTM Zone 29 x: 587.087 m y: 4.098.494 m]
CHARAKTER | Bequeme Streckenwanderung, die Kindern viel Abwechslung bietet. Die Tour ist mit einem blauen Kreis markiert.
EINKEHR | Einkehrmöglichkeit am Start-/Endpunkt der Wanderung in der Strandbar „Gigi" an der Praia do Ancão.

Wegen des hohen Salzgehaltes des flachen Wassers, den vielen Salzwiesen und Muschelbänken ist die Lagune „Ria Formosa" ein einzigartiger Lebensraum für seltene Pflanzen, Vögel und Wassertiere. Im Winter lassen sich die Zugvögel aus Nordeuropa hier nieder.

▶ Am Parkplatz in **Quinta do Lago** 01 finden wir ein Hinweisschild zum Pavillon/Restaurant „Gigi" am Strand. Dort können wir nach der Wanderung einkehren oder eine Badepause einlegen. Wir gehen nach links, entlang der Lagune, und entdecken eine Hinweistafel, die Informationen zur Wanderung bereithält. Vom Weg hat man einen schönen Ausblick auf die Dünenlandschaft am Strand. Unterhalb eines Golfplat-

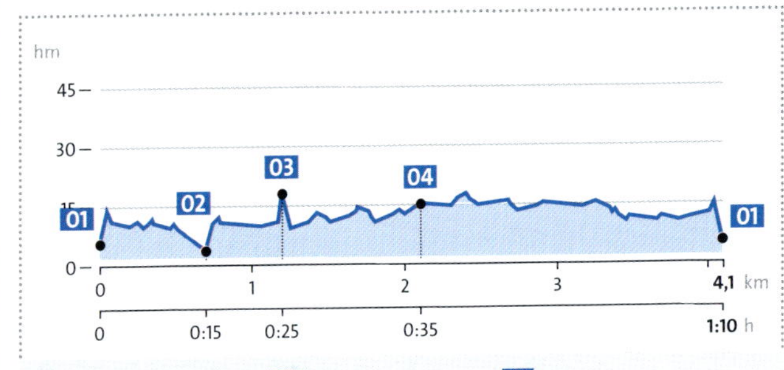

01 Quinta do Lago, 4 m; 02 Aussichtsturm, 2 m; 03 See, 17 m; 04 Ausgrabungen, 4 m

Pinien an einem See

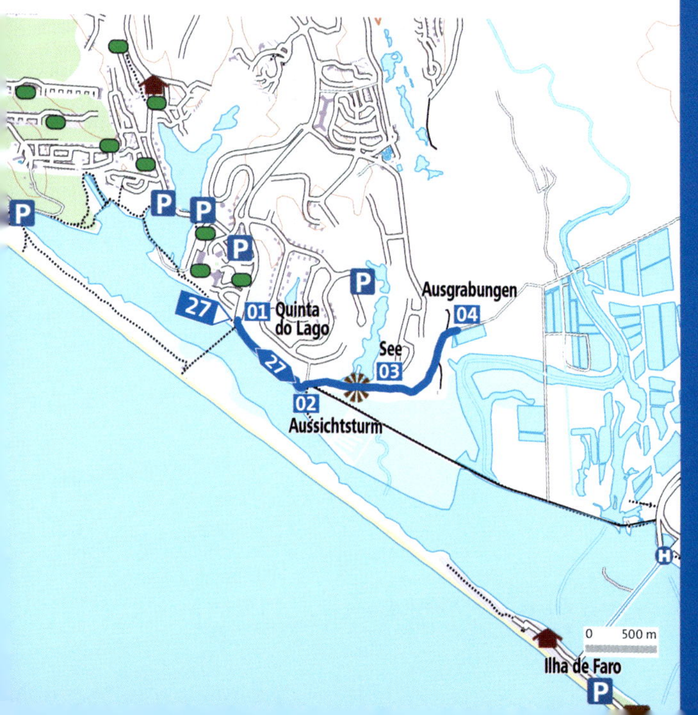

Römische Ausgrabungen

zes steht die erste Informationstafel des Wanderweges über das Ökosystem der Region. Wir gelangen zu einem **Aussichtsturm** 02 zur Vogelbeobachtung. Von der Höhe haben wir eine phantastische Aussicht auf die Wattlandschaft. Wir orientieren uns an den blauen Markierungen entlang kleiner Holzpfosten. Vorbei an einer Sitzbank, neben hohen Pinien, wandern wir auf einem sandigen, breiten Weg.

Die zweite Station des Wanderweges gibt Informationen über die Tierwelt, ebenso wie die weitere Hinweistafel an einem Beobachtungsstand am **See** 03. Ein starker Kontrast: Linker Hand die Luxusvillen und der perfekte Golfrasen – zu unserer Rechten Natur pur. Wir wandern weiter unter hohen Eukalyptusbäumen hindurch und entlang von knubbeligen Pinien. Vorbei an Salinenbecken erreichen wir die **Ausgrabungen** 04 einiger Steinbecken aus römischer Zeit (etwa 2. Jh. n. Chr.). In diesen rechteckigen Becken wurde Garum zubereitet. An dieser Stelle endet unsere Streckenwanderung.

Wir nehmen den gleichen Weg, den wir gekommen sind, zurück zum **Parkplatz** 01.

Garum

(auch: Liquamen) war das Standardgewürz in der antiken römischen Küche. Diese Würzsoße wurde für salzige und süße Speisen verwendet, etwa in der Häufigkeit, wie heutzutage Fischsoße und Sojasauce in der asiatischen Küche verwendet wird.

DAS FRUCHTBARE LAND UM PADERNE • 59 m

Über die Hügel des Barrocal und durch das Algibre-Tal

START | Paderne, Credit Agricola, Wegweiser.
Anfahrt: Von Albufeira auf der N395 und weiter auf der N270 nach Paderne. Start vor der Bank „Credit Agricola".
[GPS: UTM Zone 29 x: 570.646 m y: 4.114.705 m]
CHARAKTER | Abwechslungsreiche Rundwanderung auf Feldwegen und kleinen Landstraßen. Die Tour ist gelb-rot markiert und trägt die Bezeichnung PR3 – Percurso Cerro Grande. Wegweiser helfen bei der Orientierung.
EINKEHR | Einkehrmöglichkeiten in Paderne.

Bei dieser Wanderung erfahren wir die typische Kulturlandschaft des Barrocal: das fruchtbare Land mit seinen Orangen-, Oliven- und Johannisbrotbaumplantagen.

▶ Auf der Grünfläche vor der Credit Agricola in **Paderne** 01 finden wir den ersten Wegweiser der Tour PR3 „Percurso do Cerro Grande". Wir folgen der Hauptstraße hangaufwärts und biegen nach rechts in die Casal Sabino. Nach kurzer Strecke gelangen wir zurück zur Durchgangsstraße und passieren das Ortsschild von Cerca Velha. Wir nehmen die erste Straße nach rechts und wenden uns nach den letzten Häusern auf einen Feldweg nach links. Zwischen Steinmauern wandern wir oberhalb der Ortschaft entlang.

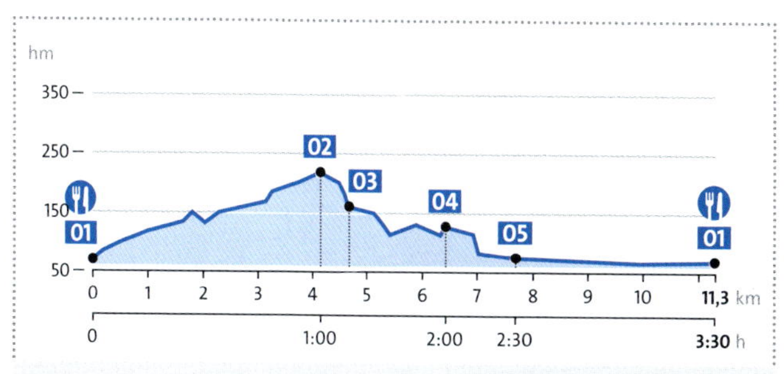

01 Paderne, 59 m; 02 Plateau, 214 m; 03 Wegweiser, 154 m; 04 Landstraße, 120 m; 05 Brücke, 65 m

Wegeverlauf entlang von Steinmauern

Nach einem großen weißen Haus biegen wir nach links ab und laufen bergab und geradeaus über die Hauptstraße. Der Weg führt uns hangaufwärts zwischen Häusern hindurch. Dann halten wir uns nach rechts, hangabwärts entlang einer Steinmauer. Wir folgen den gelb-roten Markierungen zwischen weißen Häusern durch enge Gassen zweimal nach rechts, dann verlassen wir die Ortschaft. An einem modernen Anwesen biegen wir nach links und spazieren auf einem kleinen Sträßchen bergab. Vorbei an vereinzelt stehenden Häusern geht die Straße in einen Feldweg über. Von dem **Plateau** 02 auf der Höhe können wir eine herrliche Aussicht bis zum Meer genießen.

Typisch für die Region: der Johannisbrotbaum

Der Weg wird etwas holpriger und bringt uns steil bergab zu einem **Wegweiser** 03. Dort halten wir uns nach links in Richtung Casas do Poço. Der Weg ist etwas überwachsen und an einer Verzweigung fädeln wir nach links ein. Wir passieren ein paar Häuser und gelangen entlang von Olivenbäumen zu einer **Landstraße** 04, die wir überqueren. Ein Feldweg bringt uns hangaufwärts zu ein paar Häusern. Vorbei an schönen alten Olivenbäumen zweigen wir auf einen Feldweg nach links. Zwischen alten Steinmauern führt uns der Weg hangabwärts. Wir halten uns entlang einer Mauer und wenden uns im Tal nach rechts.

Der nächste Weg nach links führt uns über eine **Brücke** 05 und wir treffen auf die weiß-rot markierte Via Algarviana. Wir schlagen den Weg nach links ein und laufen zwischen Olivenbäumen auf roter, sandiger Erde. Es folgt ein sehr schöner Wegeabschnitt durch das fruchtbare, bewirtschaftete Tal. Der Weg macht einen Schlenker auf eine Anhöhe und wir stoßen auf eine kleine Straße, der wir ca. 100 m nach links zu einem Wegweiser folgen. Wir orientieren uns weiter auf dem PR3 und gehen in Richtung Paderne durch das Tal und unter einer Stromleitung hindurch. Wir queren erneut das Bachbett und folgen der Straße immer geradeaus.

Olivenbäume mit „dicken Füßen"

Mehrere Wegweiser zeigen uns die Richtung zurück zum **Ausgangspunkt** 01.

ROCHA DA PENA • 318 m

Über das felsige Hochplateau

START | Parkplatz in Rocha da Pena.
Anfahrt: Von Loulé auf der M525 nach Salir, dann auf der N124 nach Rocha da Pena.
Hinweis: Je nach Wetterlage einen Pullover oder eine Windjacke einpacken. Ausreichend Wasser, einen Sonnenschutz und evtl. ein Fernglas mitnehmen!
[GPS: UTM Zone 29 x: 579.992 m y: 4.123.028 m]
CHARAKTER | Landschaftlich sehr reizvolle Rundwanderung auf Pfaden und Schotterwegen. Die Tour ist gelb-rot markiert. Wegweiser helfen bei der Orientierung.
EINKEHR | Café am Startpunkt der Wanderung in Rocha da Pena.

Auf dem Plateau der Rocha da Pena befindet sich ein Steinwall, der zu Verteidigungszwecken diente. Er wird auf die Eisenzeit datiert. Während der Reconquista sollen die Mauren nach dem Fall der Burg von Salir hinter den Wällen Zuflucht gesucht haben. Eine Höhle auf dem Plateau trägt noch heute den Namen „Algar dos Mouros“ (Maurenhöhle).

▶ Unsere Tour beginnt am **Parkplatz** 01 in Rocha da Pena, neben dem „Café das Grutas“. Am kleinen Dorfbrunnen gehen wir hangaufwärts und folgen der gelb-roten Markierung. Ein stei-

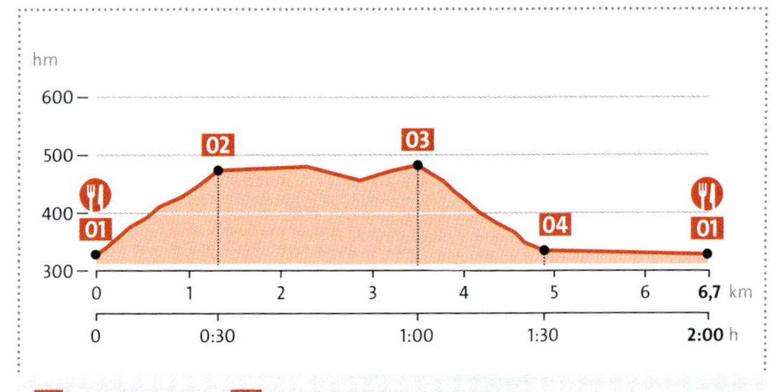

01 Parkplatz, 318 m; 02 Miradouro Norte, 469 m;
03 Rocha Da Pena, 478 m; 04 Penina, 325 m

Felswand Rocha da Pena

Steinmauer (Verteidigungsanlage) auf der Höhe

niger Weg führt uns zwischen Oliven- und Feigenbäumen auf die Felsen zu. An einer Informationstafel über die Geologie der Region macht der Weg einen Knick nach rechts und wir laufen unterhalb einer Felswand, die gerne von Kletterern genutzt wird. Auf der Höhe finden wir einen Wegweiser und wir machen einen Abstecher zum **Miradouro Norte** **02**. Dort erwartet uns eine phantastische Aussicht nach Norden.

Zurück am Abzweig halten wir uns in Richtung Planalto, der Hochebene. Ein schöner Pfad führt uns durch die typische Garrigue-Vegetation. Immer wieder können wir herrliche Ausblicke bis zum Meer genießen. An manchen Stellen kommen wir der Steilkante sehr nahe. Kleine Kinder sollte man dort oben besser an die Hand nehmen. Hinweistafeln entlang der Wanderstrecke informieren über Flora und Fauna der Region. Die Diversität der Pflanzenwelt im Landschaftsschutzgebiet Rocha da Pena ist hoch. Man nimmt an, dass dort mehr als 500 verschiedene Pflanzenarten wachsen. Der Weg führt uns weiter über das felsig zerklüftete Plateau zu einer Steinmauer, die aus der Eisenzeit stammen soll. Wir überqueren den Wall und halten uns entlang der Felskante. Leicht ansteigend gelangen wir zu einem Abzweig zum Gipfel des **Rocha da Pena** **03**, dem Talefe (479 m). Uns bietet sich eine traumhafte Aussicht gen Süden und auf das unter uns liegende Dörfchen Penina.

Wir steigen zum Hauptweg hinab und setzen unseren Weg nach links fort. Der Sandweg geht in ein Asphaltsträßchen über und wir erreichen die ersten Häuser von **Penina** **04**. Die gelb-roten Markierungen führen uns durch den kleinen Ort. Nach dem letzten Haus halten wir uns nach links auf einen Feldweg. Der Weg verengt sich zu einem Pfad und kurz darauf treffen wir auf einen breiten Sandweg, dem wir nach links folgen. Unterhalb der Felsen entlang gelangen wir nach kurzer Strecke zurück zu unserem **Ausgangspunkt** **01**.

DIE SIEBEN QUELLEN BEI CORCITOS • 251 m

Zur berühmten Fonte Benémola

START | Ortseingang von Corcitos.
Anfahrt: Von Loulé auf der N396 bis Querença, dann auf der M524 und der M510 nach Corcitos.
Hinweis: Ausreichend Wasser und Verpflegung mitnehmen!
[GPS: UTM Zone 29 x: 588.874 m y: 4.119.510 m]
CHARAKTER | Leichte Rundwanderung ohne nennenswerte Steigungen, die meist auf Feldwegen und kleinen Straßen verläuft. Die Tour ist gelb-rot markiert und trägt die Bezeichnung PR12 – „Percurso Pedestre das 7 Fontes". Wegweiser helfen bei der Orientierung.
EINKEHR | Keine Einkehrmöglichkeit unterwegs. Zwei schöne Picknickplätze laden zum Rasten ein.

Eine ideale Wandertour für heiße Sommertage, denn die Quelle der Benémola speist den Fluss das ganze Jahr über mit Wasser. Mehrere Ziehbrunnen sorgen unterwegs für Erfrischung. Der Weg führt durch altes Bauernland mit Olivenbäumen und Korkeichen.

▶ Am Ortseingang von **Corcitos** 01 entdecken wir eine Informationstafel zum Wanderweg

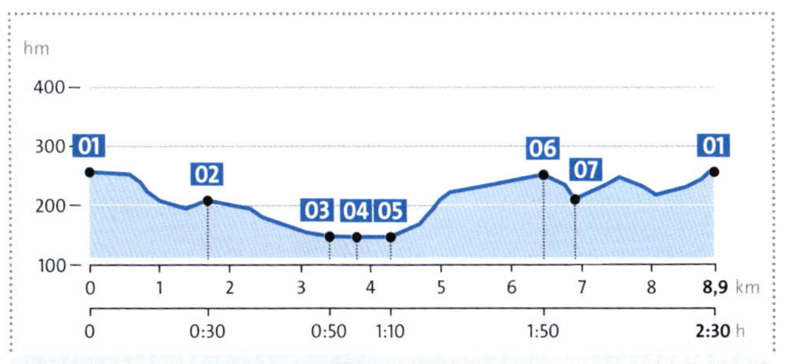

01 Corcitos, 251 m; 02 Cerca Nova, 201 m; 03 Via Algarviana, 138 m; 04 Fonte Benémola, 137 m; 05 Rastplatz, 137 m; 06 Hof, 246 m; 07 Fonte da Vinhas, 203 m

Der Ziehbrunnen Fonte das Vinhas

sowie einen Wegweiser. Wir orientieren uns an den gelb-roten Markierungszeichen hangaufwärts, dann scharf nach links. An einer Gabelung fädeln wir erneut nach links ein. Uns bietet sich ein herrlicher Ausblick auf die hügelige Landschaft. Wir treffen auf eine Straße, der wir nach rechts und direkt nach links bergab folgen. Vorbei an einer weiteren Hinweistafel zum Wanderweg bleiben wir auf dem Sträßchen im Tal. Olivenbäume zieren den Wegesrand, bis wir an einer markanten Agave auf einen erdigen Weg nach rechts abbiegen. Zistrosen, Erdbeer- und Johannisbrotbäume säumen den schmalen Weg, der kurz vor der Ortschaft **Cerca Nova** 02 in eine Asphaltstraße übergeht. Zwischen Häusern hindurch, nach links hangabwärts, gelangen wir zu einer Landstraße. Dort wenden wir uns vor einer Bushaltestelle nach rechts.

Nach nur kurzer Strecke zweigt unser Weg nach links auf einen Wirtschaftsweg ab. Leicht abschüssig erreichen wir, am Zusammentreffen mit einem Zuweg der **Via Algarviana** 03, eine Hinweistafel zur **Fonte Benémola** 04. Wir schlagen den Weg nach rechts ein und stoßen, nahe einem Häuschen, auf die Quelle. Ein Stück-

Der Flusslauf des Benémola

chen weiter des Weges lädt ein Picknickplatz zu einer Pause ein. Wir folgen dem Bachlauf und wechseln nicht die Uferseite.

Ein anderer gelb-rot markierter Wanderweg quert an einem weiteren **Rastplatz** 05 den Bach – wir bleiben auf der rechten Seite des Wassers, zunächst weiter am Fluss entlang, dann auf einem steinigen Weg bergauf. Einen Weg nach links ignorieren wir. Wir treffen auf einen Querweg und biegen nach links ab. Auf der Höhe wandern wir entlang von Steinmauern durch typische Macchia-Landschaft. Ein Schotterweg führt uns zwischen Mandelbäumen auf die Ortschaft Corcitos zu. Wir folgen immer dem Hauptweg und ignorieren kleinere, abzweigende Wege. Kurz vor Erreichen der Ortschaft, an einem **Hof** 06, wenden wir uns nach links. Wir laufen zwischen ein paar Häusern hindurch, hangabwärts, durch ein fruchtbares Tal.

Nach dem schönen Ziehbrunnen **Fonte da Vinhas** 07 gehen wir nach links auf einen Schotterweg. Kurz darauf nehmen wir einen Pfad nach rechts, der uns steil bergan zu einem Feldweg bringt. Schon bald verlassen wir die parallel geführte weiß-rote Markierung der Via Algarviana nach rechts und direkt wieder nach rechts auf einen Schotterweg. An der Verzweigung halten wir uns nach links auf Corcitos zu. Wir passieren weitere Brunnen im Tal. Die Zeichen führen uns, vorbei am Waschhaus mit Brunnen, hinauf zur Hauptstraße. Nach rechts gelangen wir zurück zu unserem **Ausgangspunkt** 01.

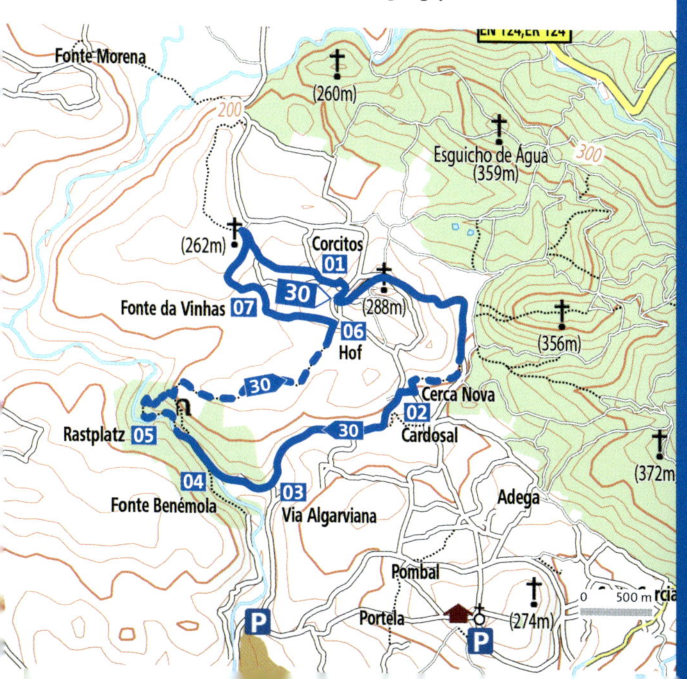

RUND UM AMENDOEIRA • 227 m

Abwechslungsreiche Tour auf schönen Pfaden

7,9 km | 2:00 h | 277 hm | 277 hm

START | Amendoeira.
Anfahrt: Von Loulé auf der N396 in Richtung Querença, dann nach rechts auf die M573 in Richtung Amendoeira
Hinweis: Festes Schuhwerk und Proviant mitnehmen!
[GPS: UTM Zone 29 x: 591.985 m y: 4.114.666 m]
CHARAKTER | Landschaftlich sehr reizvolle Rundwanderung auf Pfaden und kleinen Straßen. Die Tour ist gelb-rot markiert und trägt die Bezeichnung PR11 – Percurso de Amendoeira. Wegweiser helfen bei der Orientierung.
EINKEHR | Keine Einkehrmöglichkeit unterwegs. Ein schöner Rastplatz lädt zum Picknicken ein. Im Ort Amendoeira ist das Café Mateus.

Amendoeira liegt zwischen Loulé und Barranco Velho – also zwischen Barrocal und Serra. Dadurch ist diese Tour besonders abwechslungsreich. Fruchtbare Flussauen wechseln sich mit sanften Hügeln ab. Im Frühjahr ist die Region besonders farbenprächtig.

▶ Neben der Hauptstraße in **Amendoeira** 01 steht eine Hinweistafel zum Wanderweg PR11. Wir folgen den gelb-roten Markierungen auf der gegenüberliegenden Straßenseite auf einen Pfad. Zwischen Steinmauern verlassen wir den Ort. Nach einem gelben

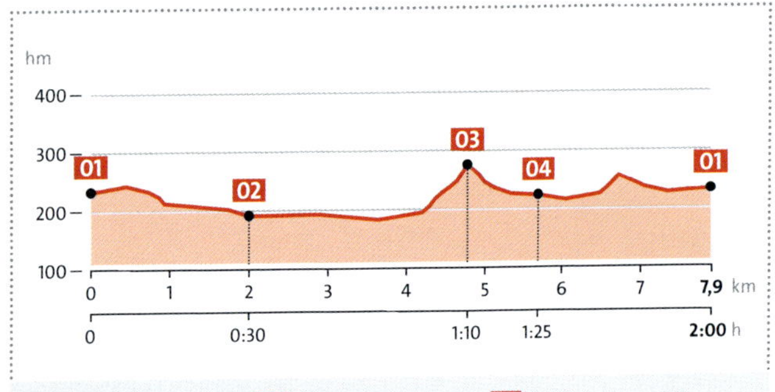

01 Amendoeira, 227 m; 02 Picknickplatz, 184 m; 03 Weißes Haus, 271 m; 04 Landstraße, 217 m

Traumhafte Pfade durch die Garrigue-Landschaft

Haus halten wir uns nach rechts, weiter zwischen Steinmauern. Wir überqueren eine kleine Straße und wandern hangabwärts, wieder auf einem schönen Pfad, der uns durch typische Garrigue-Landschaft steil bergab und durch ein meist trockenes Bachbett führt. Der Weg bringt uns aus dem Tal heraus und wir folgen einem Sträßchen nach links zu einer Landstraße. Dort halten wir uns erneut nach links und laufen ein gutes Stück auf der wenig befahrenen Straße. Nachdem wir den Flusslauf nochmals überquert haben, gelangen wir zu einem ruhig gelegenen **Picknickplatz** 02 mit einem Ziehbrunnen.

Nach einer Rast setzen wir unseren Weg noch ein kurzes Stück entlang der Straße fort. In einer Linkskurve zweigen wir nach

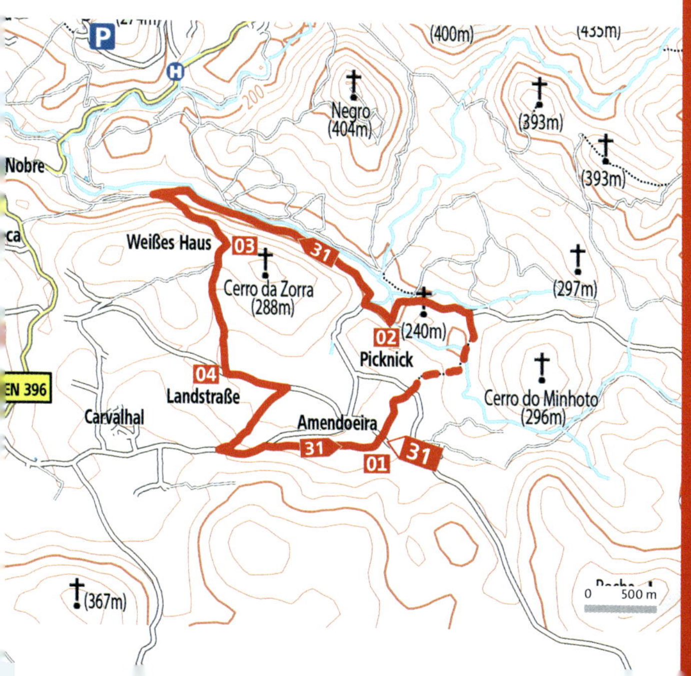

Das fruchtbare Tal der Ribeira das Mercês

rechts in eine kleine Asphaltstraße ab. Wir folgen dem Weg im Tal etwa 2 km, bleiben immer auf dem Hauptweg und ignorieren abzweigende, kleine Wege. Dann führen uns die Markierungen in einer Spitzkehre nach links auf einen erdigen Weg. Es folgt ein steiler, steiniger Anstieg. Von der Höhe können wir herrliche Ausblicke auf die hügelige Landschaft werfen. Wir passieren ein **weißes Haus** 03 und der Weg bringt uns leicht abschüssig zu einer **Landstraße** 04. Dort wenden wir uns nach links. An der Casa Bonita gehen wir nach rechts auf einen Pfad zwischen Steinmauern. Der Weg steigt an zu einer kleinen Straße, der wir ein Stück nach links folgen. Dann biegen wir nach rechts auf einen Pfad. Wieder laufen wir zwischen schönen Mauern, bis der Weg in einen Schotterweg übergeht. Immer geradeaus gelangen wir zurück nach **Amendoeira** 01.

Schöner Rastplatz mit Ziehbrunnen

BARRANCO DO VELHO • 492 m

Zwischen Korkeichen durch die Serra do Caldeirão

START | Parkplatz am Restaurant A Tia Bia in Barranco do Velho
Anfahrt: Von São Brás de Alportel über die N2 nach Barranco do Velho.
Hinweis: Je nach Wetterlage einen Pullover oder eine Windjacke einpacken. Ausreichend Wasser, einen Sonnenschutz und evtl. ein Fernglas mitnehmen!
[GPS: UTM Zone 29 x: 594.241 m y: 4.122.050 m]
CHARAKTER | Einfache Rundwanderung auf Schotterwegen. Die Tour ist gelb-rot markiert und trägt die Bezeichnung PR17 – Percurso Pedestre Barranco do Velho. Wegweiser helfen bei der Orientierung.
EINKEHR | Café in Barranco do Velho, Restaurant A Tia Bia am Ausgangspunkt.

Barranco do Velho ist ein Bergdorf an der N2, der einst wichtigsten Verbindungsstraße von Faro nach Lissabon. Es liegt inmitten der Serra und ist umgeben von einem hervorragenden Wandergebiet mit Bachläufen, Hügeln und Tälern. Für viele Portugiesen ist es ein sehr beliebtes Jagdgebiet. Das bäuerliche Leben der Bevölkerung mutet sich für den Besucher romantisch an, in Wirklichkeit ist es aber eher ein sehr mühevolles Dasein. Vor allem der Kork ist hier ein wichtiger Rohstoff.

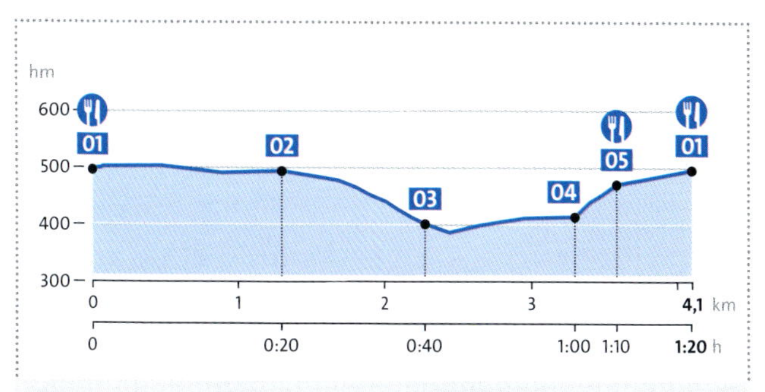

01 A Tia Bia, 492 m; 02 Via Algarviana, 490 m; 03 Schotterweg, 394 m; 04 Abzweig, 407 m; 05 Barranco do Velho, 466 m

Weite Ausblicke über die hügelige Landschaft

Ausgangspunkt dieser kurzen Rundwanderung ist das Restaurant **A Tia Bia** 01 am Ortsrand von Barranco do Velho. Das erste Stück der Tour verläuft parallel mit der Via Algarviana, sodass die Strecke weiß-gelb-rot markiert ist. Wir folgen ein Stück der Straße aus dem Ort heraus und halten uns dann nach links auf einen Schotterweg. Ein Wegweiser gibt die Distanz nach Salir mit 13,7 km an. Mehrere Hinweisschilder informieren über Flora und Fauna der Region. Von der Höhe können wir einen phantastischen Fernblick genießen. Vereinzelte Kiefern und Erdbeerbäume lockern das Landschaftsbild auf.

An einer Gabelung führen uns die Zeichen nach links und an der folgenden Kreuzung trennen wir uns vom GR13, der **Via Algarviana** 02. Wir wenden uns nach links und folgen den gelb-roten Zeichen des PR17 – Percurso Pedestre Barranco do Velho. Zunächst führt uns der Weg noch über die Höhe und wir blicken über das Barrocal bis zum Atlantik. An einer Gabelung wenden wir uns nach rechts hangabwärts. Wir wandern ein gutes Stück auf dem holprigen Weg bergab. Korkeichen zieren den Wegesrand. Dann stoßen wir auf einen **Schotterweg** 03 und schlagen ihn nach links ein. Im Auf und Ab führt uns die Piste durch die typische Macchia-Landschaft mit vielen Korkeichen.

Am **Abzweig** 04 zur Fonte Ferrea gehen wir geradeaus vorbei. In ein paar Kurven windet sich der Weg bergan. An einem kleinen Rastplatz treffen wir auf einen Asphaltweg, dem wir nach rechts folgen. Wir erreichen die Hauptstraße von **Barranco do Velho** 05 und wenden uns nach links.

Vorbei an einem Café gelangen wir zurück zum **Ausgangspunkt** 01.

Korkeichen bestimmen das Landschaftsbild

AZINHAL DOS MOUROS • 358 m

Durch die Flusstäler von Vascanito und Vascão

START | Ortseingang von Azinhal dos Mouros.
Anfahrt: Von Loulé auf der N396 nach Barranco do Velho, dann auf der N2 durch Ameixial und nach links nach Azinhal dos Mouros.
Hinweis: Ausreichend Wasser, Proviant und einen Sonnenschutz mitnehmen!
[GPS: UTM Zone 29 x: 590.121 m y: 4.135.923 m]
CHARAKTER | Landschaftlich eindrucksvolle Rundwanderung, die aufgrund der Länge etwas Kondition erfordert. Die Tour verläuft überwiegend auf Schotterwegen und ist gelb-rot markiert (PR9 – Azinhal dos Mouros).
EINKEHR | Keine Einkehrmöglichkeit unterwegs.

Diese Wanderung, in einem dünn besiedelten Gebiet am Nordrand der Algarve, versetzt einen zurück in die Vergangenheit. Bauernhöfe und einsame Flusstäler vermitteln einen Eindruck des ursprünglichen Lebens weit abseits von Tourismus und Zivilisation.

▶ Am Ortseingang von **Azinhal dos Mouros** 01 finden wir einen Hinweis auf den Wanderweg PR9. Wir folgen den gelb-roten Markierungen durch den kleinen Ort und biegen auf einen kaum erkennbaren Pfad hangabwärts ein, auf eine Allee von Eukalyptusbäumen zu. Wir orientieren uns entlang der Bäume und treffen auf einen Feldweg, den wir nach rechts einschlagen. Der Weg bringt uns zu einer Landstraße. Hinter einer

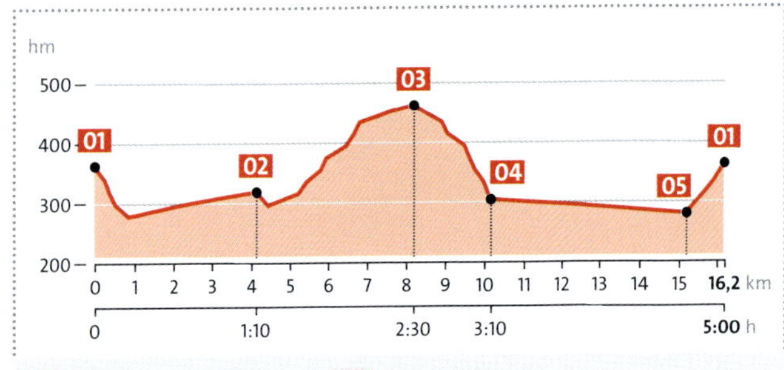

01 Azinhal dos Mouros, 358 m; 02 Corte Pinheiro, 312 m; 03 Vermelhos, 461 m; 04 Ribeira Do Vascão, 297 m; 05 Brücke, 272 m

Brücke stoßen wir auf einen Wegweiser. Nach Corte Pinheiro sind es noch vier Kilometer. Wir halten uns immer auf dem breiten Schotterweg im Tal. Neben uns mäandert der kleine Fluss Vascanito. Vorbei an Olivenplantagen erreichen wir die ersten Häuser von **Corte Pinheiro** 02.

An der Straße wenden wir uns nach links und verlassen die Ortschaft auf einer kleinen Landstraße. Vor einer Brücke zweigen wir nach links ab und gehen durch das Bachbett. Es folgt ein sehr schöner Wegeabschnitt auf einem Pfad, erst entlang, dann durch das Bachbett. Zurück an der Landstraße biegen wir nach links. Wir folgen der Straße bergan und halten uns dann nach rechts auf einen Erdweg. Der Weg verläuft im Auf und Ab, zwischen schönen Korkeichen, über die hügelige Landschaft. Eine Abzweigung nach rechts ignorieren wir und bleiben auf der Höhe.

Nach einem guten Stück erreichen wir die Ortschaft **Vermelhos** 03. Wir halten uns an der Straße nach links, dann nach rechts zwischen Häusern hindurch. Die gelb-roten Zeichen führen uns durch den kleinen Ort und entlang von Gärten verlassen wir das Dorf auf einem felsigen Weg. Im Tal orientieren wir uns entlang der rechten Hangseite auf einem

Imposante Korkeiche

Pfad, der uns zu einer Erdpiste bringt. Dort wenden wir uns nach links.

An einer Gabelung wählen wir den rechten Weg und bleiben zunächst auf der Höhe, bevor es steil bergab zur **Ribeira Do Vascão** 04 geht. Je nach Wasserstand müssen wir über ein paar Steine springen. Wir biegen nach links auf einen Feldweg und folgen dem Wasserlauf im Tal. Die Zeichen führen uns durch das Bachbett, dann ein Stück im steinigen Bachbett und auf der rechten Uferseite auf einem Pfad weiter. An einer markanten Eiche geht es ein Stück bergan und wir erreichen die Häuser von Vale Gomes. Ein Schotterweg bringt uns zu einem asphaltierten Weg, dem wir nach links folgen. Wir treffen auf eine Landstraße und wenden uns nach rechts. Ein Feldweg unterhalb der Straße führt uns an einer Mühle vorbei. Nach einem kurzen Stück auf der Landstraße halten wir uns nach links und direkt, vor dem Bachbett, nach rechts auf einen Pfad. Wir bleiben immer in Flussnähe, bis wir auf einen Feldweg treffen. Dort gehen wir nach rechts, durch das bewirtschaftete Tal mit seinen Olivenbäumen. Der Weg entfernt sich für eine kurze Strecke vom Flusslauf und die Brücke, die wir von unserem Hinweg kennen, gelangt in unser Blickfeld. Noch ein kurzes Stück nach rechts auf einen Pfad und wir erreichen die **Brücke** 05.

Dort angekommen, können wir uns entscheiden, ob wir auf der Straße zurück nach Azinhal dos Mouros gehen oder den gleichen Weg wie zu Beginn der Wanderung nehmen.

Kakteen am Wegesrand

CORTE DE OURO • 456 m

Über karge Hochflächen und durch wilde Flusstäler

11,8 km 3:30 h 509 hm 509 hm

START | Parkplatz am Ortseingang von Corte de Ouro.
Anfahrt: Von Loulé auf der N396 nach Barranco do Velho, dann auf der N2 nach Ameixial. Am Ortseingang nach rechts auf der M504 nach Corte de Ouro. Hinweis: Ausreichend Wasser, Proviant und einen Sonnenschutz mitnehmen!
[GPS: UTM Zone 29 x: 594.273 m y: 4.134.629 m]
CHARAKTER | Landschaftlich sehr reizvolle Rundwanderung, die rein technisch keine große Herausforderung darstellt und meist auf breiten Schotterwegen verläuft. Die Tour ist gelb-rot markiert und trägt die Bezeichnung PR2 – Percurso Pedestre Corte de Ouro. Wegweiser helfen bei der Orientierung.
EINKEHR | Keine Einkehrmöglichkeit unterwegs.

Es ist eine ruhige Gegend, an der Grenze zum Alentejo. Die dünn besiedelten Gebiete am Nordrand der Algarve versetzen einen zurück in die Vergangenheit. Bauernhöfe und einsame Flusstäler vermitteln einen Eindruck des ursprünglichen Lebens weit abseits von Tourismus und Zivilisation.

▶ Am Ortseingang von **Corte de Ouro** 01 finden wir eine Wandertafel zum Weg PR2. Den Ort im Rücken starten wir die Tour in Richtung der Windmühlenruinen entlang der kleinen Straße und wenden uns nach rechts in einen Feldweg. Wir folgen den gelb-roten Markierungen in dem

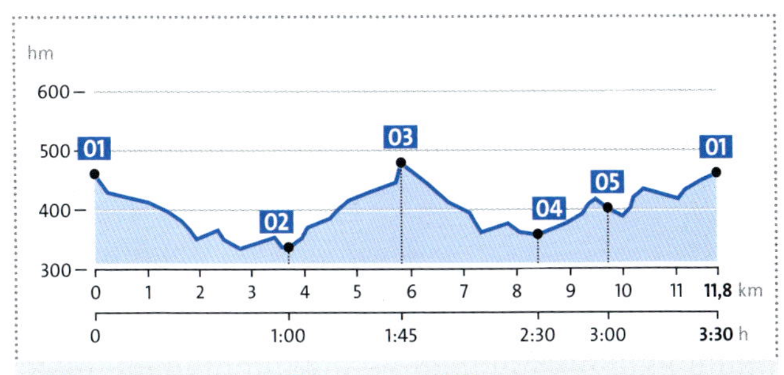

01 Corte de Ouro, 456 m; 02 Corte, 327 m; 03 Eira Da Palha, 475 m; 04 Bachbett, 349 m; 05 Brunnen, 395 m

hügeligen Gelände steil bergauf und schlüpfen nach rechts durch einen Weidezaun. Von der Anhöhe haben wir eine herrliche Aussicht auf die dünn besiedelte Region. Hangabwärts verlassen wir die Viehweide und wandern durch einen kleinen Pinienwald. Danach folgt eine recht karge Landschaft mit nur vereinzelt stehenden Eichen. Wir treffen auf eine Landstraße, der wir nach rechts folgen. Kurz darauf biegen wir nach links ab, in Richtung Vale das Hortas. Wir halten uns auf einem breiten Erdweg immer geradeaus. Unser Weg führt über einen Hügel mit einem Wegekreuz, unterhalb eines Hofes vorbei. Wir durchqueren das Flussbett des **Corte** 02 und erreichen den verlassenen Ort Vale das Hortas. An einem Wegweiser fädeln wir nach halblinks ein. Im Auf und Ab geht's über die Hügel. Zu unserer Linken entdecken wir einen kleinen See. Nach einer Ruine wenden wir uns nach rechts, immer weiter hangaufwärts, zum Gipfel des **Eira Da Palha** 03.

Ab dort geht es bergab zwischen Eukalyptuskulturen. An einer Gabelung halten wir uns nach rechts, steil bergab in ein Tal und auf der Gegenseite wieder bergauf. Der folgende Abstieg bringt uns wieder in das **Bachbett** 04 des Corte. Hinter dem Flusslauf wenden wir uns nach links und treffen auf eine breite Schotterpiste.

Wir folgen den weiß-rot-gelben Markierungen bergan, auf Corte de Ouro zu. An einem **Brunnen** 05 trennen wir uns von den weiß-roten Zeichen und gehen nach links auf einen erdigen Weg. Erneut nach links führt uns ein Pfad steil bergauf. Zwischen ein paar Häusern hindurch, dann nach rechts setzen wir unseren Weg auf einer kleinen Straße fort. An einer Kreuzung biegen wir nach rechts und wandern zwischen Zistrosen bergab auf einem steinigen Weg. In einer Senke halten wir uns halbrechts bergan und treffen auf den breiteren Feldweg. An einem gelben Haus wenden wir uns nach

Auf dem Gipfel Eira Da Palha

Kreuz am Wegesrand

links und kehren zur Hauptstraße in Corte de Ouro zurück. Zu unserem **Ausgangspunkt** 01 geht's nach links.

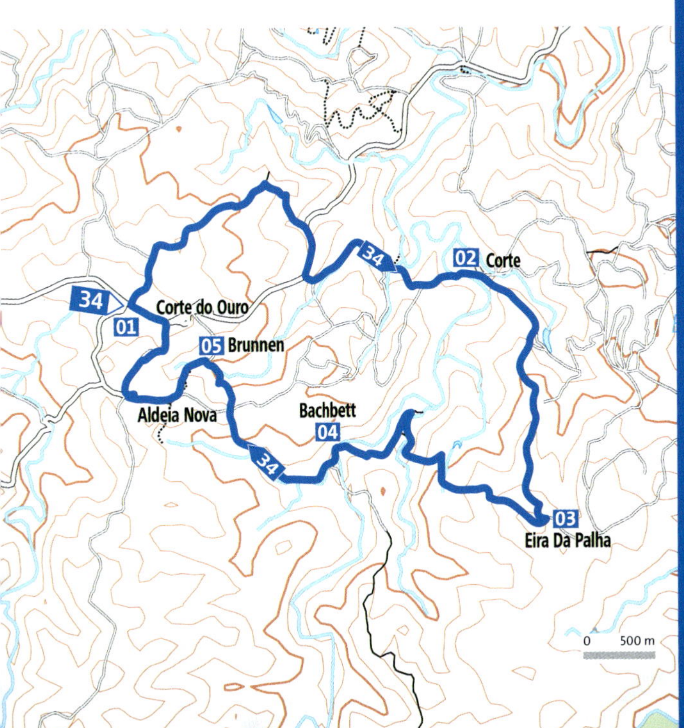

VON MEALHA ZUM CERRO DA MASMORRA • 303 m

Aufstieg zu einem Dolmengrab

5,8 km 2:00 h 225 hm 225 hm

START | Parkplatz an der M504 in Mealha.
Anfahrt: Von Loulé auf der N396 nach Barranco do Velho, dann auf der N2 nach Ameixial. Am Ortseingang nach rechts auf der M504 durch Corte de Ouro bis Mealha.
Hinweis: Je nach Wetterlage eine Windjacke einpacken. Ausreichend Wasser und Verpflegung mitnehmen!
[GPS: UTM Zone 29 x: 599.780 m y: 4.135.790 m]
CHARAKTER | Moderate Rundwanderung auf Schotterwegen und Erdpisten. Die Tour ist gelb-rot markiert und trägt die Bezeichnung PR8 – Percurso Pedestre de Masmorra. Wegweiser helfen bei der Orientierung.
EINKEHR | Keine Einkehrmöglichkeit unterwegs.

Diese geschichtsträchtige Tour führt uns zunächst auf einen Höhenrücken nahe Mealha zu dem großen Dolmengrab Anta da Masmorra. Danach geht es auf historischen Wegen zurück nach Mealha. Es ist die Gegend der traditionellen, schilfbedeckten Rundhäuser, von denen nur noch wenige erhalten sind. Die meisten davon liegen in und um Mealha.

▶ Vor dem kleinen Ort **Mealha** 01 steht eine Hinweistafel zum

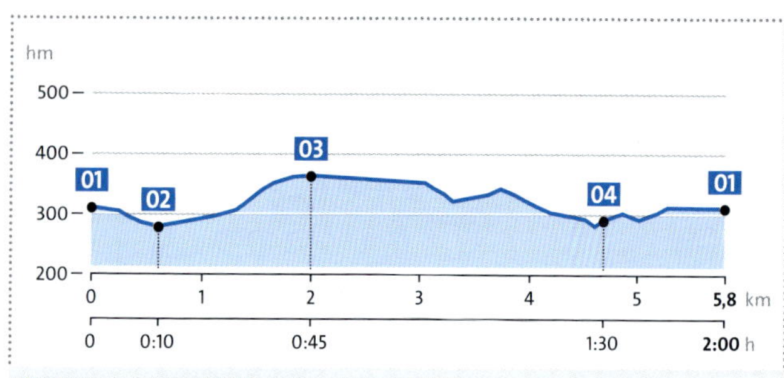

01 Mealha, 303 m; 02 Bachbett, 270 m; 03 Anta da Masmorra, 358 m; 04 Landstraße, 282 m

Schafe am Ortsrand von Mealha

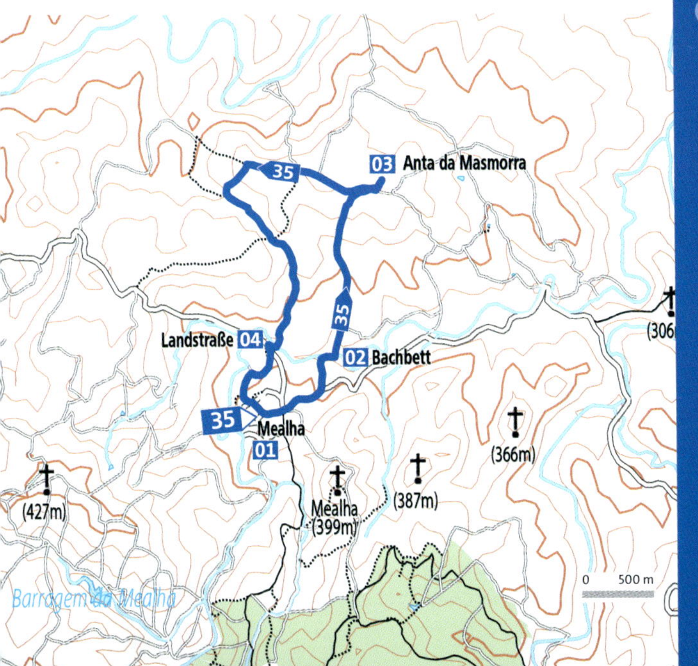

Typisches Rundhaus der Region

Wanderweg PR8. Wir folgen den gelb-roten Markierungen ein kurzes Stück auf der Straße in Richtung Cachopo und biegen dann nach links in einen Schotterweg ab. Der Weg führt uns hangabwärts in ein Tal und wir wandern erst entlang des Baches, dann durch das **Bachbett** **02**. Je nach Wasserstand helfen uns Trittsteine zur Überquerung.

Wir halten uns immer hangaufwärts, bis uns die Markierungszeichen in einen schmaleren Weg nach rechts schicken. Von der Höhe können wir eine traumhafte Aussicht über die Hügel der dünn besiedelten Region werfen. Rechts neben zerfallenen Mühlen machen wir einen Abstecher auf einem etwas unscheinbaren Pfad zu dem Dolmengrab **Anta da Masmorra** **03**. Eine verwitterte Hinweistafel dient der Orientierung und hält Informationen (auf Englisch) zu dem Gemeinschaftsgrab bereit.

Zurück auf dem Weg passieren wir die zwei Mühlen und halten uns auf dem Höhenzug. An einer Gabelung fädeln wir nach rechts ein. Einen Abzweig nach rechts und einen nach links ignorieren wir, wir bleiben auf der Höhe. Dann führen uns die Zeichen nach links bergab in ein Tal. Wir folgen dem Weg zwischen Olivenbäumen und Weinreben im Auf und Ab und unter einer Stromleitung hindurch. Ein kurzes Stück laufen wir zwischen knubbeligen Pinien-Bäumen. An einer Gabelung wenden wir uns nach rechts und am folgenden Querweg nach links. Wieder durchschreiten wir den Bachlauf und steigen steil bergan zu einer **Landstraße** **04**. Wir überqueren die Straße schräg nach links und biegen in einen steinigen Weg ein.

An einem runden Steinhaus wenden wir uns nach links und gelangen bergan zurück in die Ortschaft Mealha. Im Ort halten wir uns nach links und kommen an einem Steinofen vorbei. Direkt nach rechts, dann immer geradeaus, erreichen wir unseren **Ausgangspunkt** **01**.

MARTIM LONGO • 288 m

Durch das hügelige Land an der Grenze zum Alentejo

START | Kreisel in der Ortsmitte von Martim Longo.
Anfahrt: Von Alcoutim auf der N122-1, dann auf der N124 bis Martim Longo etwa 30 km.
Hinweis: Je nach Wetterlage einen Pullover oder eine Windjacke einpacken. Ausreichend Wasser, einen Sonnenschutz und evtl. ein Fernglas zur Beobachtung der Rebhühner mitnehmen!
[GPS: UTM Zone 29 x: 609.023 m y: 4.144.344 m]
CHARAKTER | Landschaftlich eindrucksvolle Rundwanderung, meist auf Schotterwegen. Die Tour ist gelb-rot markiert und trägt die Bezeichnung PR6 – Memoria Viva. Wegweiser helfen bei der Orientierung.
EINKEHR | Cafés und Restaurant in Martim Longo. Ein Café in Barrada.

Martim Longo ist ein kleiner, beschaulicher Ort zwischen Cachopo und Alcoutim, tief im Nordosten der Algarve. Zufriedene Schafs- und Ziegenherden, Hirtenhunde und Schäfer gibt es hier noch genauso wie vor 100 Jahren oder mehr.

Etwas unterhalb des Kreisels in **Martim Longo** 01 entdecken wir die Infotafel zum Wanderweg PR6 – Memoria Viva. Vorbei an einem Café gehen wir geradeaus über den Kreisel in Richtung Alcoutim. Am folgenden Kreisel biegen wir scharf nach links ab. Die

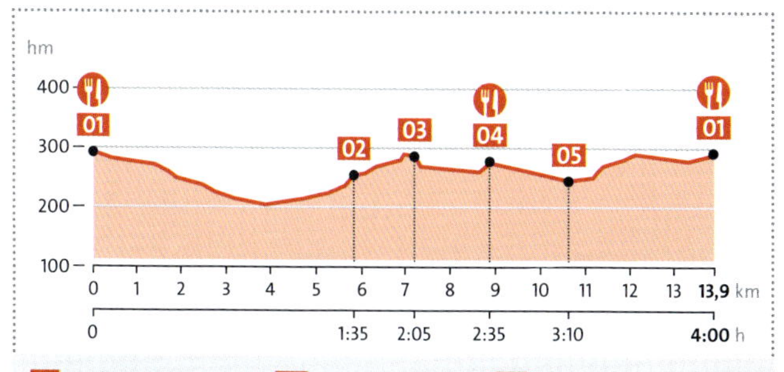

01 Martim Longo, 288 m; 02 Diogo Dias, 249 m; 03 Azinhal, 282 m; 04 Barrada, 270 m; 05 Silgado, 239 m

Sympathische Begegnung: ein Ziegenhüter mit seiner Herde

gelb-roten Markierungen führen uns zwischen den Häusern hindurch. Vorbei an einem Restaurant verlassen wir den Ort. Wir halten uns nach links auf einen Feldweg und wandern entlang einer Steinmauer, dann scharf nach links zwischen den Mauern hindurch. Hangabwärts geht's durch die schöne hügelige Landschaft. Wir passieren ein verlassenes Haus und gelangen in ein Tal. Dort treffen wir auf eine Schotterpiste, der wir nach rechts folgen. Wir halten uns auf dem breiten Hauptweg, der uns im sanften Auf und Ab durch ein weites Tal führt. Vor einem Hügel, mit einem verlassenen Haus, wenden wir uns nach links. Wir queren einen Bach und biegen an einem weißen, verlassenen Haus scharf nach rechts ab. Nochmals gehen wir durch das Bachbett, dann hangaufwärts durch das fruchtbare Tal, zu dem kleinen Ort **Diogo Dias** 02.

Die Zeichen führen uns im Ort nach links, dann geradeaus und über eine Landstraße auf einen Asphaltweg. An einer Kreuzung wenden wir uns nach rechts und spazieren zwischen Mandelbäumen auf einem Schotterweg. Wir nehmen den nächsten Abzweig nach links und passieren zerfallene Windmühlen. Dann geht es nach links weiter bergan und wir gelangen nach **Azinhal** 03. Am Waschhaus laufen wir geradeaus auf einem kleinen Weg. Neben Feigenbäumen verlassen wir die Ansiedlung, zunächst weg von der Ortschaft nach links, dann nach rechts auf einem Feldweg.

Wir wandern durch ein fruchtbares Tal und über mit Pinien bepflanzte Hügel gehen wir auf die Ortschaft **Barraga** 04 zu. Im Ort halten wir uns an einer Gabelung

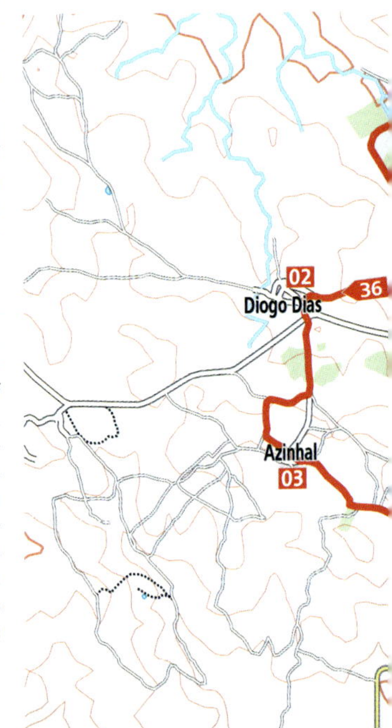

halblinks und folgen den Zeichen auf einer kleinen Asphaltstraße aus dem Ort heraus. Wir queren eine Landstraße neben einem Wegweiser, der uns anzeigt, dass es bis Silgado noch 1,5 km sind. Zwischen Gärten wandern wir hangabwärts. Der Weg wird schmaler und ist teilweile etwas überwachsen.

Wir folgen den Markierungen zu einer Landstraße, wo wir uns nach rechts halten. Vorbei an der einsamen Ortschaft **Silgado** 05 verlassen wir die kleine Straße nach links auf einem Feldweg. An einem Querweg geht es nach rechts. Zwischen Pinien und vereinzelt stehenden Korkeichen, vorbei an einem Viehstall, erreichen wir die Landstraße nach Martim Longo. Wir folgen ihr nach links und verlassen sie auch wieder nach links auf ein kleines Sträßchen. Im Ort nehmen wir die erste Straße nach rechts, dann wieder nach rechts erreichen wir unseren **Ausgangspunkt** 01.

Die Kirche in Martim Longo – eine ehemalige Moschee

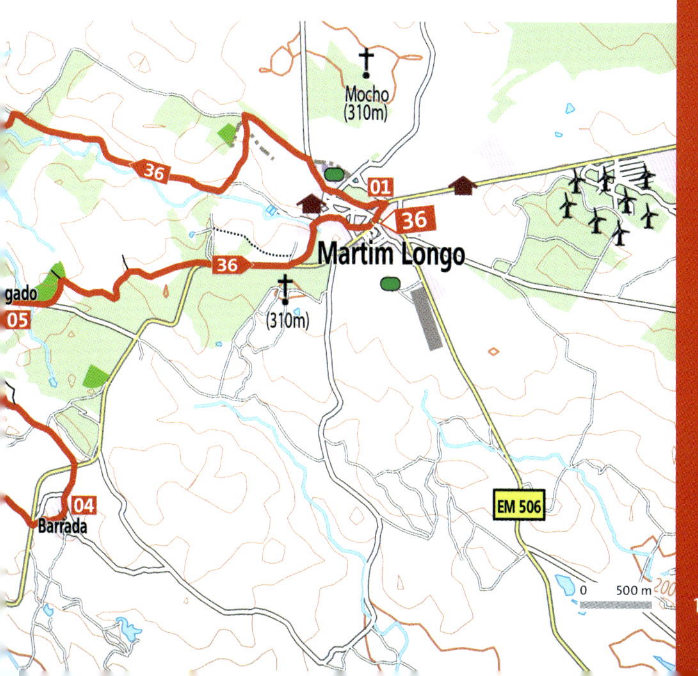

IM GRENZLAND BEI GIÕES • 207 m

Zum Flusstal des Barranco do Melheiro

START | Ortseingang von Giões.
Anfahrt: Von Alcoutim auf der N122-1 und der N124 in Richtung Martim Longo, kurz davor nach rechts auf der M507-1 nach Giões.
Hinweis: Je nach Wetterlage einen Pullover oder eine Windjacke einpacken. Ausreichend Wasser, Proviant und einen Sonnenschutz mitnehmen!
[GPS: UTM Zone 29 x: 615.415 m y: 4.147.824 m]
CHARAKTER | Die kinderfreundliche Rundwanderung verläuft auf Landstraßen und Schotterwegen in ein eindrucksvolles Flusstal. Die Tour ist gelb-rot markiert und trägt die Bezeichnung PR5 – O Viçoso. Wegweiser helfen bei der Orientierung.
EINKEHR | Keine Einkehrmöglichkeit unterwegs.

Das Land um Giões, an der Grenze zum Alentejo, ist dünn besiedelt und karg. Viele verlassene Häuser liegen am Wegesrand dieser beschaulichen Wanderung. Bauernhöfe und das einsame Flusstal des Barranco vermitteln einen Eindruck des ursprünglichen Lebens weit abseits von Tourismus und Zivilisation.

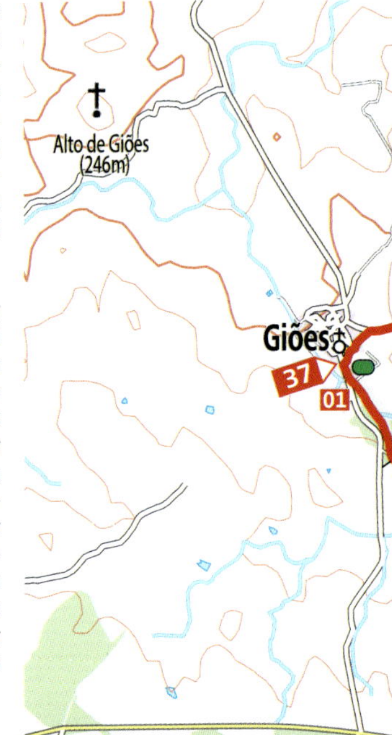

▶ Wir stehen in **Giões** **01** vor der Tafel zum Wanderweg PR5 und wenden uns nach rechts. Links an der Kirche vorbei finden wir einen Wegweiser, der uns anzeigt, dass es nach Clarines 4 km sind. Wir orientieren uns an den gelb-roten Markierungszeichen und schwenken vor einem Wasserbehälter nach links. Unterhalb des Friedhofs folgen wir einem Feldweg zu einer Asphaltstraße. Dort halten wir uns nach rechts, immer der Straße entlang. Wir bleiben ein

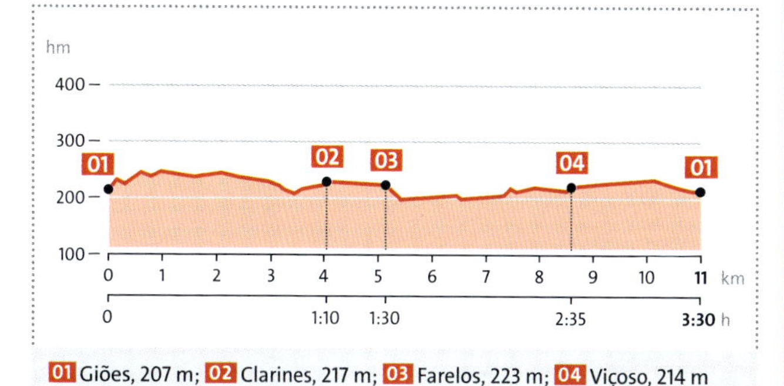

01 Giões, 207 m; 02 Clarines, 217 m; 03 Farelos, 223 m; 04 Viçoso, 214 m

gutes Stück auf der wenig befahrenen Landstraße und passieren eine Anhöhe mit einer zerfallenen Windmühle. Dann führen uns die Zeichen nach links auf einen Feldweg. Wir wandern hangabwärts in ein Tal und halten uns immer auf dem Hauptweg. Nach einer Bachquerung gewinnt der Weg wieder an Höhe. An einer Kreuzung zweigen wir nach links ab. Am Waschhäuschen vorbei erreichen wir den kleinen Ort **Clarines** 02.

Ein Wegweiser zeigt uns den Weg nach rechts in Richtung **Farelos** 03. Auf einer kleinen Asphaltstraße gelangen wir zu den

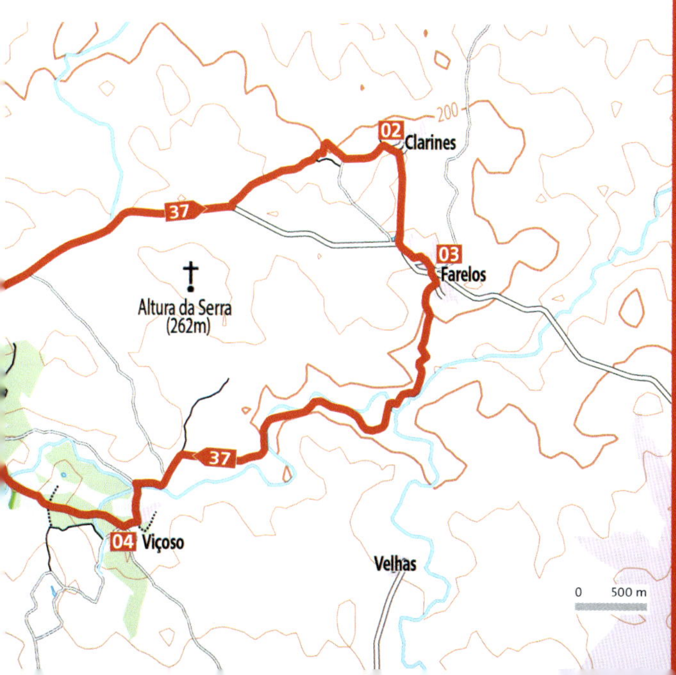

Die Kirche in Giões

Häusern der Ortschaft. Wir überqueren die Straße schräg nach links und spazieren zwischen den Häusern hindurch bis zur Hauptstraße. Dann folgen wir den Zeichen nach rechts in Richtung Viçoso. Wir passieren ein Waschhaus und wandern entlang eines Bachlaufs hangabwärts. Der Weg führt uns nach rechts über einen Hügel

Im Flusstal des Barranco

in ein schönes Tal. Dort queren wir den Flusslauf des Barranco und nehmen den nächsten Weg nach rechts. Im Auf und Ab geht es über Hügel und mehrfach durch den Barranco, der von Schilf gesäumt ist. Oliven- und Eukalyptusbäume bestimmen das Landschaftsbild.

Wir bleiben immer auf dem Hauptweg und die Markierungen führen uns zwischen Pinien hindurch, dann nach links zu dem verlassenen Ort **Viçoso** **04**. An den alten Häusern wenden wir uns nach rechts, dann erneut nach rechts und durch den Bachlauf. Entlang eines Zaunes gehen wir hangaufwärts. Noch zweimal durchqueren wir den Barranco, bevor wir auf eine breite Erdpiste stoßen. Wir wenden uns nach links und treffen an einer Landstraße auf das Waschhaus von Giões. Dort setzen wir unseren Weg nach rechts fort. Zwischen zerfallenen Mauern gehen wir auf den Ort zu. Wir erreichen die Landstraße und spazieren zurück zu unserem **Ausgangspunkt** **01**.

IM HÜGELLAND UM VAQUEIROS • 222 m

Einsame Flusslandschaften und eine alte Kupfermine

13,1 km 3:30 h 484 hm 484 hm

START | Vaqueiros am Ortsausgang gegenüber der Volksschule. Anfahrt: Von Alcoutim auf der N122-1, dann auf der N124 bis Martim Longo. Ab dort auf der M506 nach Vaqueiros.
Hinweis: Je nach Wetterlage einen Pullover oder eine Windjacke einpacken. Ausreichend Wasser, Verpflegung und einen Sonnenschutz mitnehmen!
[GPS: UTM Zone 29 x: 612.737 m y: 4.138.201 m]
CHARAKTER | Einfache, aber nahezu schattenlose Rundwanderung auf Schotterwegen. Die Tour ist gelb-rot markiert und trägt die Bezeichnung PR7. Wegweiser helfen bei der Orientierung.
EINKEHR | Einkehrmöglichkeiten nur an Start-/Endpunkt in Vaqueiros.

In den Minen Cova dos Mouros förderten Menschen seit der Urgeschichte Erze, insbesondere Kupfer. Belegt ist die Förderung seit der Kupfersteinzeit bis zu den Römern. Das Freilichtmuseum am Wanderweg gibt Einblick in die Arbeit und das Leben in den Minen.

▶ Neben der kleinen Schule in **Valqueiros** 01 steht eine Hinweistafel mit Informationen zu den lokalen Wanderwegen. Wir

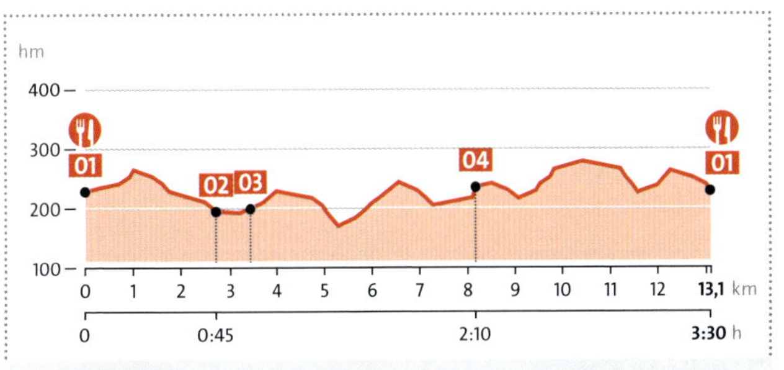

01 Vaqueiros, 222 m; 02 Ferrarias, 187 m; 03 Cova dos Mouros, 192 m; 04 Pão Duro, 229 m

Das Freilichtmuseum Cova dos Mouros

entscheiden uns für den PR7 und folgen der Hauptstraße für etwa 200 m in Richtung Martim Longo. Nach dem Zebrastreifen biegen wir nach rechts ab. Ein Wegweiser zeigt uns, dass es bis Ferrarias 2,5 km sind. Der Weg verläuft parallel mit der Via Algarviana und wir folgen den weiß-gelb-roten Markierungen hangabwärts. Zwischen Gärten queren wir einen Bach und halten uns hangaufwärts, immer auf dem Hauptweg. An einem Abzweig trennen wir uns vom GR13 und gehen geradeaus weiter auf eine Anhöhe. Von dort können wir einen herrlichen Blick über die hügelige Landschaft genießen. Wir gehen geradeaus über eine Kreuzung und erreichen die kleine Ortschaft **Ferrarias** 02. Die Markierungszeichen führen uns zwischen den Häusern hindurch auf einen Feldweg.

Nochmals überqueren wir einen Bach und steigen dann steil bergauf zum Freilichtmuseum **Cova dos Mouros** 03, das die Bergbaugeschichte der Region erläutert. Auf einer breiten Piste gelangen wir auf die Höhe, mit herrlichen Aussichten über die mit Pinien bepflanzten Hügel und das Bachbett der Ribeira da Foupana. Vorbei an einem Holzhaus und an einer Bauruine erreichen wir eine Landstraße. Wir folgen ihr ein kurzes Stück nach rechts und biegen dann nach links in einen Feldweg ein. Der Weg führt uns durch ein Bachbett, dann hangaufwärts. An einer Gabelung halten wir uns nach links. Im steilen Auf und Ab überschreiten wir die Hügel und halten uns immer geradeaus. Noch zweimal überqueren wir die Ribeira Foupanilha, bevor wir auf eine Asphaltstraße treffen, der wir hangabwärts über eine Brücke folgen. Hinter der Brücke biegen wir nach rechts auf einen Pfad.

Wir spazieren zwischen den Häusern des kleinen Ortes **Pão Duro** 04 hindurch und auf einer kleinen Asphaltstraße wieder hinaus. Es geht hangabwärts auf einem Asphaltweg, dann nach links auf einen Schotterweg. Ein Wegweiser zeigt uns, dass Vaqueiros 3,2 km entfernt liegt. Wieder durchlaufen wir das Bachbett der Foupanilha. Nach einem Anstieg gabelt sich der Weg und wir halten uns nach links. An einer weiteren Gabelung fädeln wir nach rechts ein. Im Auf und Ab wandern wir ein gutes Stück zwischen Pinien entlang, bis es scharf nach links steil bergab geht. Der Weg führt uns nochmals durch ein Tal mit hohem Schilf und vereinzelten Eukalyptusbäumen. Dann treten die ersten Häuser von Vaqueiros in unser Sichtfeld. An einer Verzweigung gehen wir weiter auf die Ortschaft zu. Vorbei an einem Wasserrad gelangen wir in den Ort hinein. An der Kirche mit dem schönen Dorfplatz gehen wir rechts vorbei, zurück zu unserem **Ausgangspunkt** 01.

Typisches Rundsteinhaus der Region

DER BRUNNENWEG VON PEREIRO • 245 m

Entlang von Wasserstellen zum verlassenen Dorf Silveira

START | Ortseingang von Pereiro.
Anfahrt: Von Alcoutim auf der N122-1, dann auf der N124 bis Pereiro etwa 13 km.
Hinweis: Je nach Wetterlage einen Pullover oder eine Windjacke einpacken. Ausreichend Wasser, einen Sonnenschutz und evtl. ein Fernglas mitnehmen!
[GPS: UTM Zone 29 x: 624.344 m y: 4.145.416 m]
Abwechslungsreiche Rundwanderung auf Feldwegen, Pfaden und kleinen Landstraßen. Die Tour ist gelb-rot markiert und trägt die Bezeichnung PR4 – Caminhos da Fonte. Wegweiser helfen bei der Orientierung.
EINKEHR | Keine Einkehrmöglichkeit unterwegs. Café in Pereiro.

Der Brunnenweg bei Pereiro zeigt uns, was in dieser Gegend wichtig ist: Wasser. Überall dort, wo Wasserstellen sind, haben sich, in dieser dünn besiedelten Gegend, kleine Ansiedlungen gebildet. In der nördlichen Algarve scheint die Uhr stillzustehen.

▶ Am Ortseingang von **Pereiro** 01 steht eine Hinweistafel zum Wanderweg PR4, dem Caminos da Fonte. Wir folgen den gelb-roten Markierungen, an einem Ziehbrunnen vorbei, auf einer kleinen Straße und verlassen den Ort. Nach einem Haus halten wir uns

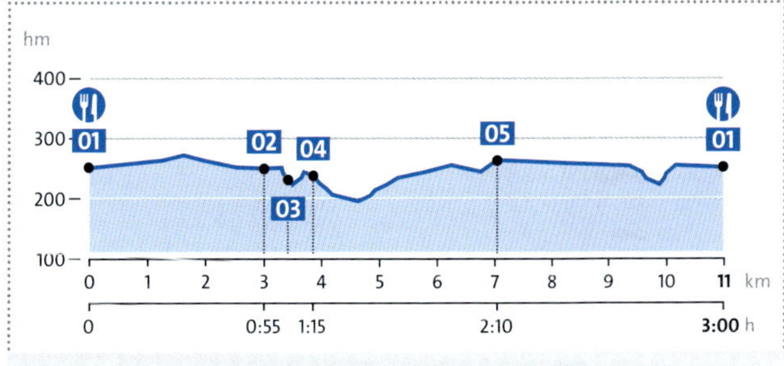

01 Pereiro, 245 m; 02 Fonte Zambujo de Cima, 244 m; 03 Fonte Zambujo, 225 m; 04 Fonte Zambujo de Baixo, 232 m; 05 Silveira, 258 m

See bei Pereiro

halblinks und vor einer markanten Steineiche biegen wir nach links auf einen Feldweg ab. Auf einem felsigen Weg geht es hangaufwärts durch die karge Vegetation. Vorbei an einem kleinen Teich, dann entlang einer Steinmauer, erreichen wir die Ortschaft **Fonte Zambujo de Cima** 02.

Wir gehen im Ort geradeaus, bergab in ein Tal. Dort queren wir einen Bach und steigen zwischen Steinmauern bergan. Wir orientieren uns an der Markierung an einem toten Baum und wandern zu einer Stromleitung etwas querfeldein. Zwischen den Häusern von **Fonte Zambujo** 03 hindurch gelangen

Das verlassene Dorf Silveira

Bachquerung bei Fonte Zambujo

wir zu einer kleinen Landstraße, der wir nach links nach **Fonte Zambujo de Baixo** 04 folgen.

Wir spazieren in den kleinen Ort hinein und wenden uns nach rechts, dann nach halblinks hangabwärts. Auf einem Wiesenweg zwischen Natursteinmauern verlassen wir die Ansiedlung. Nach einem Bachlauf schlagen wir den Schotterweg nach rechts ein. An einer Gabelung halten wir uns entlang des Wassers und queren den Bach nochmals an einer Furt. Wir gehen geradeaus, auf den schmalsten der Wege, auf eine Anhöhe zu. Links an ein paar Häusern vorbei, stoßen wir auf eine Landstraße. Ein Holzwegweiser zeigt an, dass es bis nach Silveira noch 2 km sind. An einer Gabelung fädeln wir nach rechts ein und bleiben bis zu einer asphaltierten Straße immer auf dem Hauptweg. Dort wenden wir uns nach links, folgen der Straße einen guten Kilometer und gehen dann nach links in die verlassene, aber interessante Ortschaft **Silveira** 05. Hinter den Gebäuden nehmen wir den Weg nach rechts. Wir umrunden entlang von Steinmauern die ehemalige Ortsgrenze von Silveira. Knubbelige Kiefern stehen am Wegesrand.

Kurz bevor wir die Landstraße erreichen, biegen wir scharf nach links ab. Unter einer Stromleitung hindurch und kurz darauf nach rechts kommen wir an den Ruinen von Windmühlen vorbei. Hangabwärts und zwischen Steinmauern gelangen wir zurück nach Pereiro. Über das Bachbett erreichen wir die Ortsmitte. Wir halten uns nach rechts, zurück zu unserem **Ausgangspunkt** 01.

Wegeverlauf zwischen Steinmauern

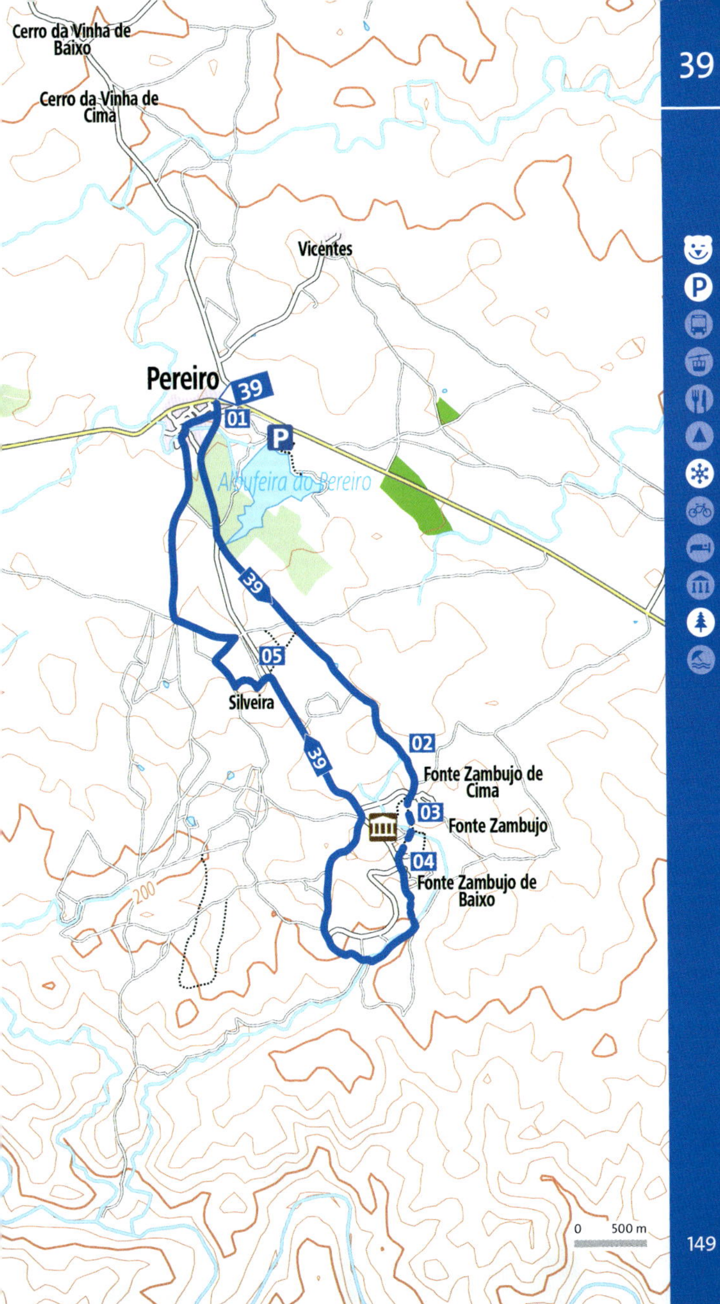
Cerro da Vinha de Baixo
Cerro da Vinha de Cima
Vicentes
Pereiro
39
01
P
Albufeira do Pereiro
39
05
Silveira
39
02
Fonte Zambujo de Cima
03
Fonte Zambujo
04
Fonte Zambujo de Baixo
200
0
500 m

RUND UM ALTA MORA • 222 m

Zwischen Mandelbäumen über Hügel und durch Täler

12 km

3:30 h

538 hm 538 hm

START | Kreuzung in Alta Mora.
Anfahrt: Von Castro Marim auf der N122 auf die IC27, Ausfahrt auf die M12 nach Alta Mora.
Hinweis: Je nach Wetterlage eine Windjacke und/oder einen Sonnenschutz einpacken. Ausreichend Wasser und Verpflegung mitnehmen!
[GPS: UTM Zone 29 x: 624.751 m y: 4.129.805 m]
CHARAKTER | Landschaftlich sehr reizvolle Rundwanderung auf Schotterwegen und Asphaltstraßen. Die Tour ist gelb-rot markiert und trägt die Bezeichnung PR8 – Caminho da Amendoeira. Wegweiser helfen bei der Orientierung.
EINKEHR | Keine Einkehrmöglichkeit unterwegs.

Diese Wanderung ist besonders schön im Frühjahr, wenn die Mandelbäume blühen. Ein zarter Duft von Mandelaromen liegt in der Luft. Wie von Zauberhand verändert, erscheint die Algarve plötzlich ganz in Weiß und Rosa gehüllt. Die Bäume, die vor Tagen noch etwas winterlich karg anmuteten, sind von leuchtenden Blütenblättern überzogen.

▶ Wir starten an der Kreuzung in **Alta Mora** 01, an der Hinweistafel zum Wanderweg, gegenüber der Bushaltestelle. Direkt an einer Verzweigung halten wir uns nach rechts. Wir folgen den gelb-roten

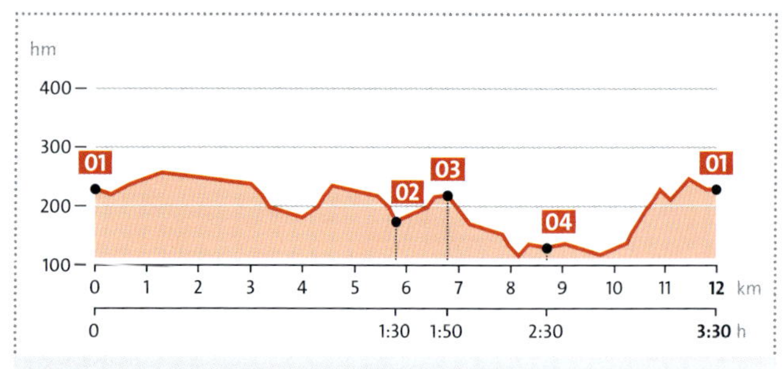

01 Alta Mora, 222 m; 02 Funchosa de Baixo, 165 m;
03 Funchosa de Cima, 211 m; 04 Ribeira do Beliche, 119 m

Herrliche Aussicht über die hügelige Landschaft

Markierungszeichen durch ein Tal und vorbei an einem großen Ziegenstall. An einem Hof zweigen wir nach links ab. Eine kleine Asphaltstraße führt uns zu einer Landstraße, die wir nach links einschlagen und nach einem kurzen Stück nach rechts, auf einen Feldweg, verlassen. Wir wandern über eine Anhöhe und der Weg geht in einen Asphaltweg über. Eine weitere Landstraße überqueren wir schräg nach links. Ein Schotterweg bringt uns durch eine Senke, dann geradeaus und steil bergab zu einer Straße. Wir

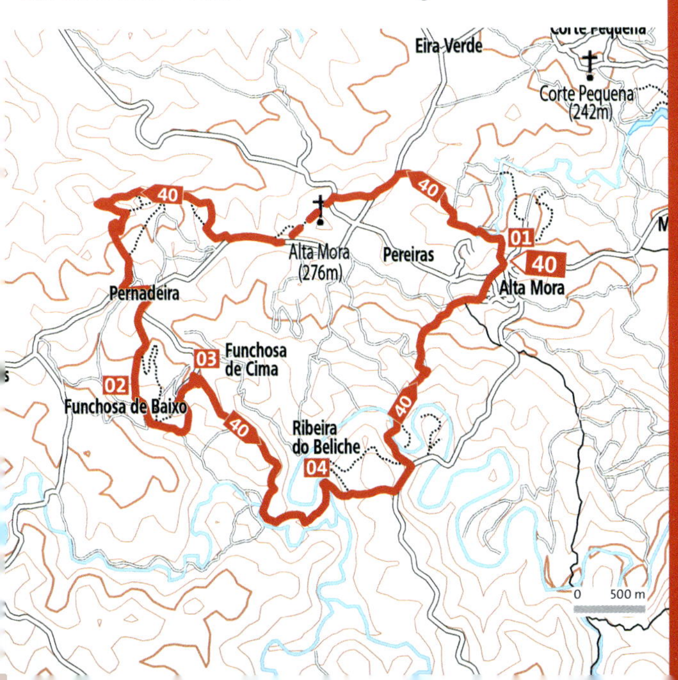

Blick auf Funchosa

wenden uns nach rechts und biegen nach etwa 300 m erneut nach rechts in einen Feldweg. Vor einem Hügel schwenken wir nach links auf einen Pfad und gelangen zu einem steinigen Weg, dem wir nach links folgen. Schön auf der Höhe schlängelt sich der Weg über die Hügel und wir gelangen zu den Ruinen eines verlassenen Hofes. Dort halten wir uns nach links. Durch eine Senke und auf der Anhöhe nach rechts, erreichen wir eine Landstraße, der wir nach links folgen. Wir nehmen die nächste Straße nach rechts in Richtung Funchosa. Wir bleiben auf der kleinen Landstraße. Einen Abzweig nach links ignorieren wir. Nach einem guten Stück treffen wir auf die Häuser von **Funchosa de Baixo** 02.

Die Zeichen führen uns zwischen Häusern hindurch auf einen Pfad nach links hangaufwärts, dann unterhalb der Bebauung von **Funchosa de Cima** 03 entlang. Ein Holzwegweiser zeigt uns die Richtung nach Alta Mora an. Wir biegen nach rechts auf einen Feldweg. Entlang von Mandelbaumkulturen geht es steil bergab in ein Tal.

Wir bleiben immer auf dem Hauptweg oberhalb des Flusses entlang, bis wir schließlich das Bachbett überqueren. An einer Landstraße wenden wir uns nach links und nach etwa 200 m wieder nach links auf einen Schotterweg. An einer Gabelung gehen wir hangabwärts und queren das Bachbett der **Ribeira do Beliche** 04. An einer Verzweigung wählen wir den Weg halbrechts. Der Weg führt uns hangaufwärts und an einer Kreuzung biegen wir nach links ab. Auf der Höhe orientieren wir uns nach rechts. Schnell erreichen wir die ersten Häuser von Alta Mora.

Auf einem Asphaltsträßchen gehen wir nach links und gelangen zur Hauptstraße; dort nach rechts erreichen wir unseren **Ausgangspunkt** 01.

AUF DEN AUSSICHTSBERG BOAVISTA • 350 m

Panoramablicke über die Algarve

START | Corte Antonio Martins.
Anfahrt: Von Vila Real de Santo Antonio auf der N125 bis Vila Nova de Cacala. Weiter auf der M509 bis Corte Antonio Martins
Hinweis: Je nach Wetterlage eine Windjacke einpacken. Ausreichend Wasser und einen Sonnenschutz mitnehmen!
[GPS: UTM Zone 29 x: 627.495 m y: 4.120.356 m]
CHARAKTER | Aussichtsreiche Rundwanderung auf Schotterwegen und Asphaltstraßen. Die Tour ist gelb-rot markiert und trägt die Bezeichnung PR1 – Boa Vista. Wegweiser helfen bei der Orientierung.
EINKEHR | Keine Einkehrmöglichkeit unterwegs.

Diese Rundtour führt hoch hinauf, auf den Boavista und belohnt mit einem phantastischen Panoramablick über die sanften Hügel bis hin zum Atlantik. Kein Wunder, dass in dieser traumhaften Lage so viele Villen gebaut werden.

Gegenüber der Bar/Café in **Corte Antonio Martins** 01 beginnt unsere Rundtour PR1 – Boa Vista. An einer Hinweistafel können wir uns einen Überblick zum Wanderweg verschaffen. Wir folgen den gelb-roten Markierungen auf ein

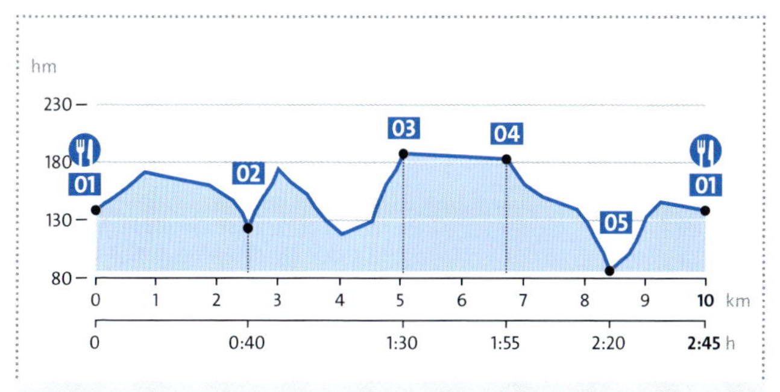

01 Corte Antonio Martins, 135 m; 02 Rio Seco, 119 m; 03 Portela do Carvoeiro, 186 m; 04 Boavista, 181 m; 05 Rio Seco, 81 m

asphaltiertes Sträßchen und wandern hinter dem Sportplatz mit Rastplätzen auf einen Feldweg. Der Weg führt uns an ein paar Häusern vorbei, dann nach links bergauf. An einer kleinen Straße wenden wir uns nach rechts und wandern zwischen imposanten Villen. Wir biegen nach links ab und durchstreifen ein Tal. Vor der „Casa de Pasto Fernanda“ gehen wir scharf nach rechts und halten uns auf einem Feldweg hangaufwärts. An einer Gabelung biegen wir nach rechts ab und an einem gelben Wasserbehälter geht's nach links hangabwärts. Wir durchschreiten ein Tal und halten uns auf der Gegenseite, vor einem großen Haus, halblinks hangabwärts. Der Asphaltweg endet im Bachbett des **Rio Seco** **02**.

Im Tal des Rio Seco

Wir durchqueren den Flusslauf und steigen auf einem steinigen Weg bergan. Unterhalb eines verlassenen Hofes gelangen wir zu einem Sträßchen, wo wir uns nach rechts wenden. Wir folgen der Straße und zweigen nach links in Richtung Pomar ab. Der Weg geht in einen Schotterweg über und wir wandern über eine kleine Brücke und durch die kleine Ortschaft Pomar mit ihren zahlreichen, zerfallenen Häusern. Weiter geht's bergauf zur Anhöhe mit einer Antenne. Von dort oben haben wir eine herrliche Aussicht über die Hügel bis zur Küste. Wir passieren die paar Häuser von **Portela do Carvoeiro** **03** und halten uns auf dem Höhenzug bis zu einer Gabelung auf dem **Boavista** **04**. Wie der Name schon sagt, können wir von dort besonders schöne Blicke über die Landschaft werfen.

Wir schlagen den Weg nach rechts in Richtung Corte Antonio Martins ein und bleiben auf dem breiten Hauptweg. Abzweigende Pfade ignorieren wir. Zwischen Pinienbäumen verliert der Weg an Höhe und wir erreichen wieder das Flussbett des **Rio Seco** **05**. Wir steigen auf die Höhe und gelangen, zwischen ein paar Häusern hindurch, zu einer Asphaltstraße. An der Gabelung fädeln wir nach halblinks ein.

Nach kurzer Strecke stoßen wir auf die Landstraße, die uns nach rechts zum **Ausgangspunkt** **01** zurückbringt.

Nur vereinzelt stehende Häuser befinden sich in der Hügellandschaft

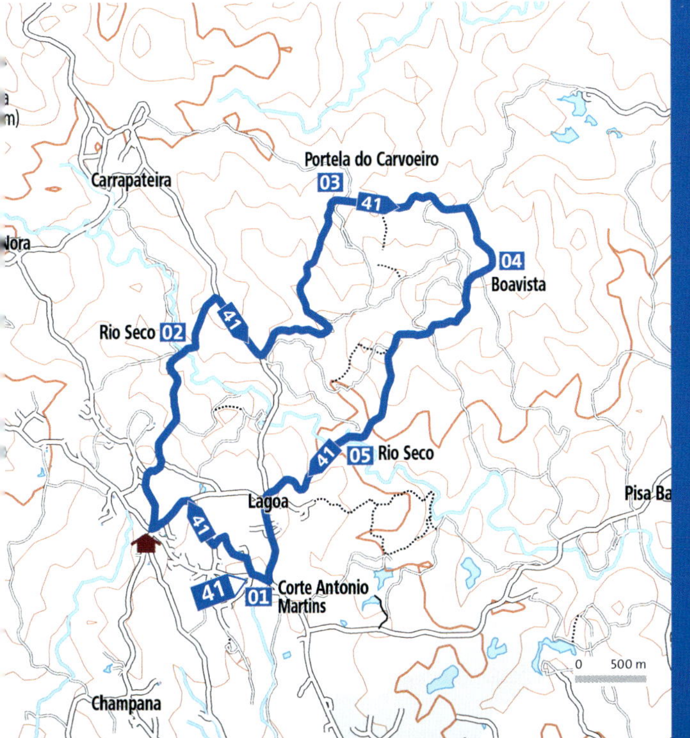

ÜBER DEM GRENZFLUSS GUADIANA • 66 m

Aussichtsreiche Tour an der Grenze zu Spanien

13,4 km 4:00 h 453 hm 453 hm

START | Parkplatz am Aussichtspunkt „Miradouro do Pontal". Anfahrt: Von Alcoutim auf der M507 in Richtung Laranjeiras. Hinweis: Je nach Wetterlage eine Windjacke und/oder Sonnenschutz einpacken. Ausreichend Wasser und Verpflegung mitnehmen!
[GPS: UTM Zone 29 x: 636.703 m y: 4.142.892 m]
CHARAKTER | Abwechslungsreiche Rundwanderung auf breiten Schotterwegen. Die Tour ist gelb-rot markiert und trägt die Bezeichnung PR2 – Ladeiras do Pontal. Wegweiser helfen bei der Orientierung.
EINKEHR | Keine Einkehrmöglichkeit unterwegs.

Die Region ist kontrastreich: Im fruchtbaren Tal herrscht Betriebsamkeit, im Hinterland wirkt alles etwas karg und verlassen. Diese Wanderung zeigt uns die Gegensätze und auch eine ganz andere Seite der Algarve.

▶ Wir starten unsere Tour am Parkplatz am Miradouro do Pontal. Ein herrlicher **Aussichtspunkt** 01 auf den Grenzfluss Guadiana. Neben den Picknickplätzen finden wir einen Wegweiser und wir folgen den gelb-roten Markierungen zur Landstraße. Nach circa 200 Metern biegen wir nach rechts auf einen Schotterweg ab. Der Weg führt uns stellenweise steil bergauf in eine typische Garrigue-Landschaft. Wir halten uns immer auf dem Hauptweg und wandern im Auf und Ab zwischen knubbeligen Pinienbäumen. Nach

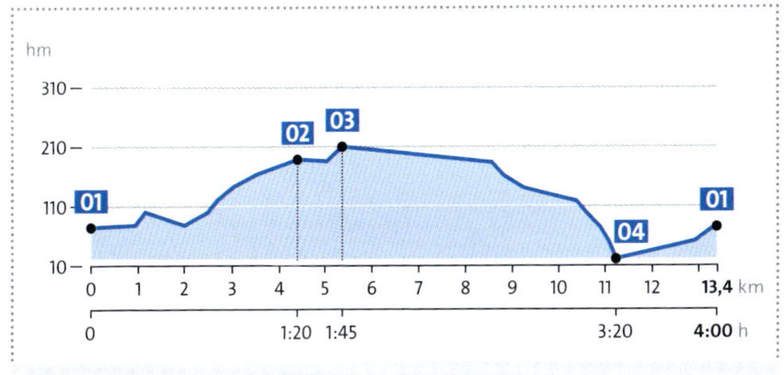

01 Aussichtspunkt, 66 m; 02 Torneiro, 184 m; 03 Balurco de Baixo, 206 m; 04 Landstraße, 10 m

einem steilen Abstieg und einer Bachquerung geht es auf der Gegenseite wieder steil bergan. In einiger Entfernung laufen wir an einem Hof vorbei. Wir erreichen den kleinen Ort **Torneiro** 02.

Im Ort weist uns ein Wegweiser die Richtung und der Weg verläuft parallel mit der Via Algarviana. Wir folgen den weiß-gelb-roten Zeichen vor dem Haus „Baltazar Pereira" nach links und verlassen die Ortschaft auf einem Feldweg. An einer Gabelung fädeln wir nach rechts ein. Zwischen Pinien- und Olivenbäumen spazieren wir durch ein fruchtbares Tal. An einer

Blick auf den Guadiana

Kreuzung halten wir uns geradeaus und queren einen Bachlauf. Wir gelangen nach **Balurco de Baixo** 03 und gehen geradeaus bis zum Waschhaus mit Ziehbrunnen. Dort verlassen wir den GR13 und wenden uns scharf nach links auf einen Asphaltweg. Ein kurzes Stück hangaufwärts, und wir erreichen eine Landstraße. Wir überqueren sie und steigen auf einer Sandpiste bergan. Entlang einer Steinmauer und Mandelbäumen gewinnt der Weg an Höhe. Wir können herrliche Ausblicke bis weit nach Spanien hinein genießen. Wir treffen auf den Fernwanderweg GR15 und halten uns weiter geradeaus zwischen Pinien. Vorbei an ein paar Ruinen erreichen wir eine **Landstraße** 04. Wir wandern auf der gegenüberliegenden Seite zwischen Olivenbäumen weiter und nähern uns dem Ufer des Guadiana. An einer Gabelung wenden wir uns nach rechts. Der Weg schlängelt sich in Ufernähe, bevor wir uns vom Flusslauf entfernen. Wir steigen steil bergauf, zurück zu unserem Ausgangspunkt dem **Miradouro do Pontal** 01.

Herrliche Aussichten nach Spanien

VON LARANJEIRAS NACH ALAMO • 13 m

Durch das Flusstal des Guadiana

 8,8 km
 2:30 h
 336 hm ↘ 336 hm

START | Hafen in Laranjeiras.
Anfahrt: Von Alcoutim auf der M507 bis nach Laranjeiras.
[GPS: UTM Zone 29 x: 636.423 m y: 4.140.705 m]
CHARAKTER | Einfache Rundwanderung auf Schotterwegen, Pfaden und Landstraßen. Die Tour ist gelb-rot markiert und trägt die Bezeichnung PR1. Wegweiser helfen bei der Orientierung.
EINKEHR | Einkehrmöglichkeiten in Laranjeiras, Álamo und Guerreiros do Rio.

Eine hochidyllische Landschaft erstreckt sich am Fluss. Gemächlich fließt der Guadiana dahin. Die kleinen Dörfer am Ufer vermitteln Ruhe und Gelassenheit. Kaum zu glauben, dass es dort einmal Grenzstreitigkeiten gegeben hat.

Wir starten unsere Tour am Bootsanleger in **Laranjeiras** 01 und nehmen an einem weiß-blauen Haus die kleine Straße in den Ort. Hangaufwärts gelangen wir zum Dorfplatz mit dem Restaurant „Cantarinha do Guadiana“. Am Wegweiser gehen wir nach rechts in Richtung Corte das Donas 2,9 km. Wir verlassen die Ortschaft und gelangen in ein fruchtbares Tal mit Olivenbäumen und Zitrusfrüchten. Die gelb-roten Markierungen führen uns auf der linken Seite eines Baches teilweise steil bergan. Wir halten uns zunächst immer auf dem Hauptweg und biegen dann nach links auf

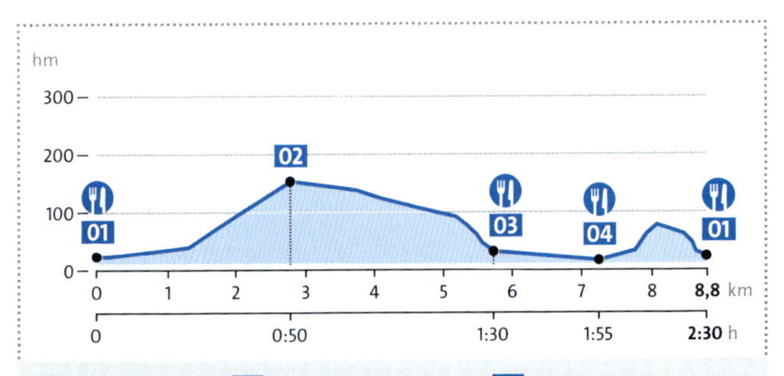

01 Laranjeiras, 13 m; 02 Corte das Donas, 148 m; 03 Alamo, 22 m; 04 Guerreiros de Rio, 6 m

Morgennebel über dem Guadiana

einen schmaleren Weg ab. Weiter bergauf erreichen wir die Ortschaft **Corte das Donas** **02**.

Vorbei am Ziehbrunnen gelangen wir zu einer Landstraße. Ein Wegweiser zeigt an, dass es bis Álamo noch 2,5 Kilometer sind. Wir wenden uns nach links und folgen der Straße ein kurzes Stück. Dann biegen wir nach rechts ab und wandern an einer zerfallenen Windmühle vorbei auf eine Anhöhe. Von dort genießen wir die herrliche Aussicht auf den Grenzfluss Guadiana und weit nach Spanien

Zerfallene Windmühle bei Corte das Donas

hinein. An einer Gabelung fädeln wir nach rechts ein.

Es geht hangabwärts entlang einer Steinmauer und nach rechts auf einen Pfad zu den ersten Häusern von **Álamo** 03. Wir folgen den Markierungen zwischen den Häusern hindurch steil bergab zur Hauptstraße. Dort biegen wir nach links ab und verlassen den Ort. An einem Ziehbrunnen wenden wir uns nach rechts auf einen Pfad zwischen Steinmauern. Der Weg wird etwas breiter und wir halten uns in Flussnähe. Wir laufen unterhalb eines Hofes entlang und gelangen wieder zu der Landstraße. Diese bringt uns über eine Brücke nach **Guerreiros do Rio** 04. Wir bleiben auf der Straße, verlassen geradeaus die Ortschaft und biegen nach etwa 500 m nach links auf einen Feldweg. Auf der Höhe halten wir uns nach rechts. Wir passieren einen Wegweiser vor einem Tor eines eingezäunten Geländes und gehen geradeaus, hangabwärts, weiter. Nach einer großen, markanten Steineiche verlassen wir den breiten Weg und schwenken nach halblinks auf einen schmalen Weg. Neben einer zerfallenen Steinmauer wandern wir steil bergab auf Laranjeiras zu. Über einen Pfad erreichen wir den Ort.

An den ersten Häusern biegen wir nach links und folgen den Zeichen zurück zur Ortsmitte und zu unserem **Ausgangspunkt** 01.

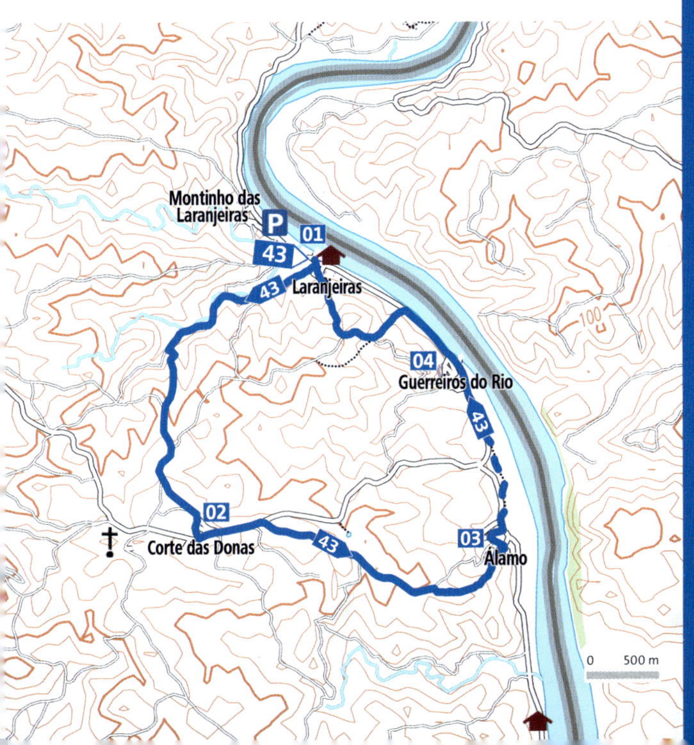

DURCH DIE FLUSSTÄLER VON FOUPANA UND ODELEITE • 150 m

Rundwanderung durch den Staatsforst

  11,5 km  3:30 h  378 hm  378 hm

START | Parkplatz am Forsthaus.
Anfahrt: Von Castro Marim auf der IC27 bis Odeleite, dann auf der N122 nach Norden. Nach 3 km nach rechts in die Zufahrt zum Forsthaus.
Hinweis: Je nach Wetterlage eine Windjacke einpacken. Ausreichend Wasser und Proviant mitnehmen!
[GPS: UTM Zone 29 x: 632.235 m y: 4.135.350 m]
CHARAKTER | Herrliche Rundwanderung auf Feldwegen und Pfaden. Die Tour ist gelb-rot markiert und trägt die Bezeichnung PR5 – Terras da Ordem. Wegweiser helfen bei der Orientierung.
EINKEHR | Keine Einkehrmöglichkeit unterwegs.

Diese Wanderung führt uns in die fruchtbaren Täler der Foupana und Odeleite und in den Staatsforst mit seinen Pinienpflanzungen. Eine einsame Gegend, fernab des Tourismus, an der Algarve.

▶ Wir starten unsere Tour am **Forsthaus** 01 Casa da Guarda im Staatsforst nördlich von Odeleite. Neben den zerfallenen Gebäuden und den neuen Rastplätzen finden wir einen Wegweiser zum Wanderweg PR5. Wir folgen den gelb-roten Markierungen hangabwärts auf einer breiten Piste zwischen Pinienbäumen. An einer Kreuzung halten wir uns gerade-

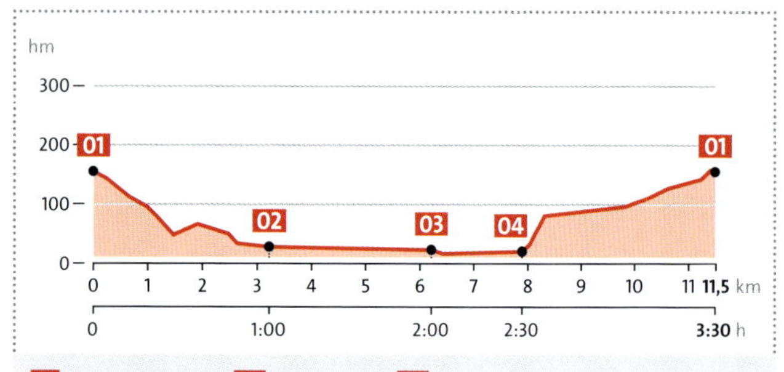

01 Forsthaus, 150 m; 02 Mühle, 18 m; 03 Pernadas, 13 m; 04 Ribeira Do Odeleite, 10 m

Die Ribeira da Foupana

aus. Die Vegetation lockert sich auf und wir können herrliche Aussichten über die hügelige Landschaft genießen. Wir gelangen in ein Tal und queren einen Bachlauf. Auf der Gegenseite geht's hangaufwärts und von links trifft ein Weg zu unserem hinzu. Wir

Blick auf die renovierte Wassermühle an der Ribeira de Odeleite

bleiben auf dem breiten Hauptweg und ignorieren abzweigende Pfade. Der Weg gabelt sich und wir fädeln auf den unteren, rechten Weg ein. Ein Wegweiser zeigt uns die Richtung nach Pernadas mit 3,8 km an. Wir wandern hangabwärts auf einer breiten Piste durch das mit Schilf bewachsene Tal der Ribeira da Foupana.

An der **Mühle** 02, Moinho de Carvão, zweigen wir nach rechts in Richtung Odeleite ab und überqueren ein Bachbett. Auf der anderen Seite orientieren wir uns wieder in Richtung des breiten, bewirtschafteten Tals mit Olivenbäumen. An einer Kreuzung nehmen wir den Weg geradeaus, weiter in Richtung Odeleite. Wir kommen durch den kleinen Ort **Pernadas** 03, nahe dem Zusammenfluss von Foupana und Odeleite.

Das Forsthaus – Startpunkt unserer Wanderung

Der Weg verliert an Höhe und wir spazieren entlang der **Ribeira Do Odeleite** 04. Nach einem Schlenker über einen kleinen Seitenbach, gelangen wir wieder an den Flusslauf. An der nächsten Biegung der Odeleite wenden wir uns auf einen schmalen Weg nach rechts, steil bergauf. Ein Wegweiser zeigt uns an, dass es bis zum Forsthaus noch 2,4 km sind. Von der Anhöhe haben wir einen phantastischen Ausblick über die Hügel und in das Flusstal. Wir tauchen in einen Pinienwald ein und folgen einem Pfad weiter hangaufwärts. Die gelb-roten Markierungen führen uns, vorbei an einem kleinen Teich, zurück zur **Casa da Guarda** 01.

RUND UM ODELEITE • 61 m

Über die Hügel zur alten Wassermühle

START | Odeleite.
Anfahrt: Von Castro Marim auf der IC27 bis nach Odeleite, etwa 17 km.
Hinweis: Je nach Wetterlage einen Pullover oder einen Sonnenschutz mitnehmen!
[GPS: UTM Zone 29 x: 633.863 m y: 4.132.915 m]
CHARAKTER | Landschaftlich sehr reizvolle Rundwanderung, die überwiegend auf Feldwegen verläuft. Die Tour ist gelb-rot markiert und trägt die Bezeichnung PR4 – Odeleite de perto e de longe. Wegweiser helfen bei der Orientierung.
EINKEHR | Mehrere Einkehrmöglichkeiten in Odeleite.

Odeleite – der kleine, liebliche Ort liegt im äußersten Osten der Algarve, direkt am gleichnamigen Stausee Barragem de Odeleite und unweit des Flusses Guadiana. Früher war das Dorf wegen seiner Zink-, Blei- und Kupfervorkommen von wichtiger Bedeutung. Heutzutage ist es ein stiller Ort für Erholungsuchende und naturverbundene Urlauber.

▶ Wir starten an der Hinweistafel zum Wanderweg, an der Hauptstraße in **Odeleite** 01, und folgen der Straße hangabwärts. Am Kreisel halten wir uns nach links und orientieren uns an den

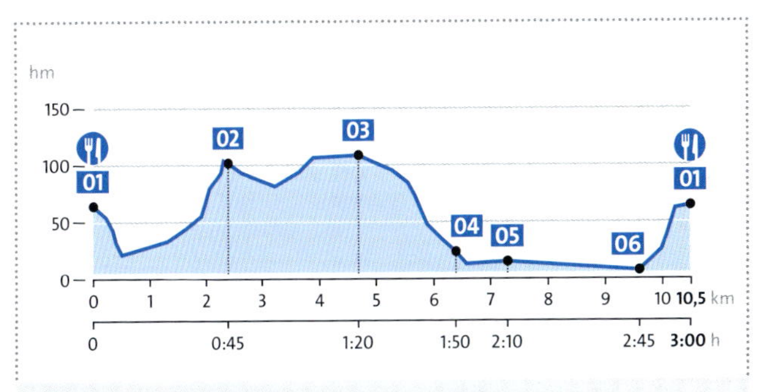

01 Odeleite, 61 m; 02 Fonte Do Penedo, 100 m; 03 Alcaria, 107 m; 04 Assador, 19 m; 05 Mühle, 10 m; 06 Ribeira Do Odeleite, 2 m

Der idyllische Ort Odeleite

gelb-roten Markierungszeichen durch einen eingefassten Bachlauf. Wir verlassen Odeleite über eine Brücke und wandern auf einem Feldweg zwischen Orangenbäumen. An einem markanten Johannisbrotbaum biegt der Fernwanderweg GR13 nach links ab. Wir bleiben in dem fruchtbaren Tal. Der Weg führt uns, vorbei an einem eingezäunten Gelände und entlang eines Bachlaufs, stetig bergan. Wir überqueren eine Landstraße und gehen zwischen den Häusern von **Fonte Do Penedo** 02 hindurch.

Schnell haben wir die kleine Ansiedlung wieder verlassen. Nach einem Ziehbrunnen wenden wir uns nach links in Richtung Alcaria 2 km. Vor zwei weißen Betonsäulen biegen wir nach rechts auf einen Feldweg. Im Auf und Ab windet sich der Weg bis zu einer breiten Piste. Dort halten wir uns nach links. Bevor wir einen Wohnmobilstellplatz erreichen, schlagen wir den Weg nach rechts ein. Zwischen Gärten gelangen wir zu einer Straße. Wir folgen den Zeichen des PR4 geradeaus durch **Alcaria** 03, wieder zur Landstraße. Nach einem kurzen Stück zweigen wir nach links auf einen Feldweg ab.

Wir wandern zwei Kilometer hangabwärts, zwischen Pinien, bis wir auf den Bauernhof **Assador** 04 stoßen. An einer Kreuzung gehen wir geradeaus weiter in das Tal der Ribeira de Odeleite hinein. Entlang des schönen weiten Tals mit hohem Schilf erreichen wir eine wunderschöne, restaurierte **Mühle** 05. Über Kopfsteinpflaster geht's weiter neben dem Flusslauf. Wir passieren einen Klettergarten und setzen unseren Weg in Flussnähe fort. Auch an einer Landstraße bleiben wir auf einem Schotterweg im Tal.

Wir durchqueren das Flussbett der **Ribeira Do Odeleite** 06 und kommen zurück nach Odeleite. Am Ziehbrunnen wenden wir uns nach links, unter der Brücke hindurch, und in die nächste Straße nach rechts. Es geht steil bergauf und in einer Spitzkehre erneut nach rechts. Auf der Höhe gelangen wir zur Hauptstraße und dort nach links zurück zum **Ausgangspunkt** 01.

Mühle an der Ribeira de Odeleite

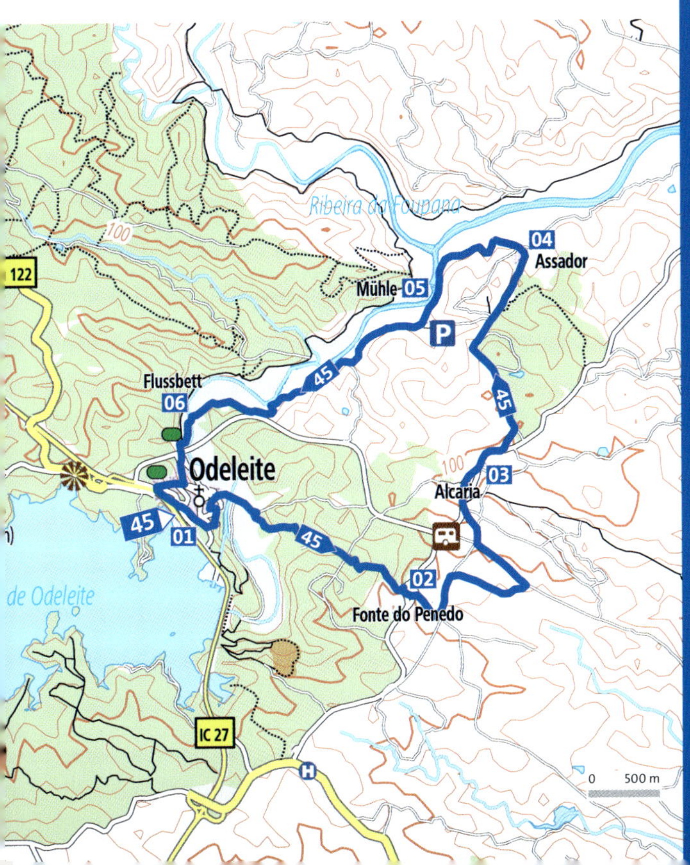

DER PANORAMAWEG VON AZINHAL • 93 m

Das Fenster zum Guadiana

START | Ortsmitte von Azinhal.
Anfahrt: Von Castro Marim auf der N122 für etwa 12 km.
Hinweis: Je nach Wetterlage einen Pullover oder eine Windjacke einpacken.
[GPS: UTM Zone 29 x: 635.935 m y: 4.127.519 m]
CHARAKTER | Einfache Rundwanderung auf Feldwegen und Asphaltstraßen. Die Tour ist gelb-rot markiert und trägt die Bezeichnung PR3 – Uma Janela para o Guadiana. Wegweiser helfen bei der Orientierung.
EINKEHR | Einkehrmöglichkeiten in Azinhal.

Von dieser Wandertour können wir weite Aussichten genießen: in das fruchtbare Tal der Ribeira do Beliche, auf den Grenzfluss Guardiana, nach Castro Marim, bis Vila Real de Santo Antonio am Meer und weit nach Spanien hinein.

▶ Unsere Tour startet in der Ortsmitte von **Azinhal** 01. Dort finden wir eine Infotafel zum Wanderweg PR3. Wir folgen der gelb-roten Markierung entlang der Hauptstraße. Nach einem weiß-blauen Haus biegen wir nach links ab und laufen zwischen den Häusern, dann nach rechts auf einen Feldweg. Wir verlassen den Ort und genießen weite Aussichten bis weit nach Andalusien. Der Weg

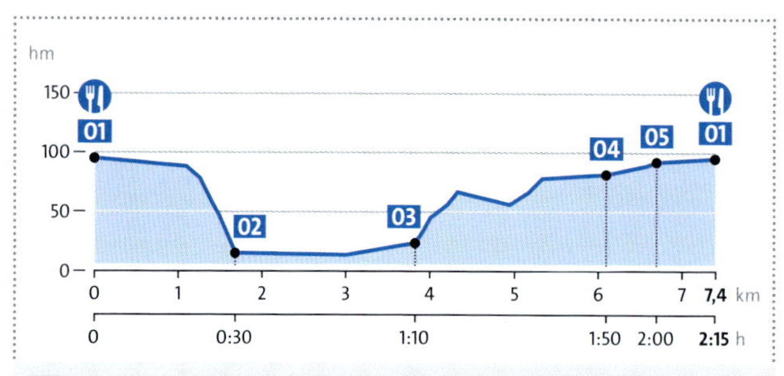

01 Azinhal, 93 m; 02 Gabelung, 10 m; 03 Abzweig, 19 m; 04 Palme, 79 m; 05 Mühle, 90 m

Zerfallene Windmühle kurz vor Azinhal

Brunnen am Wegesrand

verläuft entlang einer Stromleitung immer geradeaus, leicht abschüssig. Im Tal erreichen wir eine **Gabelung** **02** und wir halten uns nach links. Wir spazieren oberhalb des weiten Tals der Ribeira do Beliche. Ein Weg zweigt nach links ab. Wir bleiben auf dem Weg, der sich im Hang schlängelt, neben Olivenbäumen, Korkeichen, Kakteen und Pinienbäumen. Das Land im Tal wird als Weideland genutzt.

An einem **Abzweig** **03** stoßen wir auf einen Wegweiser und wenden uns nach links, bergauf. Von der Höhe können wir phantastische Blicke auf das Umland werfen, bis zur großen Brücke, die Portugal mit Spanien verbindet. Der Weg windet sich über einen Höhenzug und durch ein kleines Tal mit Bienenstöcken. Wir wandern an einem Hof vorbei und direkt in einer Spitzkehre nach rechts in einen schmalen Weg, entlang einer Steinmauer. Kurz darauf geht es nach links, hangabwärts, auf einen Feldweg. An einer großen **Palme** **04** nehmen wir den breiten Schotterweg nach links und biegen nach etwa 100 m nach rechts in einen Feldweg. Wir orientieren uns auf eine zerfallene Windmühle zu.

Vorbei an einem alten Brunnen steigen wir zu der **Mühle** **05** hinauf und halten uns an einer Gabelung nach halblinks. Wir gelangen zurück nach Azinhal, passieren die Kirche und laufen geradeaus in den Ort hinein. Die Markierungen führen uns am Ende der Straße nach links, über den Marktplatz, zurück zum **Ausgangspunkt** **01**.

Blick in das fruchtbare Tal der Ribeira do Beliche

AUF DEM BRUNNENWEG RUND UM MESQUITA • 232 m

Abwechslungsreiche Tour auf historischen Pfaden

START | Parkplatz an der Fonte da Mesquita.
Anfahrt: Von São Brás de Alportel auf der N270 in Richtung Tavira. Nach etwa 3 km nach rechts auf der M517 nach Mesquita. Der Brunnen befindet sich gegenüber dem Restaurant Lagar da Mesquita.
[GPS: UTM Zone 29 x: 601.724 m y: 4.111.785 m]
CHARAKTER | Landschaftlich sehr reizvolle Rundwanderung auf Feldwegen, Pfaden und kleinen Straßen. Die Tour ist gelb-rot markiert und trägt die Bezeichnung PR1 – Caminhas e Encruzilhadas de ir a Fonte. Wegweiser helfen bei der Orientierung.
EINKEHR | Restaurant am Start-/Endpunkt der Wanderung.

Diese Rundwanderung führt auf historischen Eselswegen durch das Barrocal. Sanfte Hügel und fruchtbare Täler wechseln sich ab. Mehrere Brunnen liefern Wasser und hohe Johannisbrotbäume spenden Schatten. Eine ideale Tour für heiße Tage.

▶ Der Ziehbrunnen Fonte da Mesquita steht neben der Hauptstraße in **Mesquita** 01. In un-

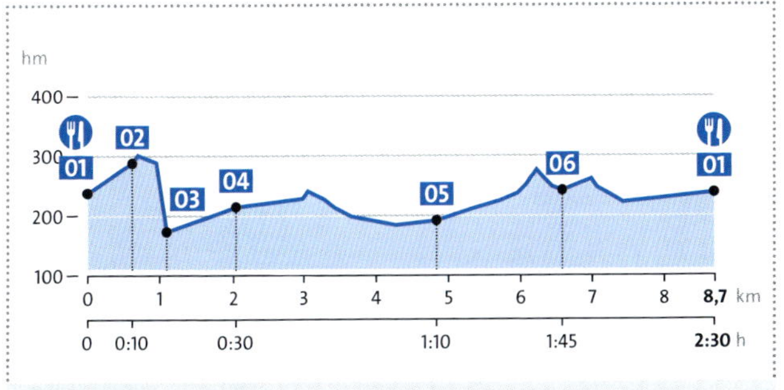

01 Mesquita, 232 m; 02 Monte Negro, 284 m; 03 Landstraße, 265 m; 04 Bach, 208 m; 05 N270, 184 m; 06 Poço Velho, 236 m

Die Fonte da Mesquita

mittelbarer Nähe finden wir die Hinweistafel zum Wanderweg PR1. Wir folgen den gelb-roten Markierungen in die Straße neben dem Restaurant Lagar da Mesquita. Ein Holzwegweiser schickt uns nach links auf einen Feldweg. Nach dem letzten Haus verengt sich der Weg zu einem Pfad, der zwischen Steinmauern verläuft. Entlang von Olivenbäumen erreichen wir die interessante Fonte **Monte Negro** 02. Kurz nach dem Brunnen laufen wir zwischen ein paar Häusern hindurch und auf einem Pfad hangabwärts zu einer **Landstraße** 03.

Auf der gegenüberliegenden Seite passieren wir einige Häuser. Ein Schotterweg bringt uns in ein Tal. Dort queren wir einen **Bach** 04 und treffen auf eine breite Sandpiste, der wir nach rechts folgen. Die kleine Straße gabelt sich und wir fädeln erneut nach rechts ein. Wir wandern durch ein Tal und über eine Brücke, dann bergan zwischen imposanten Korkeichen. Nach links machen wir einen Ab-

Fonte Monte Negro

stecher zur Minas de Agua, einer mit Wasser gefüllten Höhle. Zurück auf dem Sträßchen gehen wir weiter bergan und zweigen in einer Rechtskurve auf einen Schotterweg ab.

Der Weg führt uns durch das fruchtbare Tal, vorbei an einer weiteren Wasserstelle, dann auf einer kleinen Straße. An einer Häusergruppe wenden wir uns nach rechts und überqueren die Landstraße **N270** 05. Wir folgen der wenig befahrenen Straße ein gutes Stück. Nach einer Rechtskurve biegen wir nach rechts in einen Feldweg. Der Weg verengt sich zu einem Pfad und vorbei an einem Kreuz erreichen wir eine Gabelung, wo wir uns nach links halten. Kurz darauf gehen wir wieder nach links auf einen steinigen Pfad. Die Zeichen führen uns in einer Spitzkehre nach rechts und in Steinterrassen weiter bergan. Wir kommen an dem Haus „Casamenhir" vorbei und folgen einer Zufahrtsstraße, bevor wir uns nach links auf einen Pfad wenden. Nach einem Hof gelangen wir zu einer Landstraße und gehen nach rechts.

Wir erreichen den Ziehbrunnen **Poço Velho** 06 und biegen nach links auf einen Pfad, der uns hangaufwärts zu einem Schotterweg bringt. Die Zeichen führen uns auf einen steinigen Weg nach links. An einer Gabelung wenden wir uns erneut nach links, vorbei an einem Haus. Wir folgen ein kurzes Stück dem Zuweg und biegen dann nach rechts auf einen Pfad. An einem Schotterweg treffen wir auf einen anderen lokalen Wanderweg, der ebenfalls gelb-rot markiert ist. Wir biegen nach rechts! und wieder nach rechts, auf einen Pfad. Am Ende des Pfades halten wir uns nach rechts auf einen Feldweg. An einer Kreuzung gehen wir nach links und erreichen ein Sträßchen, dem wir geradeaus zurück nach Mesquita folgen. Wir gelangen zur Hauptstraße und folgen den Zeichen nach rechts zurück zu unserem **Ausgangspunkt** 01.

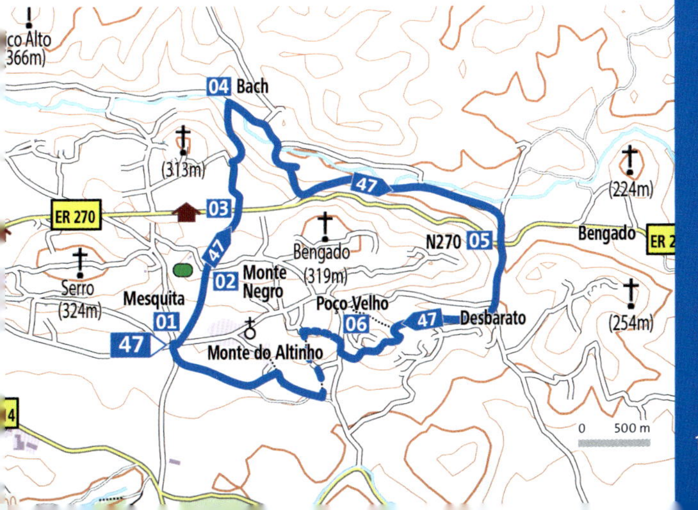

ILHA DA CULATRA • 2 m

Strandwanderung zum Leuchtturm in Farol

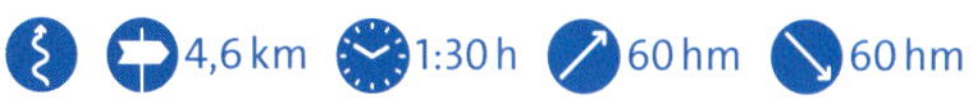
  4,6 km   1:30 h  60 hm 60 hm

START | Fähranleger im Hafen von Olhão.
Hinweis: Je nach Wetterlage eine Windjacke oder Badesachen einpacken. Sonnenschutz nicht vergessen!
[GPS: UTM Zone 29 x: 602.972 m y: 4.095.082 m]
CHARAKTER | Schöne, kinderfreundliche Strandwanderung von Anleger zu Anleger mit Bootsfahrt. Keine Markierung, aber einfache Orientierung. Bootsfahrt: Sommer- und Winterfahrplan auf: www.olhaocubista.pt/horariobarcos.htm
EINKEHR | Einkehrmöglichkeiten in Culatra und am Leuchtturm in Farol.

Möwen am Strand

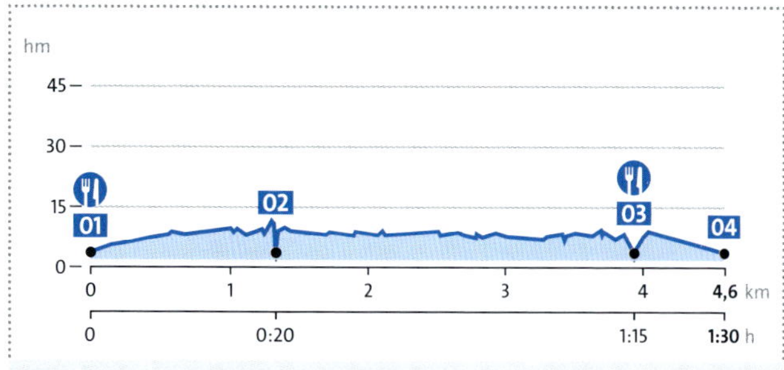

01 Culatra, 2 m; 02 Strand, 2 m; 03 Leuchtturm, 2 m; 04 Anleger Farol, 2 m

Olhão

Olhão – Damit verband man viele Jahre fischverarbeitende Fabriken, insbesondere für Sardinen und Thunfische. Wie weltweit nagt aber auch hier der Zahn der Zeit und es sind bis heute nur noch wenige Firmen geblieben. Trotzdem pulsiert Olhão: Hier wird gearbeitet, gelebt und die Fisch- und Muschelerträge unter die Menschen gebracht. Wer hat in seiner Stadt schon den Luxus von zwei großen, täglich geöffneten Markthallen (außer sonntags)? Eine Markthalle nur für Fisch- und Meeresfrüchte, die andere für Obst, Gemüse und Fleisch. Rundherum viele Cafés zum Verweilen. Besonders reizvoll ist der Markttag am Samstag, wenn auch die Bewohner der umliegenden Dörfer kommen und ihre Ernte am Kai vor den Markthallen unter freiem Himmel feilbieten.

Die Ilha da Culatra steht unter Naturschutz und gehört zu den fünf Barriere-Inseln, die die Ria-Formosa-Lagune zum offenen Atlantik schützen. Auf der Insel liegen die zwei urtümlichen Fischersiedlungen Culatra und Farol.

▶ Wir setzen mit dem Fährboot von Olhão nach **Culatra** 01 über. Direkt nach dem Anleger passieren wir die Kirche. Mehrere Bars und kleine Fischerhäuser säumen den Weg. Wir folgen dem Weg nach rechts entlang geschmück-

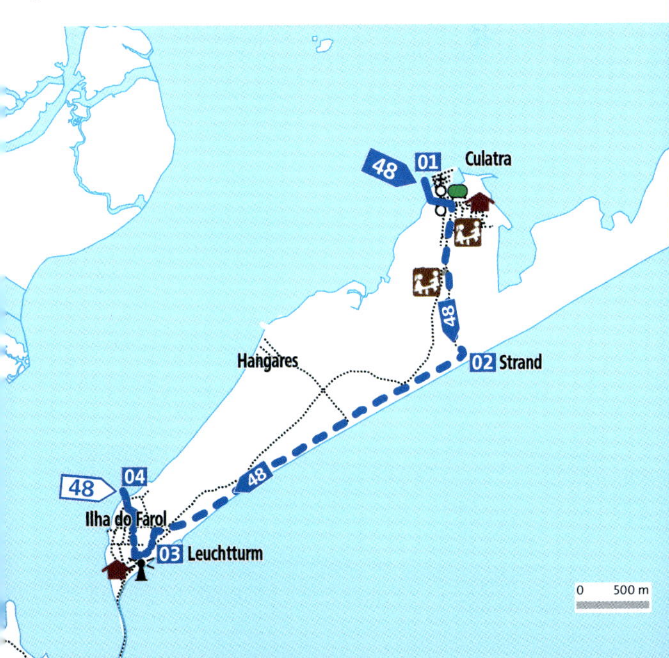

Der Leuchtturm in Farol

ter Gärten. Vorbei an einer Schule und dem Sozialzentrum gehen wir auf einen Holzsteg. Er führt uns durch die Dünenlandschaft bis zum **Strand** 02, wo wir uns nach rechts wenden. Wir laufen etwa eine Stunde am Strand entlang, wobei uns der Leuchtturm als Orientierungshilfe dient. Unterwegs legen wir Badepausen ein, suchen Strandgut oder genießen einfach nur das Geräusch der Brandung und den Wind um die Nase. In Farol angekommen, locken Bars und Restaurants zu einer Pause. Vor dem **Leuchtturm** 03 biegen wir nach rechts. Vorbei an kleinen Häusern gelangen wir zum **Anleger in Farol** 04. Von dort nehmen wir die Fähre zurück nach Olhão.

Hafenbecken in Olhão

ILHA DE TAVIRA • 2 m

Mit der Bimmelbahn zum Strand

  12,5 km  3:30 h  80 hm 80 hm

START | Pedras d'El Rei.
Anfahrt: Von Tavira auf der N125 in Richtung Olhão. Nach etwa 4 km nach links nach Pedras d'El Rei.
Hinweis: Je nach Wetterlage eine Windjacke oder Badesachen einpacken. Sonnenschutz nicht vergessen!
[GPS: UTM Zone 29 x: 617.831 m y: 4.105.913 m]
CHARAKTER | Gemütliche, kinderfreundliche Strandwanderung. Keine Markierung, aber einfache Orientierung.
EINKEHR | Einkehrmöglichkeiten an der Praia do Barril und der Praia de Ilha de Tavira.

Der Praia do Barril befindet sich in der Mitte der Insel Ilha de Tavira. Vom Ort Pedras d'El Rei aus gibt es einen etwa 1 Kilometer langen Fußweg zur Insel. Alternativ fährt eine Bimmelbahn Besucher zum Strand. Der Weg führt durch das grüne Watt der Lagune Ria Formosa und durch leuchtende Dünen. Der Strand ist riesig, bedeckt mit feinem, weißem Sand.

Von **Pedras d'El Rei** 01 gelangen wir entweder auf dem Fußweg neben den Gleisen oder mit der Bimmelbahn zum Strand **Praia do Barril** 02 und wenden uns nach links.

Wir spazieren entlang der schier endlos wirkenden Insel. Unterwegs legen wir Badepausen ein, suchen Strandgut oder genießen

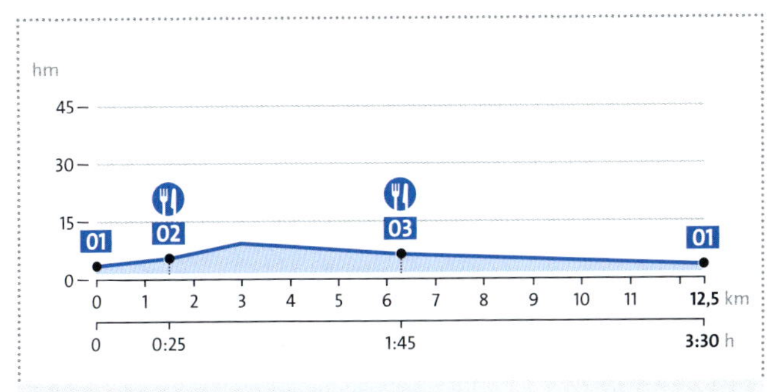

01 Pedras d'El Rei, 2 m; 02 Praia do Barril, 4 m;
03 Praia de Ilha de Tavira, 5 m

Mit der Bimmelbahn zum Strand

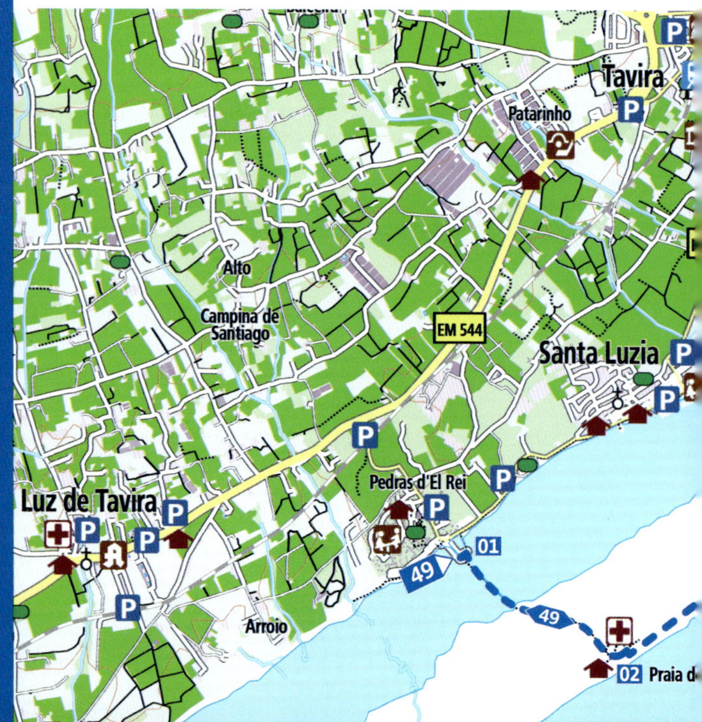

einfach nur das Geräusch der Brandung und den Wind um die Nase. Die Wanderung bietet wenig Abwechslung, dafür spendet sie Ruhe und Genuss. Nach etwas mehr als einer Stunde sehen wir die ersten Häuser an der **Praia da Ilha de Tavira** 03. Das Ende der Insel ist erreicht und von einer Mole mit einem kleinen Leuchtturm begrenzt. Der Strand ist je nach Wetter deutlich belebter, als der von Praia do Barril. Nach links kommen wir zu mehreren Cafés und Restaurants. Nach einer Stärkung treten wir unseren Rückweg auf gleicher Strecke an. Wer schon genug hat, kann mit dem Boot nach Tavira übersetzen und mit dem Taxi zurück nach Pedras d'El Rei fahren.

Der Ankerfriedhof am Praia do Barril

Am Praia do Barril gibt es einen Ankerfriedhof und ein Thunfisch-Museum. Hier lebten bis in die 1960er-Jahre Thunfisch-Fischer. Ihr kleines Dorf beherbergt heute Cafés und Restaurants. Um Thunfische zu fangen, wurden am Meeresboden Anker vergraben. Diese wiederum hielten die Netze, mit denen die großen Fische gefangen wurden. Zum Gedenken an diese Zeit wurden viele der Anker in den Dünen am Praia do Barril halb vergraben.

Angler am endlosen Strand von Barril

Tavira – Grazie der Algarve

Die anmutige Stadt Tavira liegt zu beiden Seiten des Flusses Rio Gilhão, der gemächlich dem Meer entgegenfließt. Die Brücke Ponta Romana, mit den sieben Bögen, wurde von den Römern erbaut. Feine weiße Villen mit spitzen, roten Dächern und geschwungenen, eisernen Balkongittern stehen in engen Straßen, gekrönt von den Ruinen einer Burg. Tavira hat viele kleine Kirchen und Kapellen. Sie befinden sich verteilt in der gesamten Altstadt. Sie wurden im 16., 17. oder 18. Jahrhundert gebaut. In ihnen befinden sich wertvolle Figuren und Gemälde, sie haben geschnitzte Altaraufsätze, manche sogar vergoldet, und bunte Wandmalereien. Herz der Altstadt von Tavira ist der Platz Plaça da República. Von dort sind die Sehenswürdigkeiten Taviras, Läden und Restaurants gut zu Fuß erreichbar. Eine Informationstafel mit einem Stadtplan befindet sich an der Südseite des Platzes.

Der Ankerfriedhof an der Praia do Barril

VON CACELA VELHA NACH CABANAS • 20 m

Küstenwanderung an der Ria Formosa

 5,7 km  1:30 h  60 hm  88 hm

START | Parkplatz vor dem Ortseingang von Cacela Velha. Anfahrt: Von Tavira auf der N124 in Richtung Vila Real de S.A. und nach etwa 8 km nach rechts bis zum Ortseingang von Cacela Velha. Hinweis: Je nach Wetterlage eine Windjacke einpacken. Ausreichend Wasser und einen Sonnenschutz mitnehmen! Nur bei Ebbe begehbar!
[GPS: UTM Zone 29 x: 629.064 m y: 4.113.496 m]
CHARAKTER | Kinderfreundliche Wattwanderung im Sand. Keine Markierung, aber einfache Wegeführung.
EINKEHR | Einkehrmöglichkeiten in Fábrica und in Cabanas.

Die Lagunenlandschaft bei Cacela Velha hat sich durch die Gezeiten, den Wind und die Strömungen entwickelt und zählt zu einem der sieben Naturwunder Portugals. Ein Teil dieses Lagunensystems ist die Insel Ilha das Cabanas. Den gleichnamigen Strand erreicht man mit Booten, die während der Saison in regelmäßigen Abständen verkehren.

▶ Vom Parkplatz gehen wir in die Ortschaft **Cacela Velha** 01. Wir laufen über einen Weg aus Kopfsteinpflastern und biegen nach einem weiß-blauen Haus nach rechts auf einen Treppenweg.

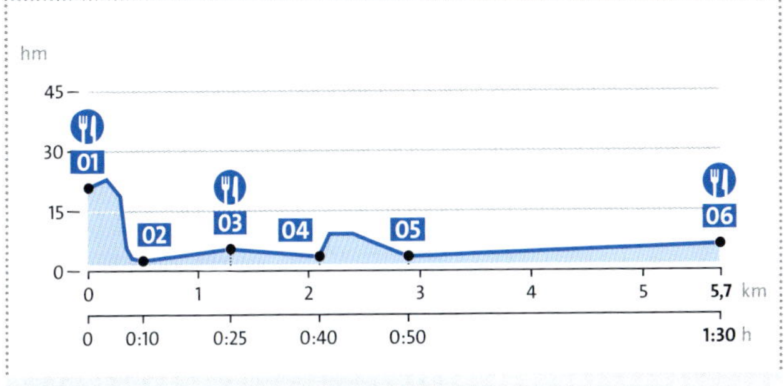

01 Cacela Velha, 20 m; 02 Strand, 1 m; 03 Fábrica, 4 m;
04 Golfclub, 2 m; 05 Bach, 2 m; 06 Cabanas

Blick auf die Insel Ilha das Cabanas

Bergab steigen wir zum **Strand** 02, in die Lagune und halten uns nach rechts. Entlang des Wassers mit Muschelgärten und Kakteen im Uferbereich gelangen wir in den kleinen Ort **Fábrica** 03. Ein Café und ein Restaurant laden zu einer Pause ein. Weiter geht's am Wasser entlang. Ein kleiner Bach mündet in die Lagune und muss durchschritten werden (etwas weiter im Landesinneren liegen Steine zur Überquerung). Wir spazieren unterhalb eines **Golfclubs** 04 und gelangen zu einem Wendehammer an einem Eukalyptuswald. Entlang der Lagune wird der Weg schmaler und führt uns zwischen Ginsterbüschen hindurch. Nochmals queren wir einen **Bach** 05 über ein paar Holzbretter. Wir halten uns immer entlang des Ufers, bis wir zu den ersten Häusern von **Cabanas** 06 kommen. Zurück nach Cacela Velha gelangen wir entweder mit dem Taxi (ca. 15 €) oder mit dem Bus (www.algarvebus.info).

In der Lagune liegen einige Fischerboote

Cabo de São Vicente

Die „Via Algarviana“

Die „Via Algarviana“ verbindet Alcoutim, an der spanischen Grenze, mit dem Cabo de São Vicente, dem südwestlichsten Zipfel Europas. Aufgeteilt auf 14 Etappen durchquert der 300 km lange Fernwanderweg die ländliche Algarve. Entlang jedes Wegeabschnitts befinden sich kleine Ortschaften mit Restaurants und Unterkünften. Je nach Rhythmus und Vorliebe können auch nur einzelne Abschnitte der Strecke absolviert werden.

VIA ALGARVIANA ETAPPE 1 • 12 m

Von Alcoutim nach Balurcos

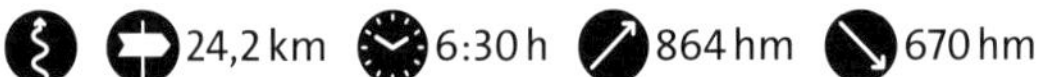

24,2 km

6:30 h

864 hm

670 hm

START | Alcoutim.
[GPS: UTM Zone 29 x: 635.185 m y: 4.148.266 m]
CHARAKTER | Die Via Algarviana GR13 ist durchgängig hervorragend in weiß-rot markiert, sodass detaillierte Beschreibungen mit Richtungsanweisungen überflüssig sind. Wegweiser in den Ortschaften und an markanten Stellen helfen zusätzlich der Orientierung und geben Informationen zu verbleibender Länge der Etappe.

Übernachtung in Balurcos:
Casa do Vale das Hortas,
Estrada Nacional 122, Balurcos,
Tel. 281 547 035,
www.valedashortas.com

Einkehr:
02 Corte Pereiras, Café „O Tempêro"
04 Afonso Vicente, Café
08 Balurcos, Restaurant „Poço do Velho"

Unsere Wanderung auf der Via Algarviana beginnt am Bootsanleger, am Ufer des Guadiana, in **Alcoutim** 01. Wir folgen den weiß-roten Markierungen in den Ort, über den Hauptplatz zur Brücke. Dort finden wir den ers-

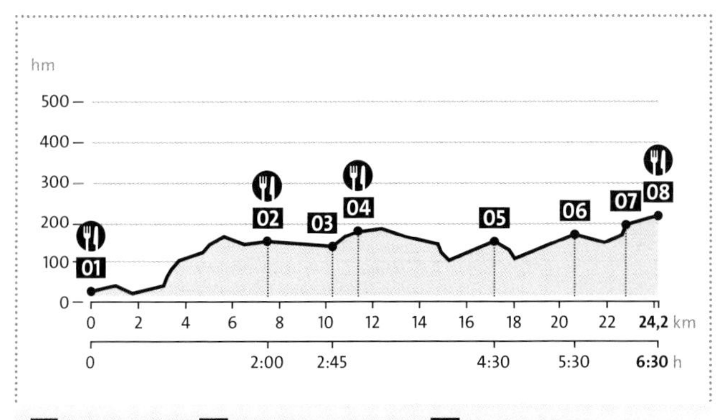

01 Alcoutim, 12 m; 02 Cortes Pereiras, 140 m; 03 Menhir, 127 m;
04 Afonso Vicente, 165 m; 05 Corte Do Tabelião, 140 m;
06 Corte Da Seda, 158 m; 07 Torneiro, 183 m; 08 Balurcos, 206 m

Blick auf den Grenzfluss Guadiana

ten Wegweiser, der uns anzeigt, dass es zum Cabo de S. Vicente 300 km sind. Wir lassen uns nicht entmutigen und nehmen die erste Etappe mit 24,1 km nach Balurcos in Angriff. Hinter der Brücke nach rechts, vorbei an Hotel und Jugendherberge, verlassen wir Alcoutim. Der erste Abschnitt ist geprägt von Gärten mit Feigen- und Olivenbäumen. Uns bieten sich herrliche Aussichten auf den Guardiana. Der Weg gewinnt an Höhe und wir durchqueren Pinienwälder, bis wir **Cortes Pereiras** **02** erreichen. In der Bar können wir uns erfrischen.

Start der Via Algarviana – Blick nach Spanien vom Fähranleger

Wir setzen unseren Weg fort und gelangen über Feldwege, entlang von Mandelbäumen, zu zwei **Menhiren** **03** aus der Jungsteinzeit. Nach der Querung eines Baches kommen wir nach **Afonso Vicente** **04**. Nach der Ortschaft geht's im Auf und Ab durch zwei Täler. Die Querung der Ribeira dos Cadavais kann im Frühjahr recht schwierig sein. Wir wandern durch **Corte Do Tabelião** **05** und durch ein weiteres Flusstal. Pinienwälder säumen den Weg nach **Corte Da Seda** **06**. Über die Hügel und durch ursprüngliche Vegetation schlängelt sich der Weg nach **Torneiro** **07**.

Von dort ist es nicht mehr weit bis zu unserem Etappenziel **Balurcos** **08**. Zur Unterkunft gehen wir nach rechts die Straße hinunter, zum Restaurant "Poço do Velho" geradeaus weiter.

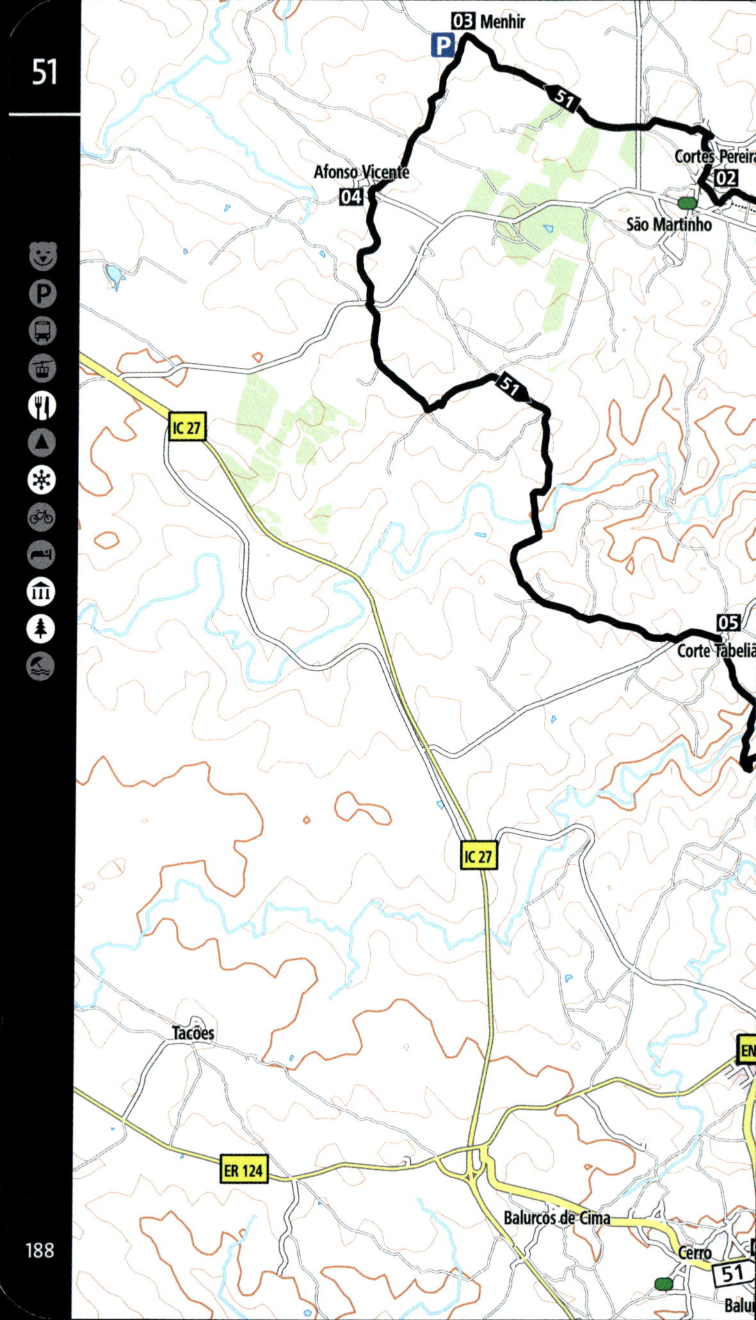

03 Menhir
51
Cortes Pereira
02
Afonso Vicente
04
São Martinho
IC 27
51
05
Corte Tabeliã
IC 27
Tacões
ER 124
Balurcos de Cima
Cerro
51

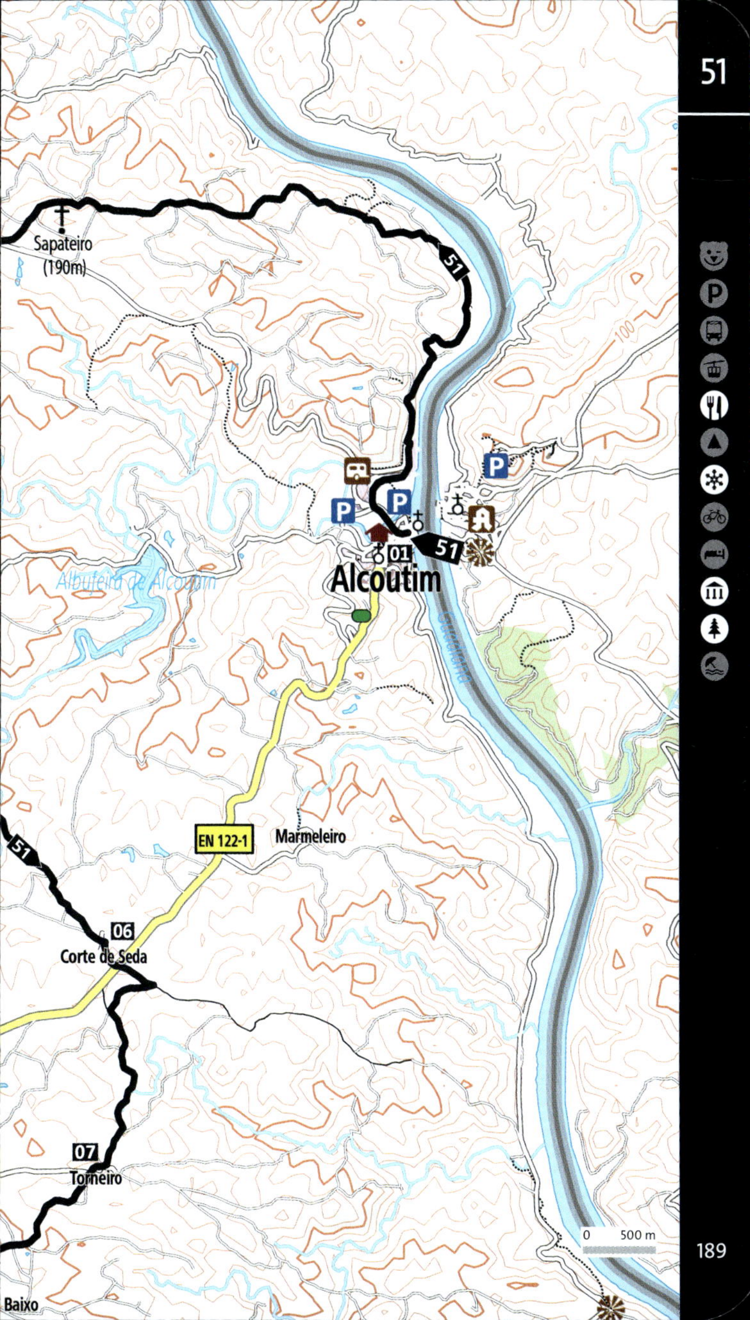
Sapateiro
(190m)
51
Albufeira de Alcoutim
01
Alcoutim
51
Guadiana
100
EN 122-1
Marmeleiro
51
06
Corte de Seda
07
Torneiro
Baixo
0
500 m

VIA ALGARVIANA ETAPPE 2 • 205 m

Von Balurcos nach Furnazinhas

START | Balurcos.
[GPS: UTM Zone 29 x: 632.052 m y: 4.143.086 m]
CHARAKTER | Die Via Algarviana GR13 ist durchgängig hervorragend in weiß-rot markiert, sodass detaillierte Beschreibungen mit Richtungsanweisungen überflüssig sind. Wegweiser in den Ortschaften und an markanten Stellen helfen zusätzlich der Orientierung und geben Informationen zu verbleibender Länge der Etappe.

Übernachtung in Furnazinhas: Casa do Lavrador, Tel. 281 495 748 (in Furnazinhas ist kein Handyempfang!)

Einkehr:
04 Corte Velha, Bar „Ti Emídio“

Wir starten in **Balurcos** 01, am Wegweiser der Via Algarviana, und nehmen die kürzeste Etappe nach Furnanzinhas mit 14,3 km in Angriff. Zwischen Steinmauern verlassen wir den Ort. Über einen Höhenzug, durch eine Unterführung und zwischen Pinien gelangen wir nach gut 5 km in das kleine Dorf **Palmeira** 02.

Wir setzen unseren Weg fort, durch ein Bachbett und über eine Schnellstraße. Die Zeichen führen uns unter der großen Brücke der Autostraße hindurch und bergab in das Tal der **Ribeira da Foupana** 03. Die Flussquerung kann bei hohem Wasserstand schwierig sein! Danach geht es steil berg-

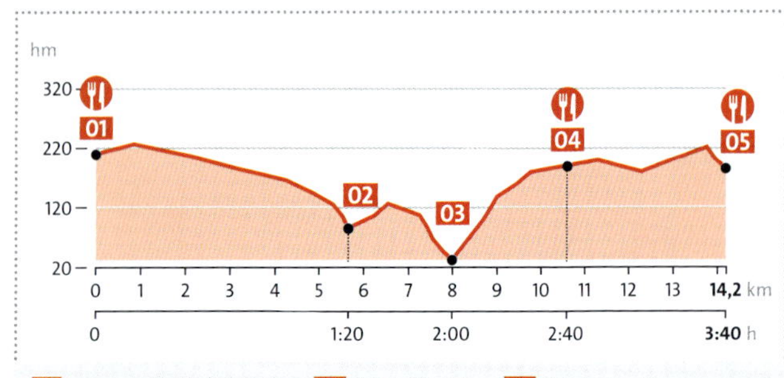

01 Balurcos de Baixo, 205 m; 02 Palmeira, 76 m; 03 Ribeira Da Foupana, 21 m; 04 Corte Velha, 185 m; 05 Furnazinhas, 180 m

Schöner Blick auf das Dörfchen Montinho

an zwischen Steineichen. Eine Landstraße bringt uns nach **Corte Velha** 04.

Eine Bar lädt zu einer Pause ein. Wir verlassen den Ort und genießen herrliche Aussichten über die hügelige Landschaft. Der Weg führt durch ein fruchtbares Tal und vorbei an einer zerfallenen Windmühle erreichen wir, über ein paar Stufen, unser Etappenziel **Furnazinhas** 05. Um zur Unterkunft zu kommen, biegen wir an der Hauptstraße, in der Ortsmitte, nach links.

Dorfofen

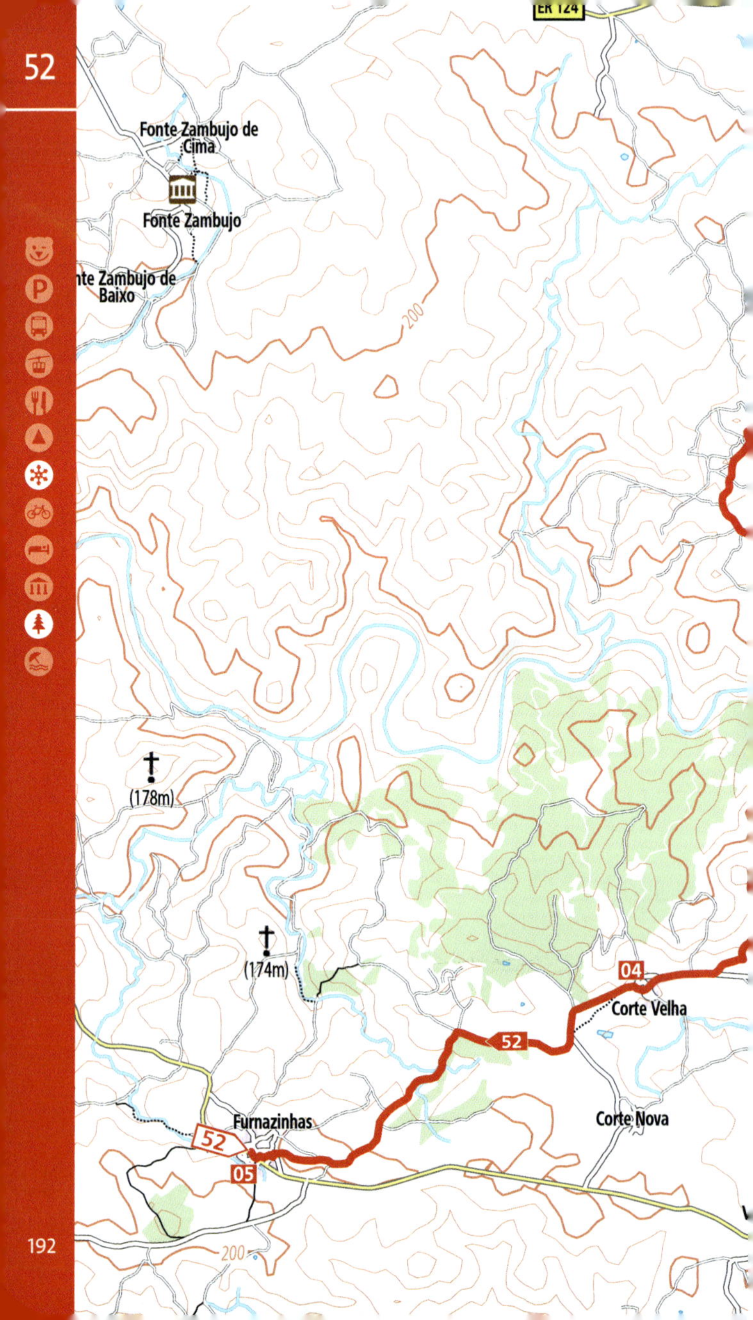
ER 124
Fonte Zambujo de Cima
Fonte Zambujo
nte Zambujo de Baixo
200
(178m)
(174m)
04
Corte Velha
52
Furnazinhas
05
Corte Nova
200

Tormeiro
Balurcos de Cima
Cerro
52
01
Balurcos de Baixo
52
IC 27
02
Palmeira
52
03
Ribeira Da Foupana
EN 122
IC 27
Tenência
Pereiro
0 500 m
IC 27

VIA ALGARVIANA ETAPPE 3 • 180 m

Von Furnazinhas nach Vaqueiros

 20,4 km  5:30 h  594 hm 544 hm

START | Furnazinhas.
[GPS: UTM Zone 29 x: 626.278 m y: 4.136.145 m]
CHARAKTER | Die Via Algarviana GR13 ist durchgängig hervorragend in weiß-rot markiert, sodass detaillierte Beschreibungen mit Richtungsanweisungen überflüssig sind. Wegweiser in den Ortschaften und an markanten Stellen helfen zusätzlich der Orientierung und geben Informationen zu verbleibender Länge der Etappe.

Der Ofen in der Ortsmitte

Übernachtung in Vaqueiros:
Caso de Pasto Teixeira,
Rua do Vale, Tel. 281 498 162

Privatunterkunft am Gemischtwarenladen mit Café/Restaurant,
Tel. 281 498 287

Einkehr:
keine Einkehrmöglichkeiten unterwegs. Ausreichend Wasser mitnehmen!

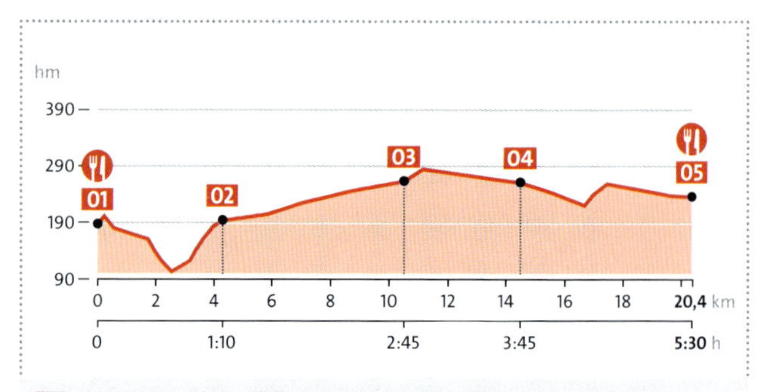

01 Furnazinhas, 180 m; 02 Monte Novo, 187 m; 03 Monte Das Preguiças, 259 m; 04 Malfrades, 257 m; 05 Vaqueiros, 231 m

Mit Pinien bewachsene Hügel, soweit das Auge reicht

Wir verlassen **Furnazinhas** 01 auf einem Feldweg. Im Auf und Ab wandern wir über Hügel und die offene Landschaft lässt herrliche Fernblicke zu. Zweimal queren wir einen Bachlauf, bis wir nach **Monte Novo** 02 gelangen.

Danach geht es ein längeres Stück durch karge Landschaft, bis wir einen Stausee passieren und **Monte Das Preguiças** 03 erreichen. Vorbei an einer alten Windmühle und dem Ort Balurquinho durchwandern wir ein schönes, weites Tal. Zwischen Pinienbäumen gehen wir auf die Ortschaft **Malfrades** 04 zu. Nach dem kleinen Ort gelangen wir in ein Tal und durchlaufen ein eingezäuntes Jagdgebiet.

Nach einer Bachquerung kommen wir zu unserem Etappenziel **Vaqueiros** 05.

Bachquerung kurz vor Vaqueiros

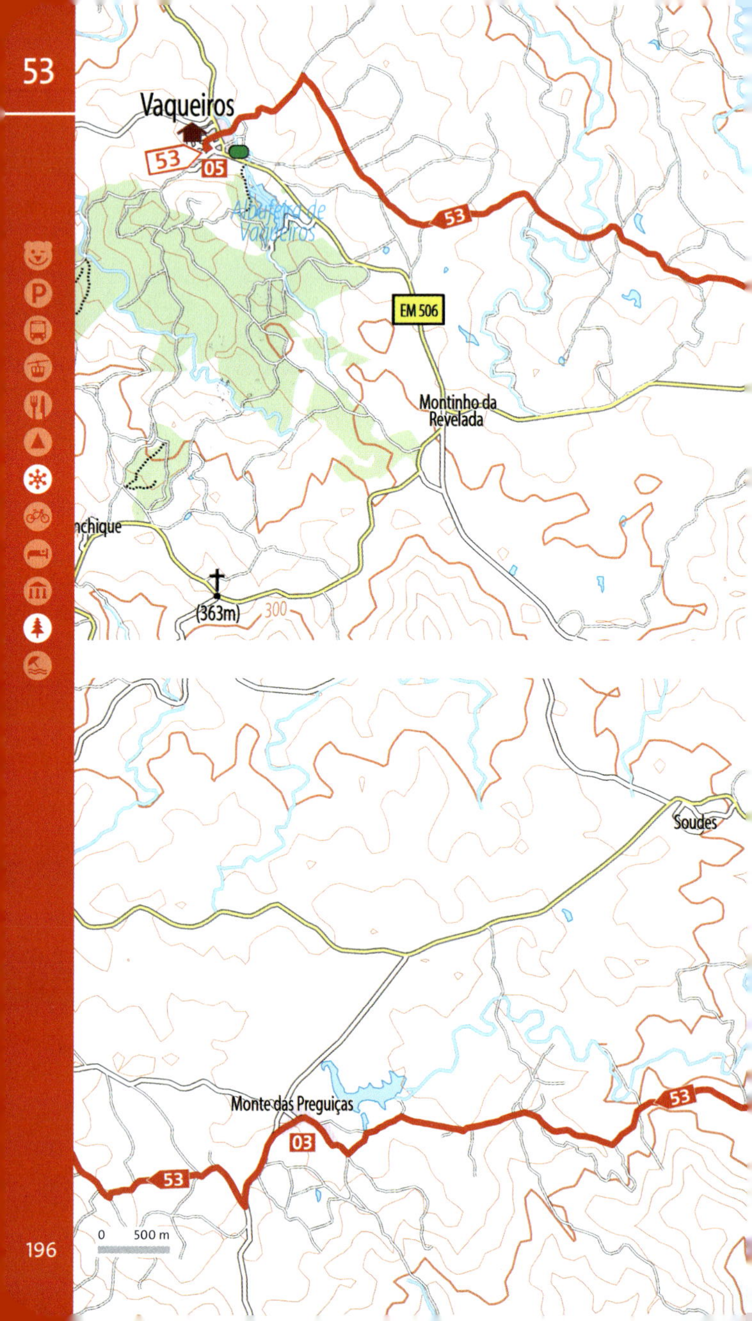
Vaqueiros
53
05
Albufeira de Vaqueiros
53
EM 506
Montinho da Revelada
nchique
(363m)
300
Soudes
Monte das Preguiças
03
53
53
0 500 m

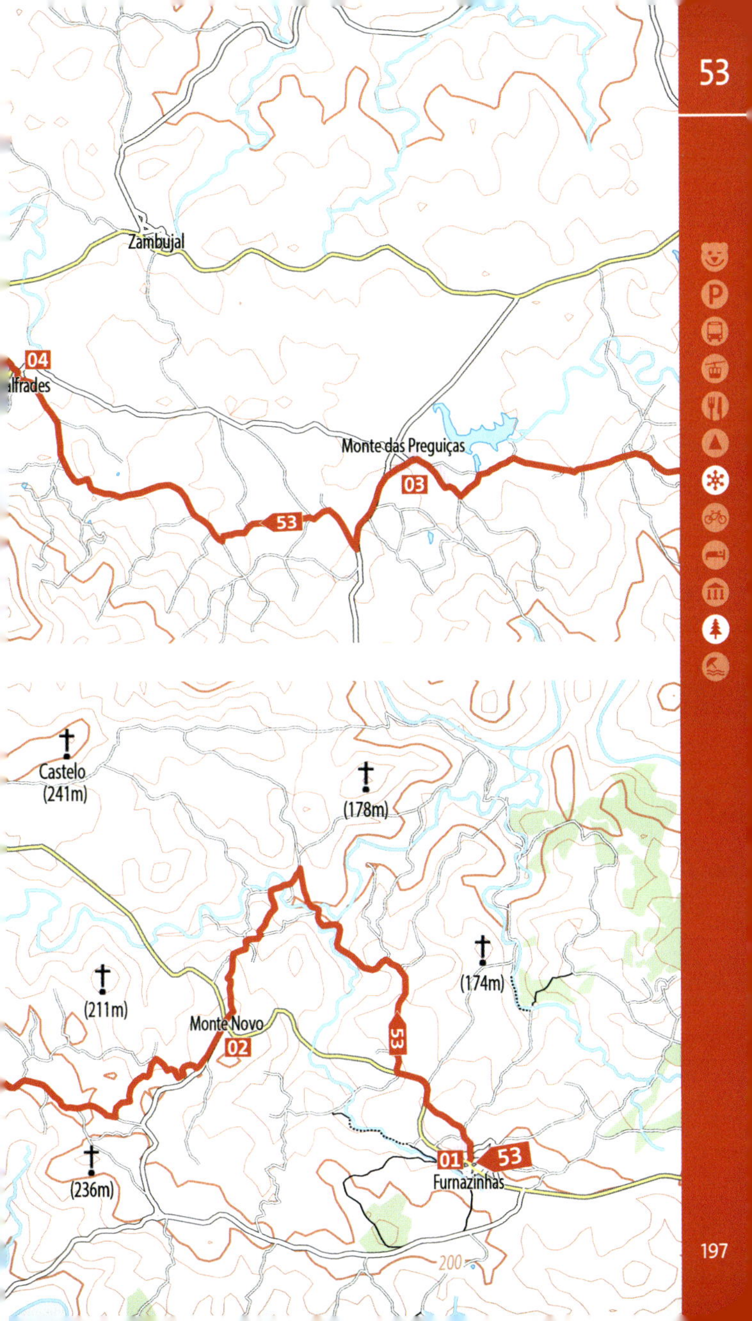
Zambujal
04
lfrades
Monte das Preguiças
03
53
Castelo
(241m)
(178m)
(211m)
Monte Novo
02
53
(174m)
01
53
Furnazinhas
(236m)
200

VIA ALGARVIANA ETAPPE 4 • 231 m

Von Vaqueiros nach Cachopo

START | Vaqueiros.
[GPS: UTM Zone 29 x: 612 733 m y: 4.138.262 m]
CHARAKTER | Die Via Algarviana GR13 ist durchgängig hervorragend in weiß-rot markiert, sodass detaillierte Beschreibungen mit Richtungsanweisungen überflüssig sind. Wegweiser in den Ortschaften und an markanten Stellen helfen zusätzlich der Orientierung und geben Informationen zu verbleibender Länge der Etappe.

Urige Eingangstür

Übernachtung in Cachopo:
Café Restaurante „Retiro dos Caçadores“, Tel. 289 844 174

Einkehr:
keine Einkehrmöglichkeiten unterwegs. Ausreichend Wasser mitnehmen!

▶ Wir starten an der Hauptstraße in **Vaqueiros** 01. Die weiß-roten Markierungszeichen führen uns über den Hauptplatz vor der Kirche. Wir verlassen den Ort ent-

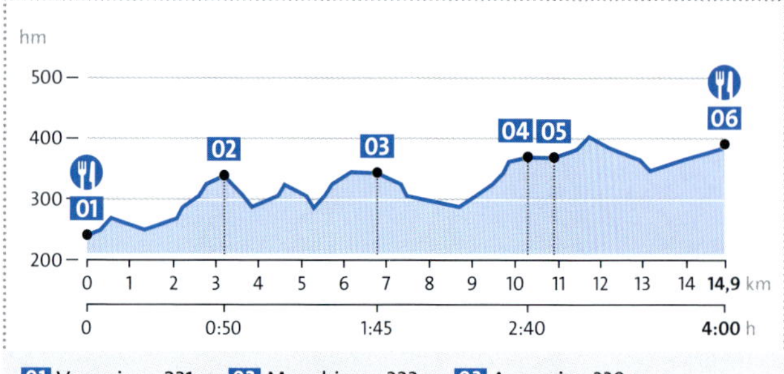

01 Vaqueiros, 231 m; 02 Monchique, 333 m; 03 Amoreira, 338 m; 04 Alcarias de Baixo, 365 m; 05 Casas Baixas, 354 m; 06 Cachopo, 387 m

Stausee

lang von Olivenbäumen. Einmal queren wir einen Bachlauf, bis uns der Weg durch die hügelige Landschaft in den kleinen Ort **Monchique** 02 bringt.

Danach geht es in teilweise steilem Auf und Ab, über Hügel und durch Täler, bis nach **Amoreira** 03. Am alten Backofen vorbei verlassen wir den Ort. Es geht steil bergab und es folgt eine Flussquerung, bevor wir auf der Höhe **Alcarias de Baixo** 04 erreichen. Kurz darauf passieren wir die Ortschaft **Casas Baixas** 05. Der Weg schlängelt sich durch die hügelige Landschaft, durch Täler mit Oleanderbüschen, Erdbeerbäumen, Oliven- und Feigenbäumen und wir gelangen zu unserem Etappenziel nach **Cachopo** 06.

Früchte der Medronho-Sträucher

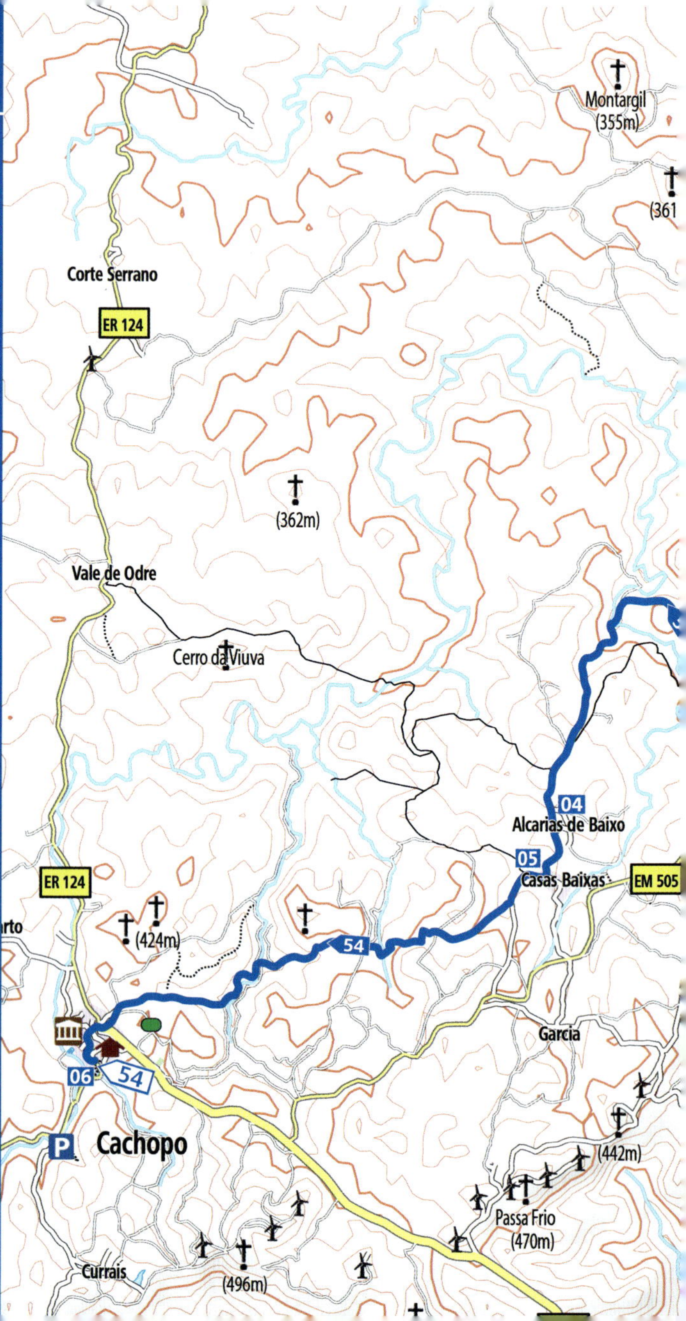

Montargil
(355m)
(361
Corte Serrano
ER 124
(362m)
Vale de Odre
Cerro da Viuva
04
Alcarias de Baixo
05
Casas Baixas
EM 505
ER 124
rto
(424m)
54
Garcia
06
54
Cachopo
(442m)
Passa Frio
(470m)
Currais
(496m)

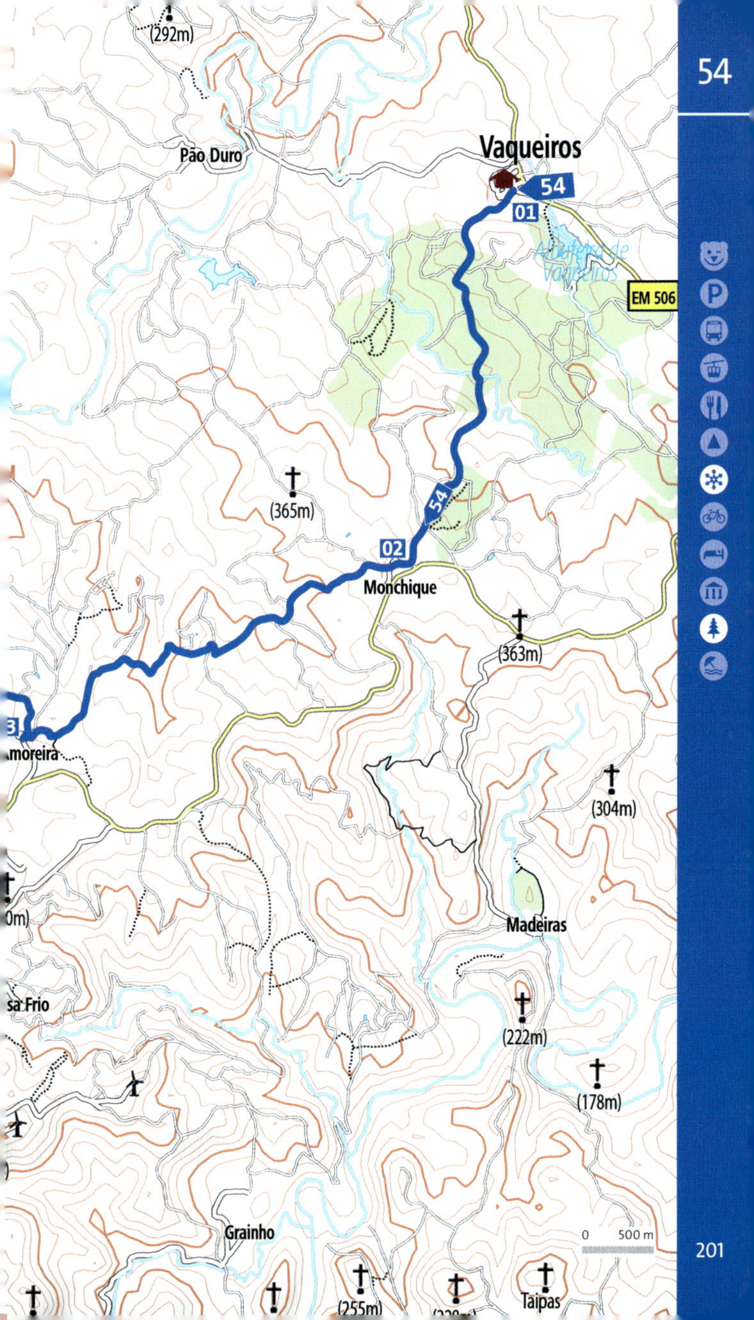
(292m)
Pão Duro
Vaqueiros
54
01
Albufeira de Vaqueiros
EM 506
(365m)
54
02
Monchique
(363m)
Amoreira
(304m)
Madeiras
sa Frio
(222m)
(178m)
Grainho
0
500 m
(255m)
Taipas

VIA ALGARVIANA ETAPPE 5 • 387 m

Von Cachopo nach Barranco do Velho

START | Cachopo.
[GPS: UTM Zone 29 x: 604.763 m y: 4.132.570 m]
CHARAKTER | Die Via Algarviana GR13 ist durchgängig hervorragend in weiß-rot markiert, sodass detaillierte Beschreibungen mit Richtungsanweisungen überflüssig sind. Wegweiser in den Ortschaften und an markanten Stellen helfen zusätzlich der Orientierung und geben Informationen zu verbleibender Länge der Etappe.

Übernachtung in Barranco do Velho:
Restaurant/Hotel „A Tia Bia“,
Tel. 289 846 425, www.tiabia.com

Einkehr:
05 Parises, Snackbar „Fortes“
05 Parises, Snackbar „M.Dias“

Wir starten diese lange Etappe der Via Algarviana in **Cachopo** 01 und orientieren uns an den weiß-roten Markierungen entlang der Hauptstraße. Vorbei am Waschhaus und durch ein Bachbett verlassen wir den Ort. Wir wandern über einen Hügel und gelangen in den Ort **Currais** 02.

Danach folgen wir den Zeichen entlang von Eukalyptusbäumen durch ein Tal mit einem großen Anwesen. Auf der nächsten Anhöhe passieren wir den Ab-

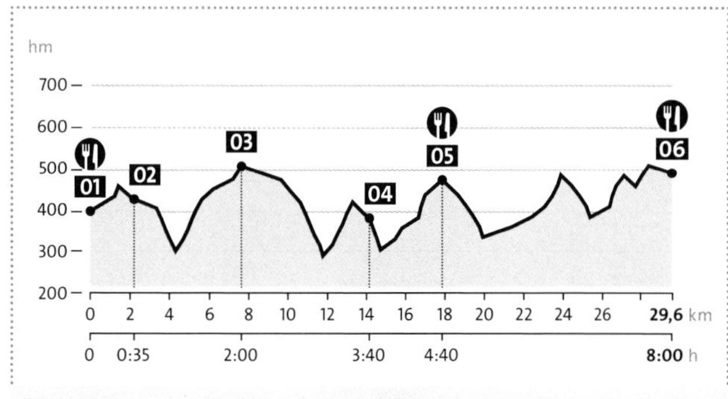

01 Cachopo, 387 m; 02 Currais, 417 m; 03 Alcaria Alta, 500 m;
04 Castelão, 370 m; 05 Parises, 465 m; 06 Barranco do Velho, 483 m

Windmühle bei Cachopo

zweig nach **Alcaria Alta 03**. Der Weg führt uns durch den Ort **Castelão 04** und weiter bergab in das Tal des Odeleite. Je nach Wasserstand, muss man über ein paar Steine springen.

Nach einem langen Anstieg erreichen wir den Ort **Parises 05**. Wir erfrischen uns in einer der Snackbars und genießen die traumhafte Aussicht von der Höhe. Steil bergab kommen wir in ein Tal. Im Auf und Ab queren wir Bachläufe und überschreiten wir Hügel. Vorbei an einer Windmühle gelangen wir nach **Barranco do Velho 06**. Die Unterkunft „A Tia Bia" liegt etwas außerhalb der Ortschaft und wir wenden uns an der Landstraße nach rechts.

Bei Hochwasser müssen wir über die Steine springen

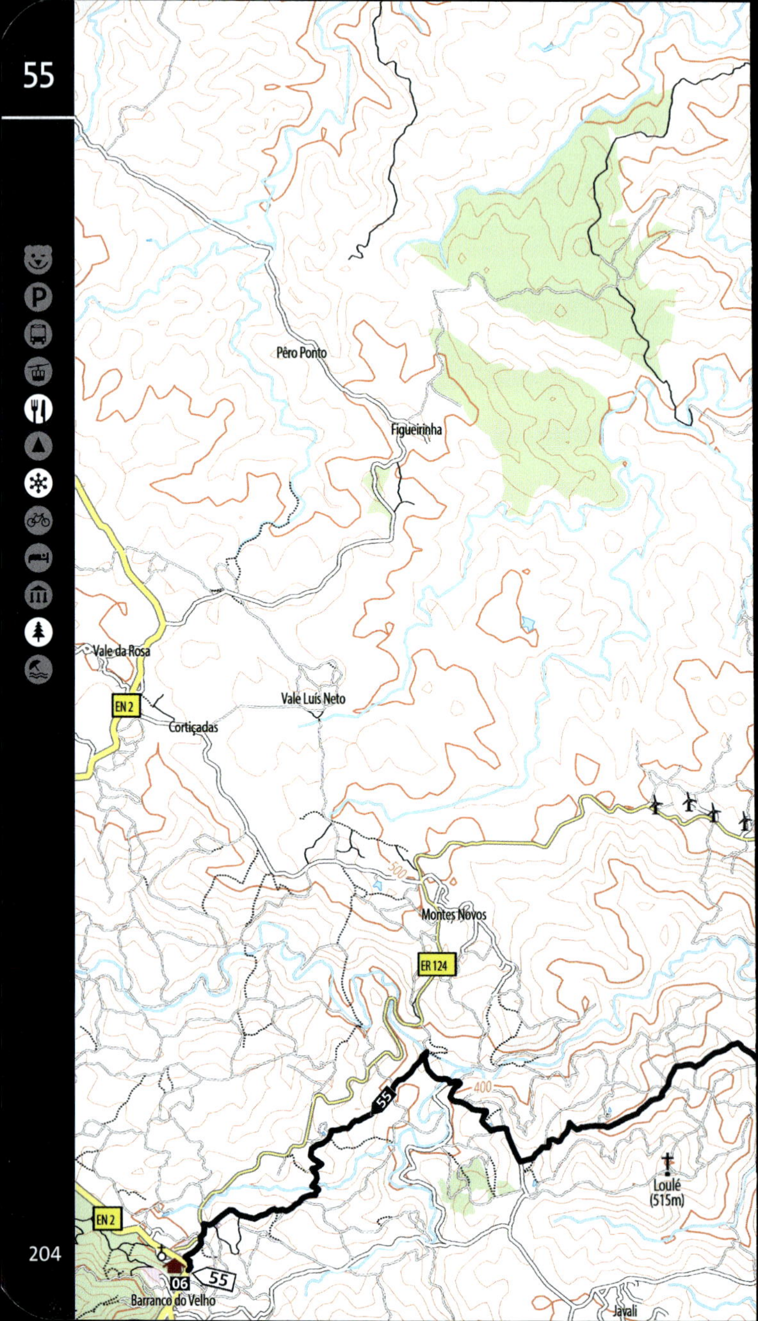
Pêro Ponto
Figueirinha
Vale da Rosa
EN 2
Vale Luís Neto
Corticadas
500
Montes Novos
ER 124
400
55
Loulé
(515m)
EN 2
06
55
Barranco do Velho
Javali

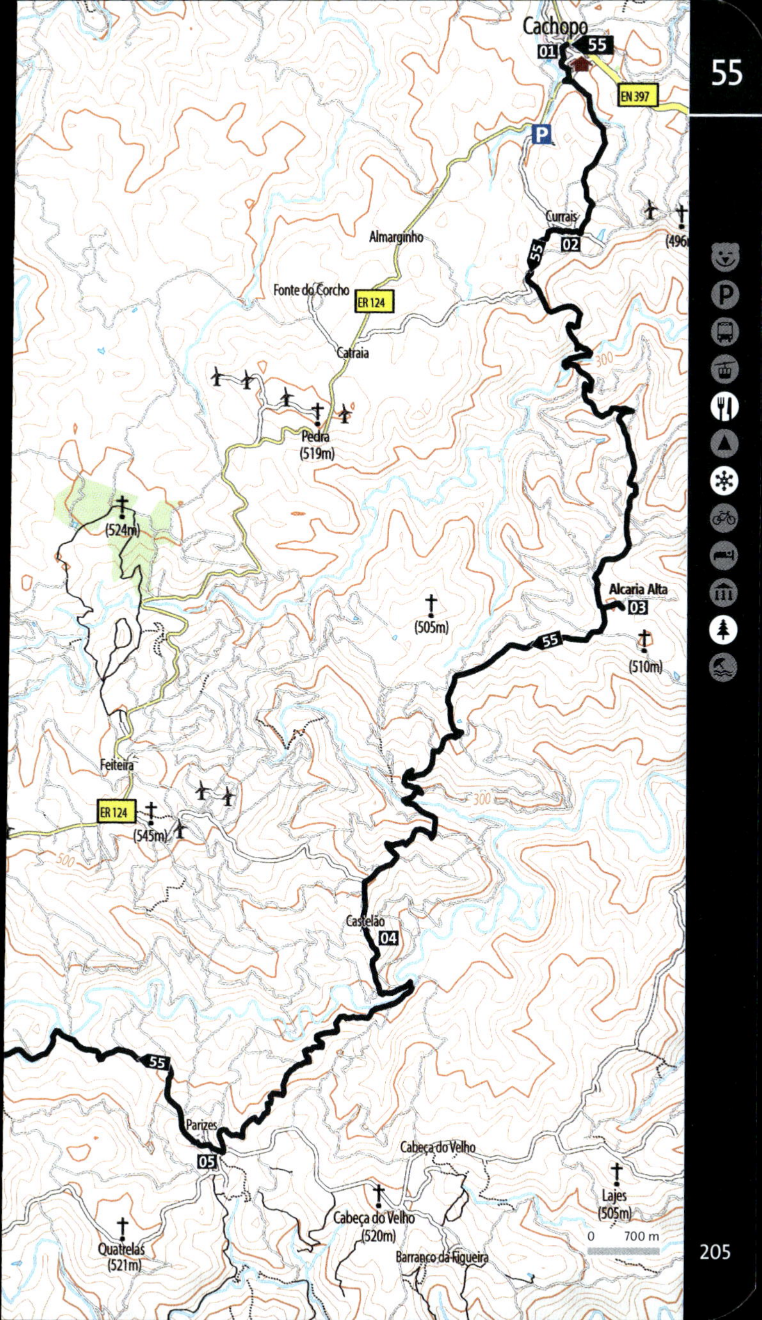

Cachopo
01
55
EN 397
P
Currais
02
(496m)
Almarginho
55
Fonte do Corcho
ER 124
Catraia
300
Pedra
(519m)
(524m)
Alcaria Alta
03
(505m)
55
(510m)
Feiteira
300
ER 124
(545m)
500
Castelão
04
55
Parizes
05
Cabeça do Velho
Lajes
(505m)
Cabeça do Velho
(520m)
Quatrelas
(521m)
Barranco da Figueira
0
700 m

VIA ALGARVIANA ETAPPE 6 • 483 m

Von Barranco do Velho nach Salir

  14,9 km  3:15 h  368 hm  613 hm

START | Barranco do Velho.
[GPS: UTM Zone 29 x: 594.371 m y: 4.121.913 m]
CHARAKTER | Die Via Algarviana GR13 ist durchgängig hervorragend in weiß-rot markiert, sodass detaillierte Beschreibungen mit Richtungsanweisungen überflüssig sind. Wegweiser in den Ortschaften und an markanten Stellen helfen zusätzlich der Orientierung und geben Informationen zu verbleibender Länge der Etappe.

Übernachtung in Salir:
Casa da Mãe, Almejoafra, 8100-155 Salir, Tel. 289 489 179, www.casadamae.pt (Etwa 2 km außerhalb von Salir)
Mehrere Restaurants und Supermarkt in Salir

Einkehr: keine Einkehrmöglichkeiten unterwegs. Ausreichend Wasser mitnehmen!

▶ Wir beginnen diese kurze Etappe in **Barranco do Velho** 01 entlang der Hauptstraße, vorbei am Hotel/Restaurant „A Tia Bia“. Zunächst verläuft die Via Algarviana noch parallel mit einem lokalen Wanderweg. Dann geht es im sanften Auf und Ab zu der Windmühle **Eira de Agosto** 02. Von der Höhe genießen wir einen herrlichen Ausblick, sogar bis zu unserem Etappenziel Salir.

An einer Landstraße nehmen wir den Weg nach **Carassqueiro** 03, der uns durch dichte Korkeichenwälder

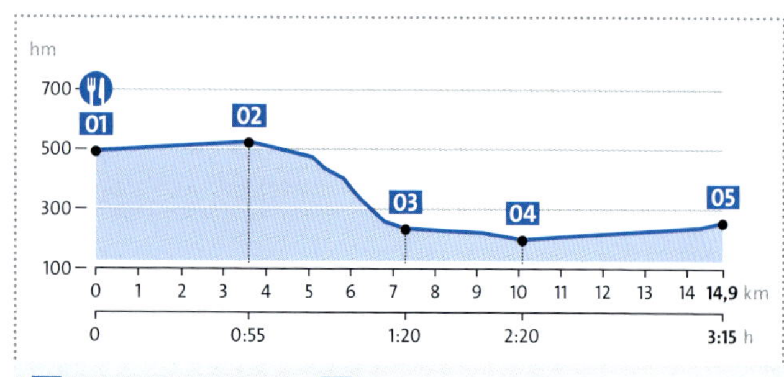

01 Barranco do Velho, 483 m; 02 Eira de Agosto, 515 m;
03 Carrasqueiro, 214 m; 04 Landstraße, 176 m; 05 Salir, 236 m

Windmühle „Eira de Agosto“

hangabwärts führt. Im Tal wandern wir in Richtung der N124 und queren dann ein Bachbett. Über einen Hügel und durch dichten Pinienwald erreichen wir eine **Landstraße** 04. Wir folgen der Wegweisung zwischen Häusern und über Pfade, im Zickzack, nach **Salir** 05.

Castelo de Salir

Die aus Lehm gebaute ehemalige maurische Festung der Almohaden stammt aus dem 12. Jahrhundert und beherbergt heute ein kleines Museum mit Ausgrabungsstücken.

Karge Vegetation auf der 6. Etappe der Via Algarviana

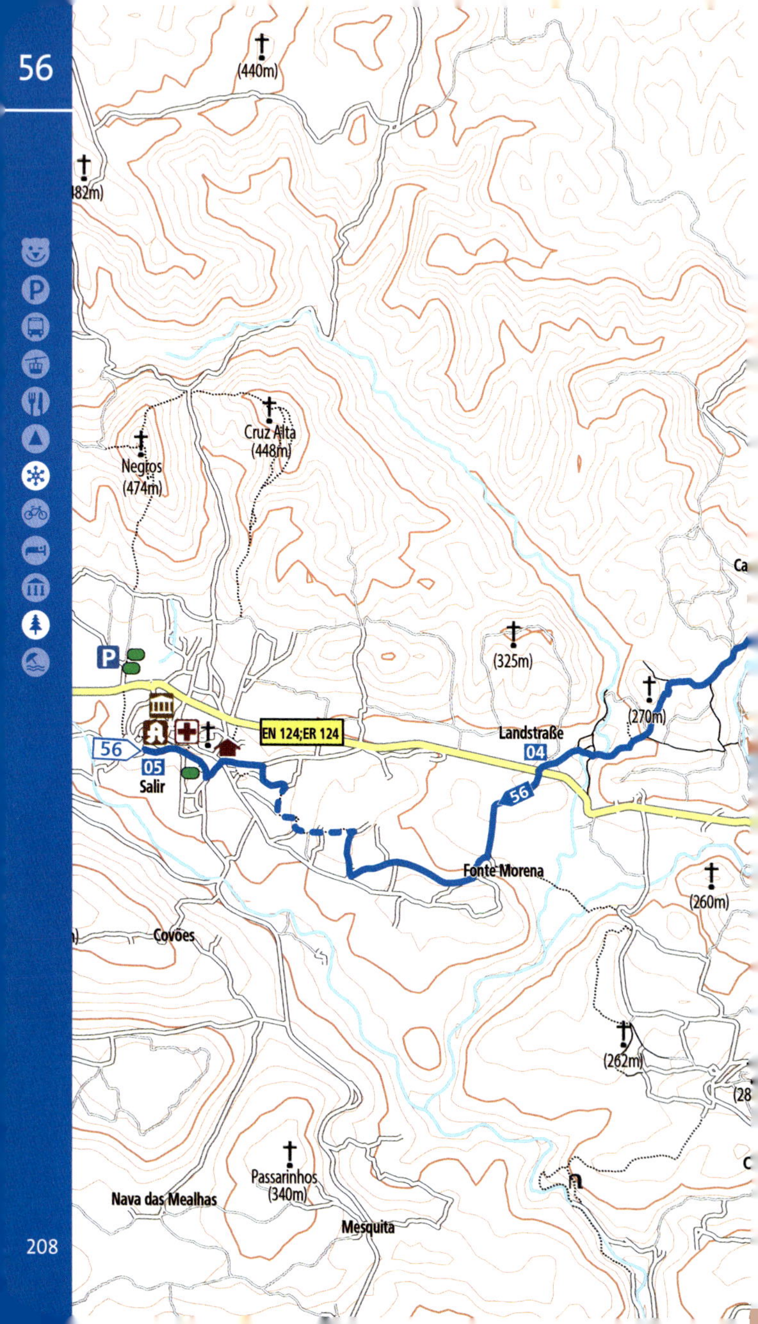

(440m)
(482m)
Negros
(474m)
Cruz Alta
(448m)
(325m)
(270m)
Landstraße
04
EN 124;ER 124
56
05
Salir
56
Fonte Morena
(260m)
Covões
(262m)
Passarinhos
(340m)
Nava das Mealhas
Mesquita

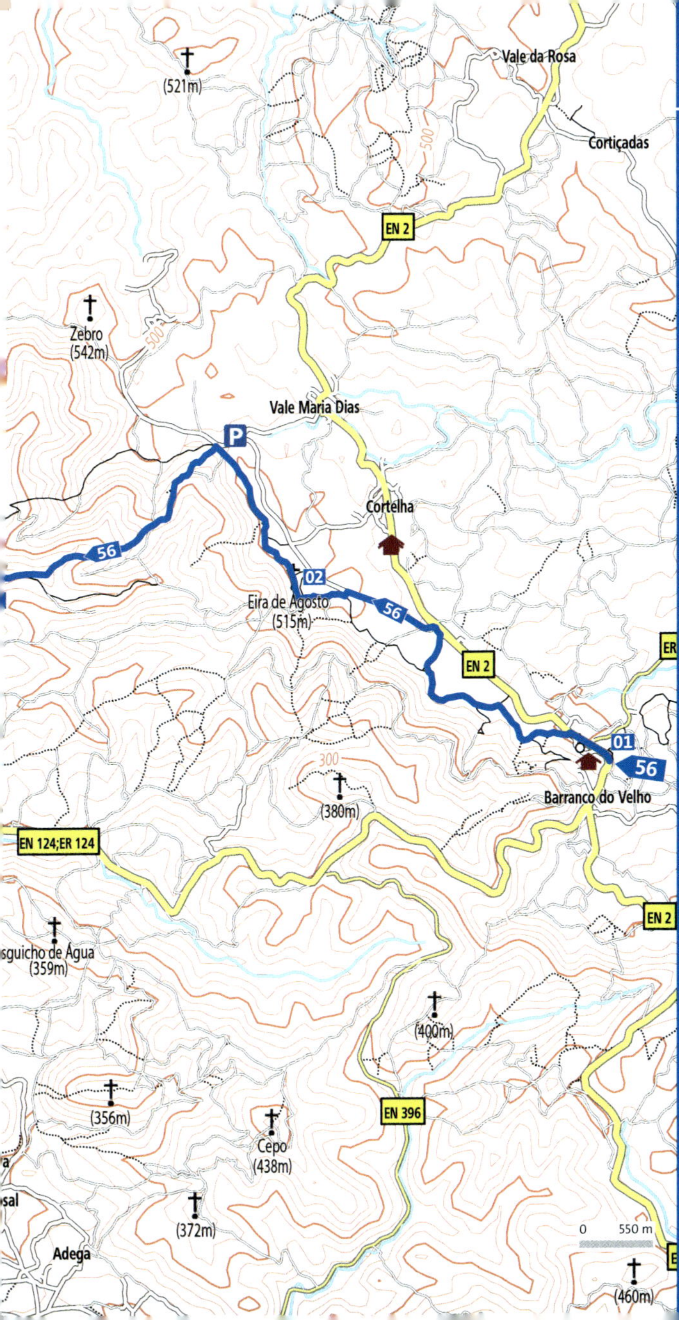

(521m)
Vale da Rosa
500
Corticadas
EN 2
Zebro
(542m)
500
Vale Maria Dias
P
Cortelha
56
02
Eira de Agosto
(515m)
56
EN 2
ER
01
56
300
Barranco do Velho
(380m)
EN 124;ER 124
EN 2
sguicho de Água
(359m)
(400m)
(356m)
EN 396
Cepo
(438m)
a
sal
(372m)
Adega
0
550 m
E
(460m)

VIA ALGARVIANA ETAPPE 7 • 236 m

Von Salir nach Alte

16,2 km

4:10 h

389 hm
422 hm

START | Salir.
[GPS: UTM Zone 29 x: 584.443 m y: 4.121.937 m]
CHARAKTER | Die Via Algarviana GR13 ist durchgängig hervorragend in weiß-rot markiert, sodass detaillierte Beschreibungen mit Richtungsanweisungen überflüssig sind. Wegweiser in den Ortschaften und an markanten Stellen helfen zusätzlich der Orientierung und geben Informationen zu verbleibender Länge der Etappe.

Flusslauf in Alte

Übernachtung in Alte:
„Alte Hotel", Tel. 289 478 523,
www.altehotel.com

Einkehr:
04 Benafim, Restaurant und Snackbar am Kreisel

▶ In **Salir** 01 orientieren wir uns an den Wegweisern aus dem Ort heraus. Bis Alte sind es 16 km. Wir gehen hangabwärts durch ein bewirtschaftetes Tal und passieren mehrere Ziehbrunnen, bis wir die

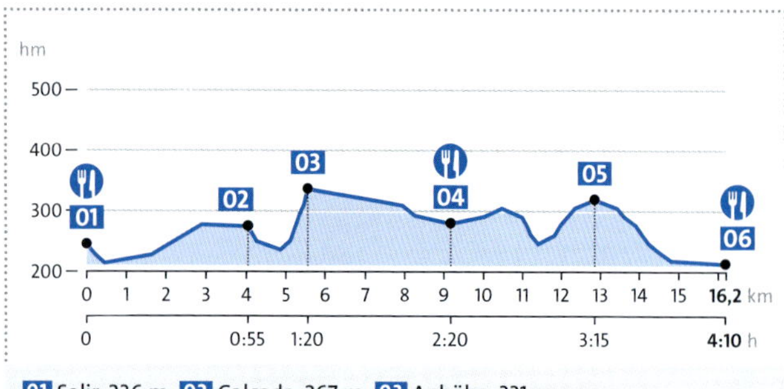

01 Salir, 236 m; 02 Calçada, 267 m; 03 Anhöhe, 331 m; 04 Benafim, 272 m; 05 Hügel, 313 m; 06 Alte, 203 m

blau lackierte Fonte Figueira erreichen. Wir folgen dem Sträßchen durch Almarginho und durch Serro de Cima bis nach **Calçada** 02. Ab dort führt uns ein Feldweg in ein Tal. Der Wegeverlauf ist etwas umständlich, aber letztendlich steigen wir, auf den vor uns liegenden Hügel, auf einem steinigen Weg bergan.

Von der **Anhöhe** 03 können wir einen herrlichen Ausblick bis zum Rocha da Pena genießen. Ein gutes Stück wandern wir über das Plateau, bis wir zwischen Orangenplantagen und Olivenbäumen nach **Benafim** 04 gelangen. Dort locken gleich mehrere Snackbars zu einer Pause.

Die Zeichen leiten uns durch den Ort, den wir an einer Kirche wieder verlassen. Über einen Pfad, dann über Asphalt- und Schotterweg gelangen wir in ein Tal. Nach dem Bachlauf laufen wir hangaufwärts auf einen **Hügel** 05. Wir haben eine phantastische Aussicht bis zum Meer. Der Weg geht in eine Asphaltstraße über und führt

In den Gassen von Alte

uns bergab entlang von Johannisbrotbäumen und Oliven in ein Tal. Wir folgen dem Wasserlauf und erreichen **Alte** 06. Das Hotel liegt etwas außerhalb, ist im Ort aber gut ausgeschildert.

Ein Besuch wert: der Esel Baltazar

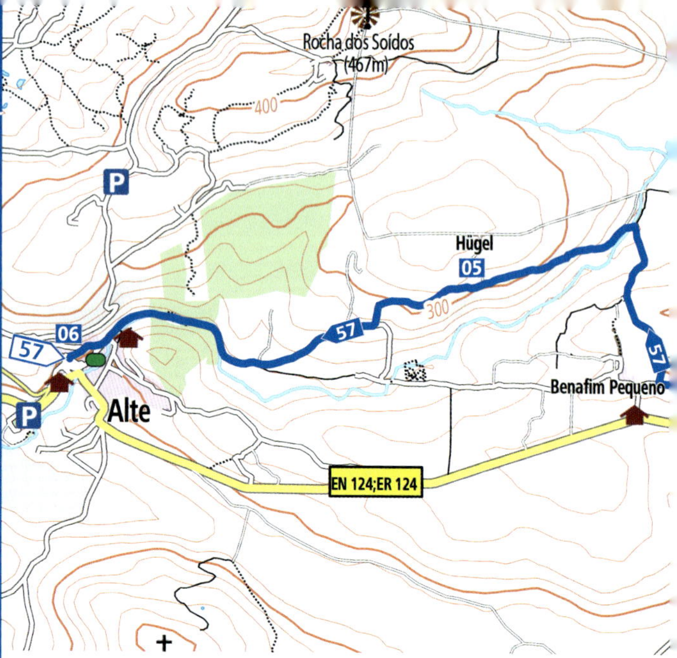

Rocha dos Soídos
(467m)
400
Hügel
05
300
06
57
Alte
Benafim Pequeno
EN 124;ER 124

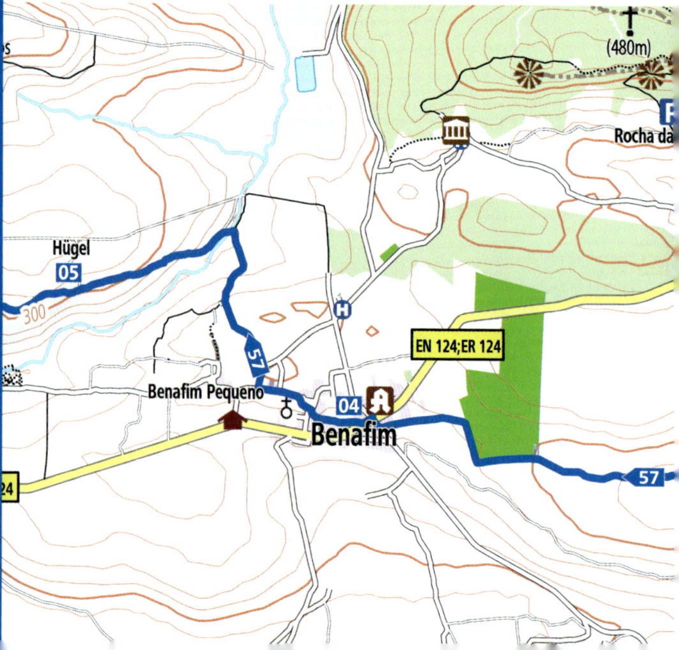

(480m)
Rocha da
Hügel
05
300
57
EN 124;ER 124
Benafim Pequeno
04
Benafim
24
57

(480m)
Rocha da Pena
Arneiro da Rocha Da Pena
EN 124;ER 124
02
Calçada
EN 124;ER 124
04
nafim
300
57
Cabeço de
(377m)
03
Anhöhe
200
Nave
Nave das Sobreiras

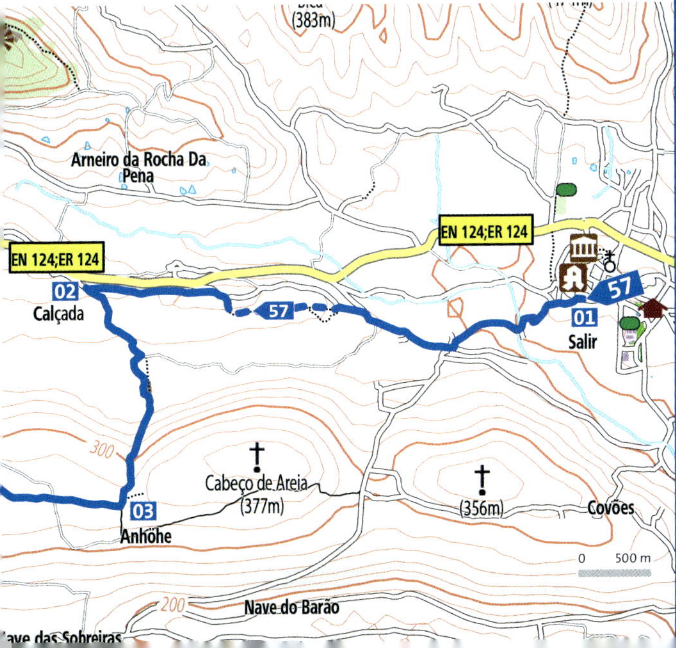

(383m)
Arneiro da Rocha Da Pena
EN 124;ER 124
EN 124;ER 124
02
Calçada
57
57
01
Salir
300
Cabeço de Areia
(377m)
(356m)
Covões
03
Anhöhe
0 500 m
200
Nave do Barão
ave das Sobreiras

VIA ALGARVIANA ETAPPE 8 • 203 m

Von Alte nach S. B. Messines

  20,6 km  5:45 h  477 hm  544 hm

START | Alte.
[GPS: UTM Zone 29 x: 573.346 m y: 4.121.494 m]
CHARAKTER | Die Via Algarviana GR13 ist durchgängig hervorragend in weiß-rot markiert, sodass detaillierte Beschreibungen mit Richtungsanweisungen überflüssig sind. Wegweiser in den Ortschaften und an markanten Stellen helfen zusätzlich der Orientierung und geben Informationen zu verbleibender Länge der Etappe.

Übernachtung in S.B. Messines: Hospedaria „Ti Raquel" im Ortsteil Monte de Sao José, Tel. 282 339 190

Einkehr: keine Einkehrmöglichkeiten unterwegs. 04 Tankstelle für Erfrischungen.

▶ Wir starten entweder an der Brücke in **Alte** 01 oder am „Alte Hotel" (dann hangaufwärts entlang der Straße) und halten uns an den Via-Algarviana-Wegweisern in Richtung Torre. Bei beiden Varianten erreichen wir den Holzwegweiser, der außerhalb von Alte nach Torre 2 km angibt. Ab dort nehmen wir eine kleine Straße, vorbei am Waschplatz.

Es folgt ein sehr schöner Wegeabschnitt über Pfade bis nach **Torre** 02. Wir laufen zwischen den

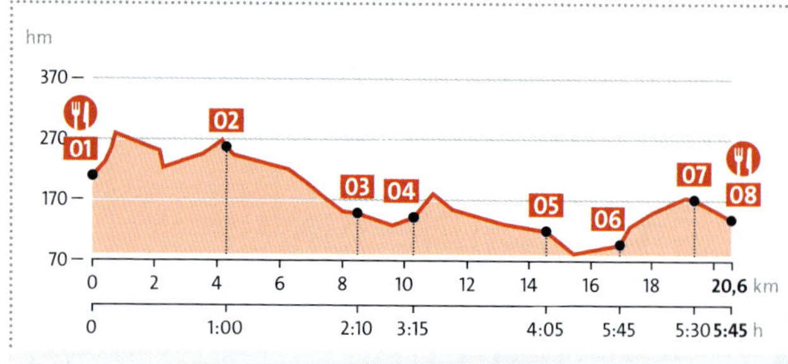

01 Alte, 203 m; 02 Torre, 253 m; 03 Vale, 140 m; 04 Tankstelle, 133 m; 05 Unterführung, 110 m; 06 Bachlauf, 87 m; 07 Kapelle, 164 m; 08 S.B. Messines, 130 m

weißen Häusern hindurch und orientieren uns an den Markierungszeichen bis zum Ortsschild von Terça. Ein Wegweiser zeigt uns die Richtung nach Vale. Wir wandern ein gutes Stück zwischen Oliven- und Johannisbrotbäumen und durch ein schönes, fruchtbares Tal mit Olivenbäumen, bis wir die Häusergruppe von **Vale** 03 erreichen.

Danach führt der Weg auf die Autobahn zu und an einer Landstraße stoßen wir auf eine **Tankstelle** 04, wo wir uns mit frischen Getränken versorgen können. Über eine Ortschaft auf der Anhöhe und durch eine **Unterführung** 05 der Autobahn gelangen

Kapelle kurz vor S. B. Messines

Waschplatz bei Alte

wir in ein fruchtbares Anbaugebiet von Mandelbäumen. Nachdem wir ein paar Häuser passiert haben, folgt ein sehr schöner Abschnitt über einen Steinweg und einen Pfad entlang eines **Bachlaufs** 06.

Der Weg verläuft ein Stück entlang einer Landstraße, macht einen Schlenker durch Oliven- und Orangenanbaugebiet und trifft wieder auf die Straße (zur Unterkunft „Ti Raquel" wenden wir uns nach rechts). Offiziell endet die Etappe im Zentrum der Kleinstadt. Wir kommen an einer **Kapelle** 07 vorbei und erreichen, unter den Eisenbahngleisen hindurch, **S. B. Messines** 08.

Breites, fruchtbares Tal mit Olivenbäumen

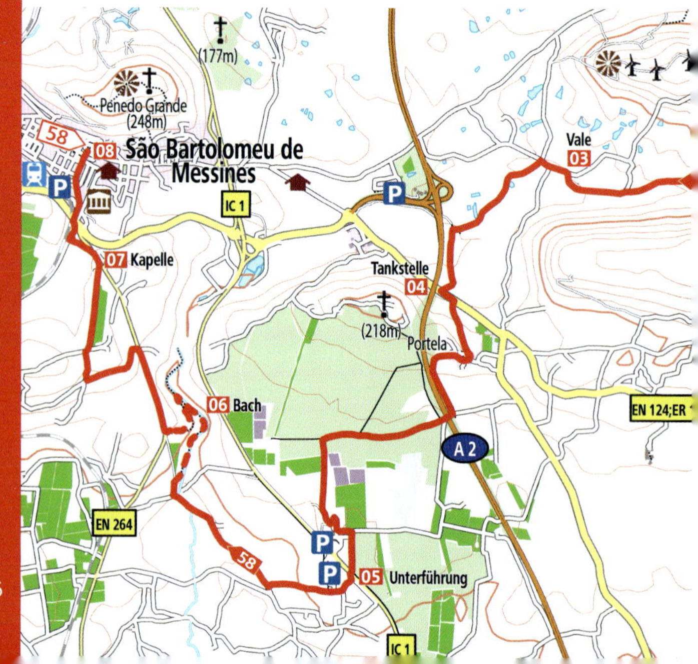

Avocados

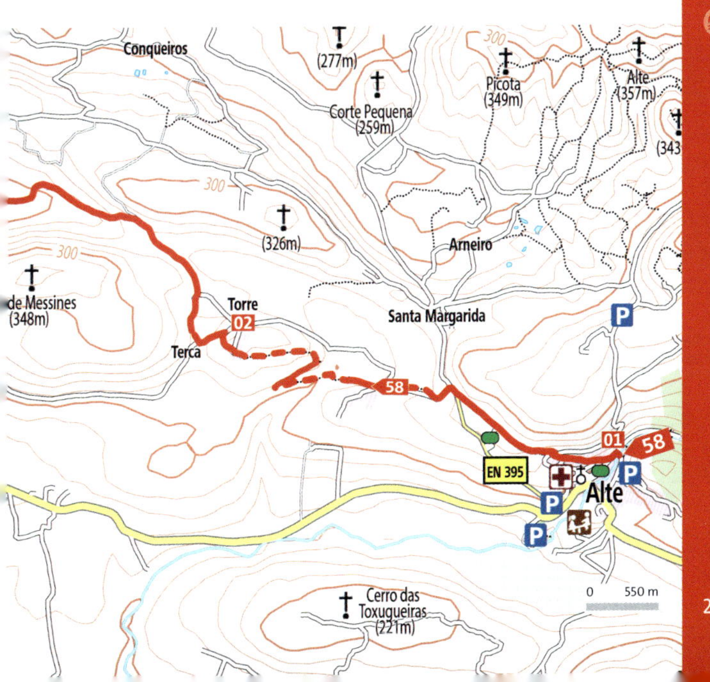
Conqueiros
(277m)
Corte Pequena
(259m)
Picota
(349m)
Alte
(357m)
(343
300
(326m)
Arneiro
de Messines
(348m)
Torre
02
Santa Margarida
Terca
58
01
58
EN 395
Alte
Cerro das
Toxugueiras
(221m)
0
550 m

VIA ALGARVIANA ETAPPE 9 • 130 m

Von S. B. Messines nach Silves

   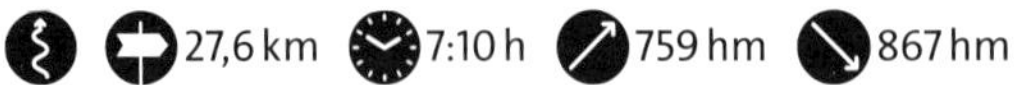 
27,6 km 7:10 h 759 hm 867 hm

START | S. B. Messines.
[GPS: UTM Zone 29 x: 563.273 m y: 4.123.578 m]
CHARAKTER | Die Via Algarviana GR13 ist durchgängig hervorragend in weiß-rot markiert, sodass detaillierte Beschreibungen mit Richtungsanweisungen überflüssig sind. Wegweiser in den Ortschaften und an markanten Stellen helfen zusätzlich der Orientierung und geben Informationen zu verbleibender Länge der Etappe.

Übernachtung in Silves:
Mehrere Hotels und Privatunterkünfte stehen zur Auswahl. Silves hat eine Tourist-Information im Pavillon am Fluss, Tel. 282 442 587.

„Vila Sodré", Rua da Cruz do Portugal, Tel. 282 443 441

„Residencial Canivete", Enxerim, Tel. 282 443 187

Einkehr: keine Einkehrmöglichkeiten unterwegs. Zahlreiche Restaurants und Cafés in Silves.

▶ Die weiß-roten Zeichen führen uns, vorbei am Supermarkt Intermarché, aus **S. B. Messines 01** heraus. Auf kleinen Asphaltsträßchen passieren wir vereinzelt stehende Häuser und wandern durch eine fruchtbare Landschaft

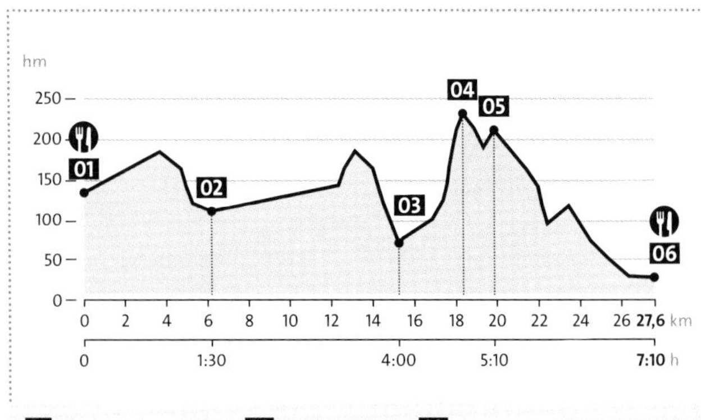

01 S. B. Messines, 130 m; **02** Stausee, 106 m; **03** Staumauer, 65 m; **04** Kreuzung, 231 m; **05** Anhöhe, 210 m; **06** Silves 21 m

Barragem do Funcho

mit Höfen und Gärten. Ein langes Stück spazieren wir entlang der Ufer des **Stausees 02** Barragem do Funcho. Dort erreichen wir die Region, die im August 2018 den Flammen zum Opfer gefallen ist. Großflächig wurde alles verbrannt. Ab der **Staumauer 03** laufen wir in diesem zerstörten Gebiet kontinuierlich bergan bis zu einer **Kreuzung 04**. Von dort oben ist das Ausmaß der Brandkatastrophe besonders eindrucksvoll erkennbar.

Ein gutes Stück gehen wir über die **Anhöhe 05**, dann durch Terrassen mit Eukalyptusbäumen. Vereinzelt schlagen die Pflanzen wieder aus. Schon von Weitem ist die Windmühle von **Silves 06** sichtbar.

Verbrannte Eukalyptus-Terrassen

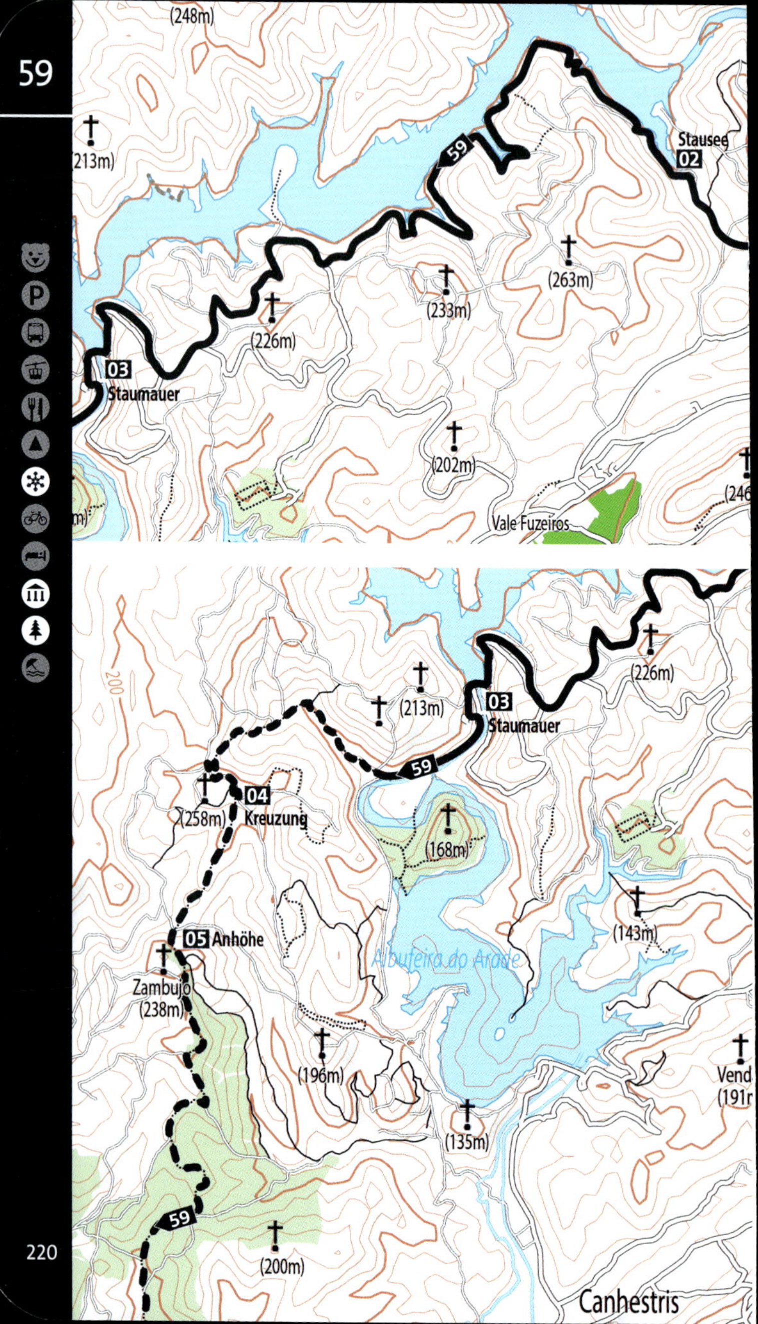
(248m)
(213m)
59
Stausee
02
(263m)
(233m)
(226m)
03
Staumauer
(202m)
Vale Fuzeiros
200
(226m)
(213m)
03
Staumauer
59
04
(258m)
Kreuzung
(168m)
05 Anhöhe
Zambujo
(238m)
Albufeira do Arade
(143m)
(196m)
(135m)
59
(200m)
Canhestris

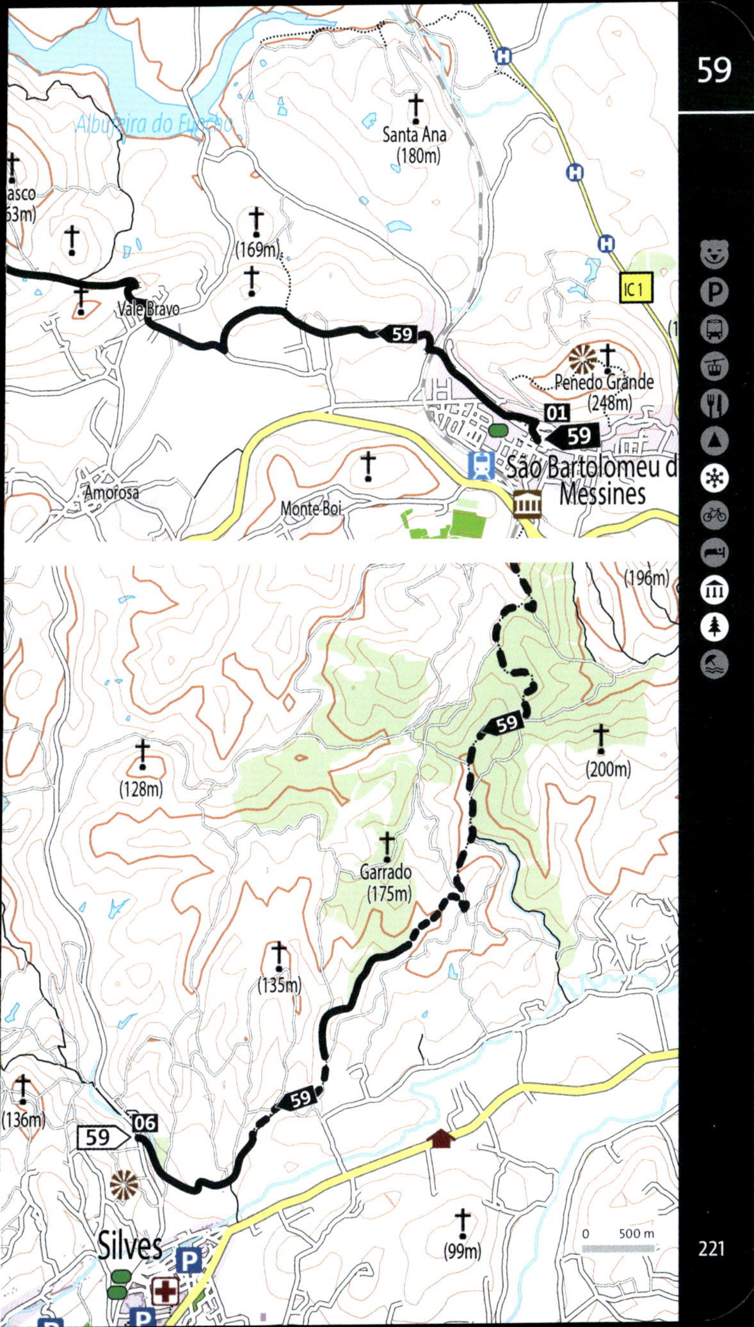

Albufeira do Funcho
Santa Ana
(180m)
asco
63m)
(169m)
Vale Bravo
IC1
59
Penedo Grande
(248m)
01
59
São Bartolomeu de
Messines
Amorosa
Monte Boi
(196m)
59
(200m)
(128m)
Garrado
(175m)
(135m)
(136m)
59
06
59
Silves
(99m)
0
500 m

VIA ALGARVIANA ETAPPE 10 • 21 m

Von Silves nach Monchique

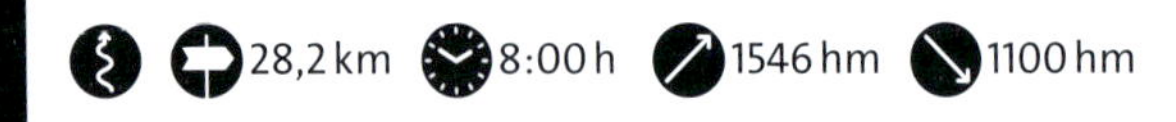

START | Silves.
[GPS: UTM Zone 29 x: 549.829 m y: 4.116.089 m]
CHARAKTER | Die Via Algarviana GR13 ist durchgängig hervorragend in weiß-rot markiert, sodass detaillierte Beschreibungen mit Richtungsanweisungen überflüssig sind. Wegweiser in den Ortschaften und an markanten Stellen helfen zusätzlich der Orientierung und geben Informationen zu verbleibender Länge der Etappe.

Verbrannte Etappe

Übernachtung in Monchique: „Residencial Estrela de Monchique" am zentralen Platz in Monchique, Tel. 282 912 364

Einkehr: keine Einkehrmöglichkeiten unterwegs. Zahlreiche Restaurants und Cafés in Monchique.

Der gesamte Gebirgszug zwischen Silves und Monchique ist im August 2018 den Flammen zum Opfer gefallen. Der Weg wurde

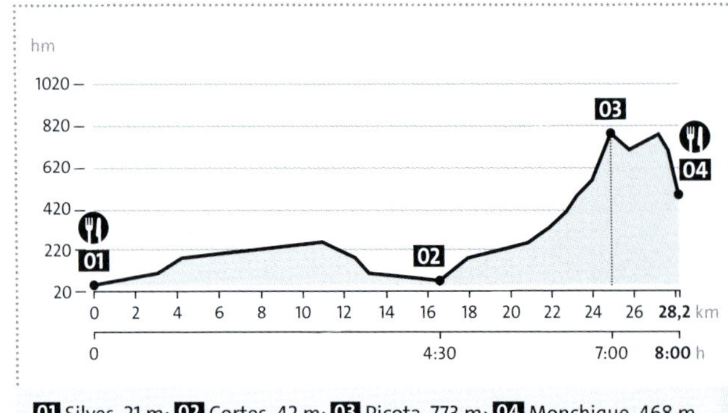

01 Silves, 21 m; 02 Cortes, 42 m; 03 Picota, 773 m; 04 Monchique, 468 m

Um die Häuser ein zartes Grün

zwar neu markiert, ist aber wenig attraktiv. Die weiß-roten Tupfer der Via-Algarviana-Zeichen dürften über Jahre die einzigen Farbtupfer der Region sein. Vorbei an der Windmühle von **Silves** **01** nehmen wir unseren Weg wieder auf.

Im Auf und Ab geht es über die Hügel, bis wir kurz nach der Querung des Flusses Ribeira de Odelouca zu den Häusern von **Cortes** **02** kommen. Ab dort beginnt der lange Aufstieg zum **Picota** **03**, dem zweithöchsten Gipfel der Serra de Monchique. Vom Aussichtsturm haben wir einen phantastischen Rundumblick über die Region. Zu unseren Füßen liegt **Monchique** **04**. Durch einen Korkeichenwald gelangen wir zu unserem Etappenziel.

Mondlandschaft für einige Zeit

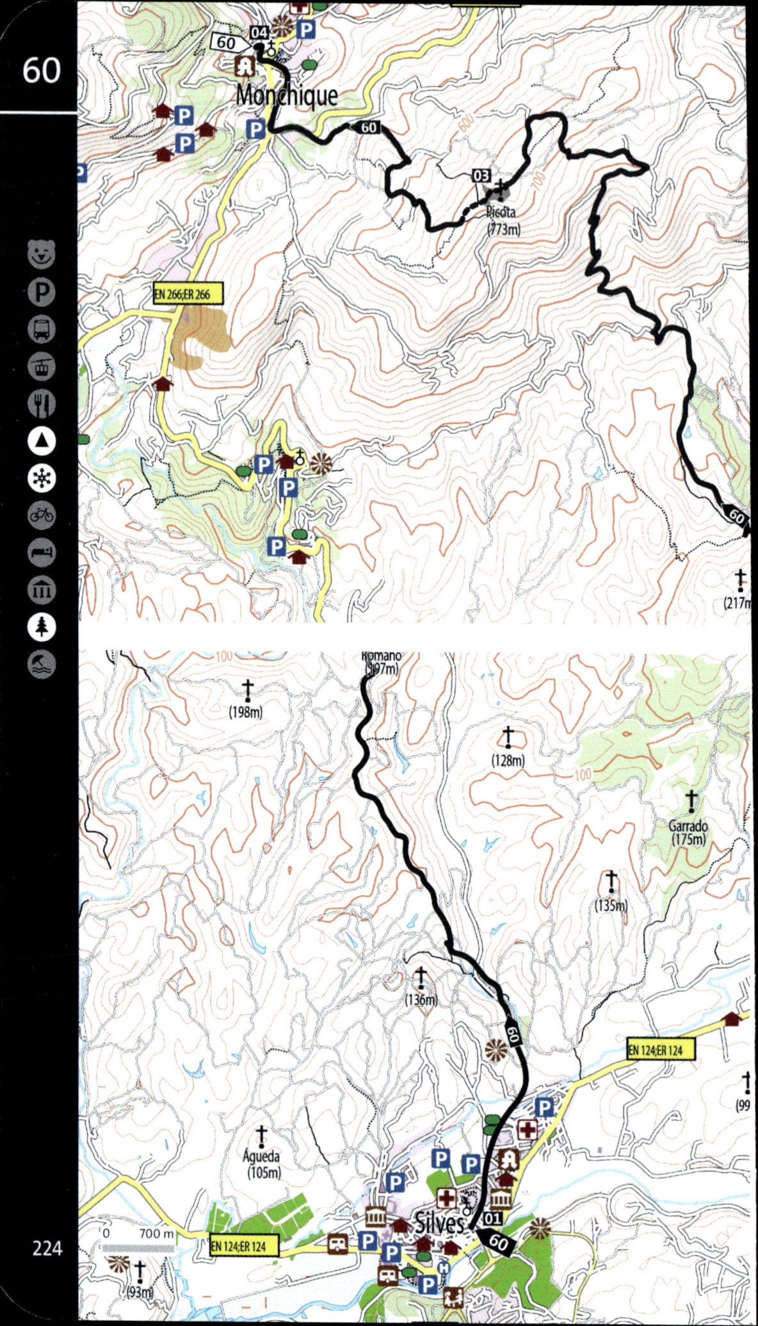

60
04
Monchique
60
03
Picota
(773m)
EN 266;ER 266
60
(217m)
Romano
(197m)
(198m)
(128m)
Garrado
(175m)
(135m)
(136m)
60
EN 124;ER 124
Águeda
(105m)
Silves
01
60
0
700 m
EN 124;ER 124
(93m)

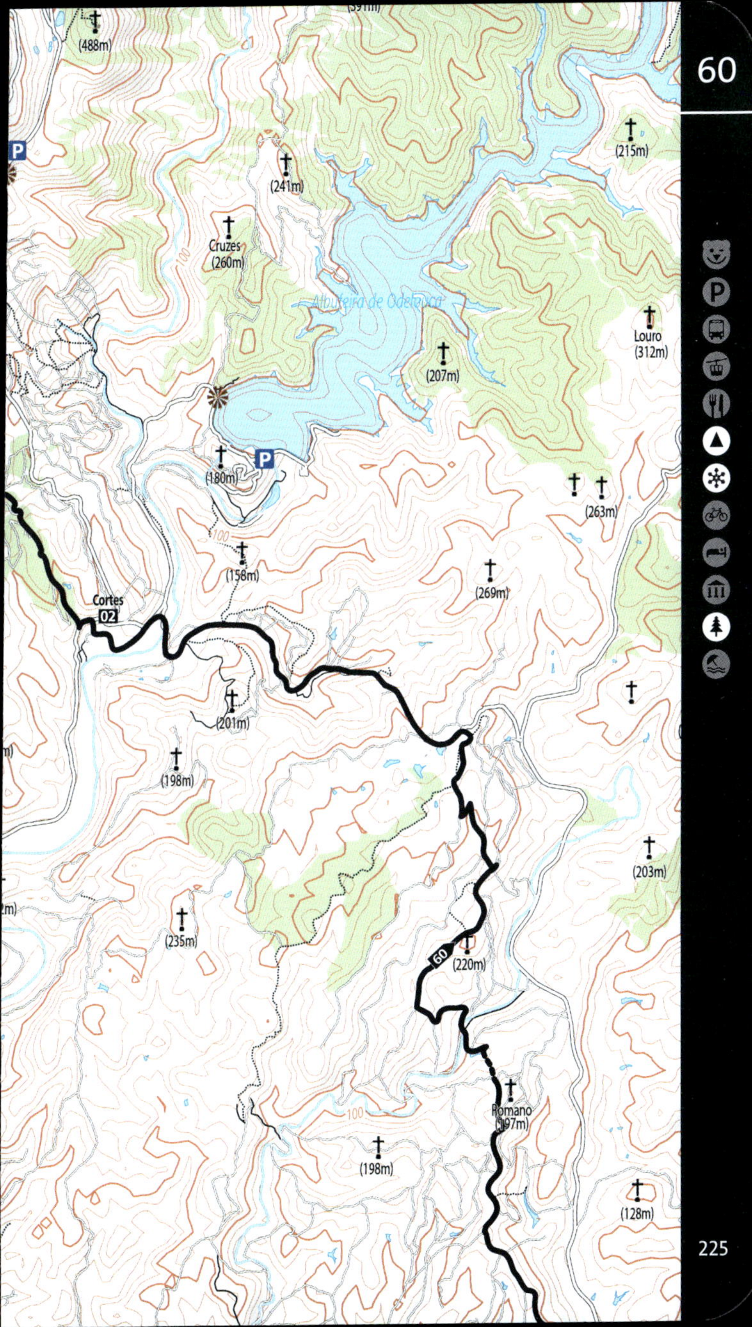

(488m)
(241m)
Cruzes
(260m)
Albufeira de Odelouca
(207m)
(215m)
Louro
(312m)
(180m)
100
(158m)
(263m)
(269m)
Cortes
02
(201m)
(198m)
(235m)
(203m)
60
(220m)
100
Romano
(197m)
(198m)
(128m)

VIA ALGARVIANA ETAPPE 11 • 468 m

Von Monchique nach Marmelete

14,7 km | 3:45 h | 620 hm | 672 hm

START | Monchique.
[GPS: UTM Zone 29 x: 539.277 m y: 4.130.235 m]
CHARAKTER | Die Via Algarviana GR13 ist durchgängig hervorragend in weiß-rot markiert, sodass detaillierte Beschreibungen mit Richtungsanweisungen überflüssig sind. Wegweiser in den Ortschaften und an markanten Stellen helfen zusätzlich der Orientierung und geben Informationen zu verbleibender Länge der Etappe.

Übernachtung in Marmelete: Privatzimmer bei Dona Aldina Cruz, Tel. 964 418 610

Einkehr: keine Einkehrmöglichkeiten direkt an der Wegestrecke. Am 02 Abzweig zum Fóia kann man einen Abstecher auf den Gipfel zum Café machen. Restaurants und Cafés in Marmelete.

Durch enge Gassen verlassen wir den schönen Bergort **Monchique** 01 hangaufwärts durch einen Korkeichenwald. Die Zeichen führen kontinuierlich bergauf, bis wir den Abzweig zum **Fóia** 02 erreichen. Die Aussicht von der Höhe ist atemberaubend. Über Pfade passieren wir einen kleinen See und wandern bergab. Nach der Querung eines kleinen **Bach-**

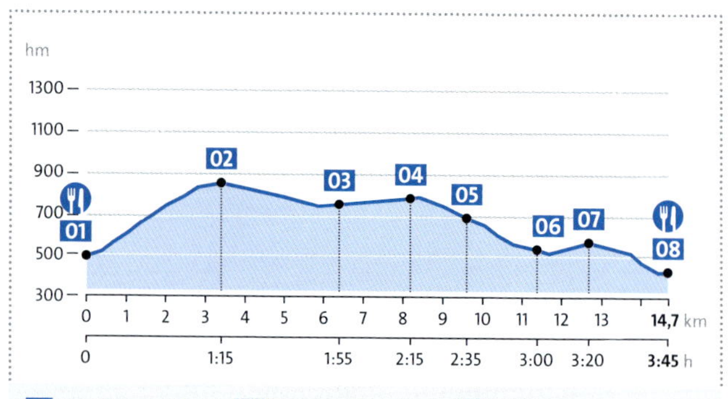

01 Monchique, 468 m; 02 Abzweig Fóia, 837 m; 03 Bach, 732 m; 04 Schotterpiste, 763 m; 05 Sendemast, 665 m; 06 Landstraße, 510 m; 07 Picos, 545 m; 08 Marmelete, 400 m

Schöne Terrassen entlang des Weges

laufs 03 verläuft der Weg durch Terrassenlagen.

Auf einer **Schotterpiste** 04 kommen wir an großen Windrädern vorbei und tauchen an einem **Sendemast** 05 in den Eukalyptuswald ein. Wir überqueren eine **Landstraße** 06 und steigen zum **Picos** 07 empor.

Von dort ist es nur noch ein kleines Stück zum hübschen Bergdorf **Marmelete** 08.

Windpark kurz vor dem Picos

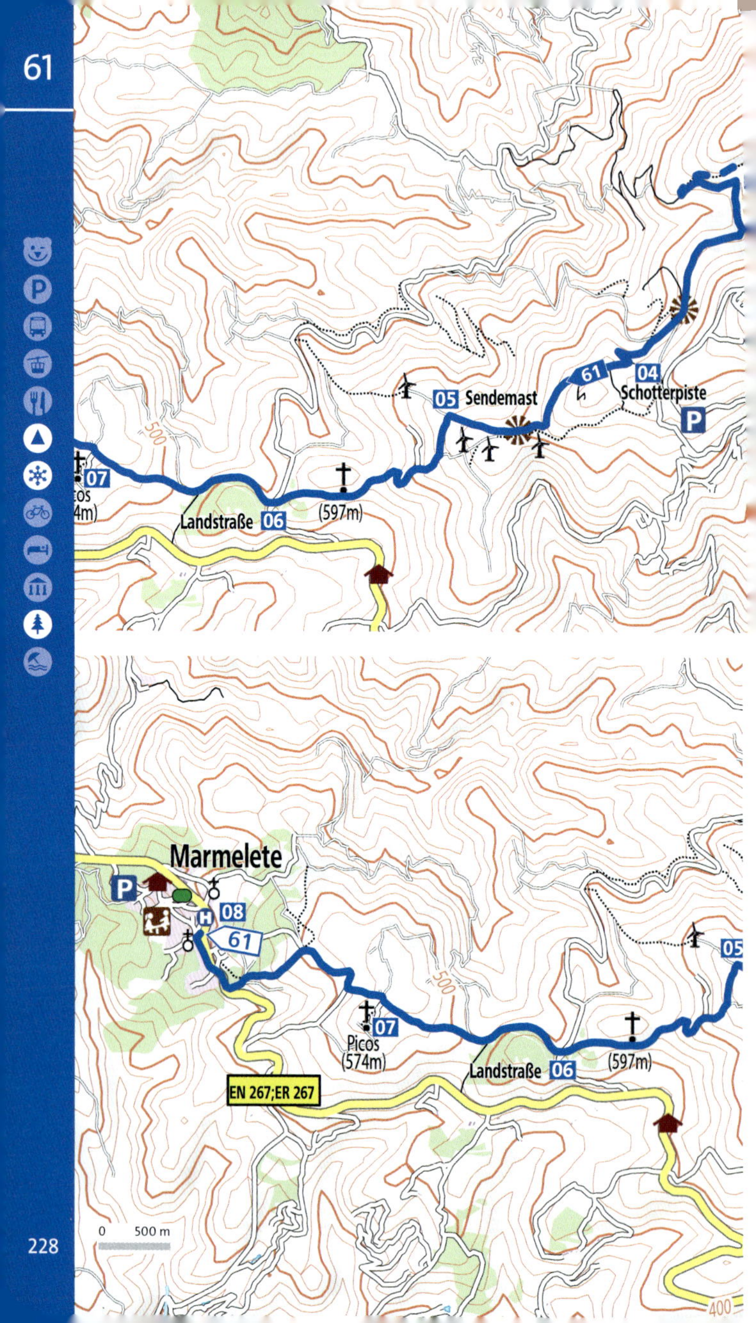

Sendemast
05
61
04
Schotterpiste
P
07
(597m)
Landstraße
06
500
Marmelete
P
08
61
07
Picos
(574m)
Landstraße
06
(597m)
05
EN 267;ER 267
500
400
0
500 m

Meist nicht mehr bewirtschaftet – Terrassen hinter dem Fóia

VIA ALGARVIANA ETAPPE 12 • 400 m

Von Marmelete nach Bensafrim

 30 km  8:30 h 492 hm  840 hm

START | Marmelete.
[GPS: UTM Zone 29 x: 529.546 m y: 4.129.243 m]
CHARAKTER | Die Via Algarviana GR13 ist durchgängig hervorragend in weiß-rot markiert, sodass detaillierte Beschreibungen mit Richtungsanweisungen überflüssig sind. Wegweiser in den Ortschaften und an markanten Stellen helfen zusätzlich der Orientierung und geben Informationen zu verbleibender Länge der Etappe.

Übernachtung in Bensafrim:
Privatzimmer bei Dona Graça,
Tel. 963 146 160

Einkehr:
02 Romeiras, Café „Casa Pacheco" und Café „Do Ernesto"
04 Pincho, Restaurant „Solar do Pincho"
05 Bensafrim, Restaurant „O Koala"

Wir verlassen **Marmelete 01** auf einer kleinen Straße und wenden uns auf eine Forstpiste. Der Weg zieht sich über die Höhe und wir können herrliche Ausblicke genießen.

Wir wandern durch den kleinen Ort Malhão und erreichen bei **Romeiras 02** eine Landstraße. Auf unserem Weg entlang der Straße

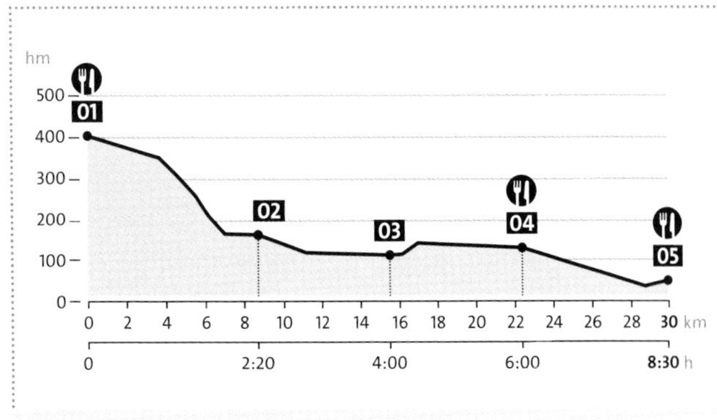

01 Marmelete, 400 m; 02 Romeiras, 151 m; 03 Corcino, 100 m;
04 Pincho, 118 m; 05 Bensafrim, 36 m

Der kleine Ort Malhao

kommen wir an zwei Cafés vorbei. Ein Feldweg führt uns durch das Tal der Ribeira da Vagarosa zum Stausee Barragem da Bravura.

Nach der Ortschaft **Corcino** **03** macht der Weg einen Schlenker durch hohen Eukalyptuswald und anschließend durch das fruchtbare Vale de Lobo, das Tal des Wolfes. In dem kleinen Ort **Pincho** **04** können wir im nahegelegenen Restaurant eine Pause einlegen. Durch ein weiteres Tal spazieren wir entlang von Weinbergen zu den ersten Häusern von **Bensafrim** **05**. Die Markierungen führen uns durch enge Gassen zum Etappenende am Mercado Municipal de Bensafrim.

Stausee „Barragem da Bravura"

Corgo da Fonte
(194m)
(197m)
Corcino
03
(223m)
Carapitonta
(216m)
(184m)
62
(212m)
(165m)
(194m)
Albufeira de
Odeáxere
04
Pincho
Álamos
(181m)
(163m)
(149m)
62
100
(135m)
100
Cotifo
(116m)
Mouro
(144m)
Cotifo
EN 120
Bensafrim
05
62
62

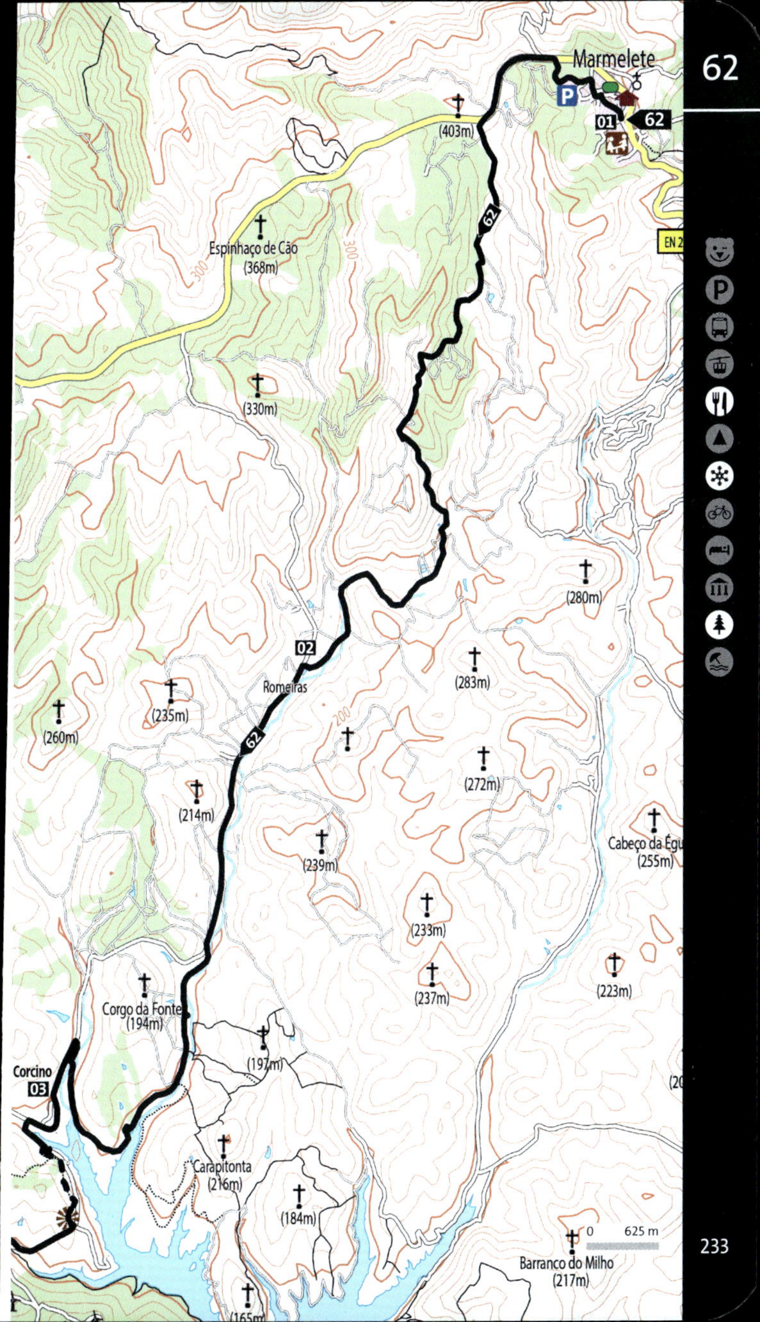
Marmelete
01
62
(403m)
Espinhaço de Cão
(368m)
300
EN 2
(330m)
(280m)
02
Romeiras
(283m)
(235m)
(260m)
200
(272m)
(214m)
Cabeço da Égu
(255m)
(239m)
(233m)
(237m)
(223m)
Corgo da Fonte
(194m)
(197m)
Corcino
03
Carapitonta
(216m)
(184m)
0
625 m
Barranco do Milho
(217m)
(165m)

VIA ALGARVIANA ETAPPE 13 • 36 m

Von Bensafrim nach Vila do Bispo

 30,2 km 8:30 h 644 hm 589 hm

START | Bensafrim.
[GPS: UTM Zone 29 x: 523.354 m y: 4.112.204 m]
CHARAKTER | Die Via Algarviana GR13 ist durchgängig hervorragend in weiß-rot markiert, sodass detaillierte Beschreibungen mit Richtungsanweisungen überflüssig sind. Wegweiser in den Ortschaften und an markanten Stellen helfen zusätzlich der Orientierung und geben Informationen zu verbleibender Länge der Etappe.

Übernachtung in Vila do Bispo: „Casa Mestre“, Tel. 282639000, www.casa-mestre.info

Hotel „Mira Sagres“, Tel. 282 639 160, www.hotelmirasagres.com

Einkehr:
02 Barão de São João, mehrere Cafés und Restaurants
07 Raposeira, mehrere Cafés und Restaurants, allerdings nicht direkt am Weg
08 Vila do Bispo, mehrere Cafés und Restaurants

▶ Wir starten am Mercado Municipal de **Bensafrim** 01 und folgen der guten Markierung aus der Stadt hinaus. Wir ignorieren den ebenfalls weiß-rot markierten Ab-

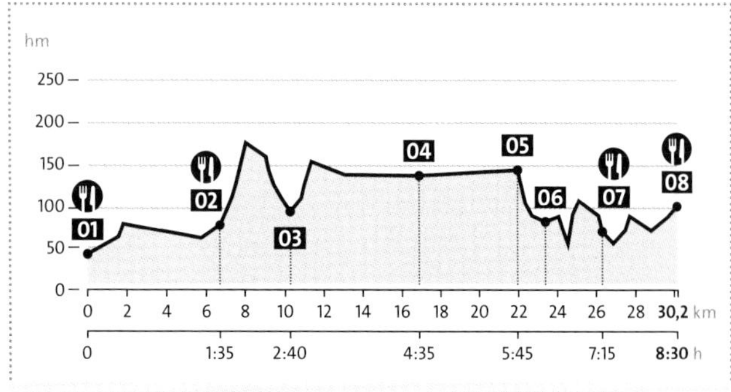

01 Bensafrim, 36 m; 02 Barão de São João, 72 m; 03 Primavera, 89 m; 04 Hof, 133 m; 05 Windräder, 140 m; 06 Landstraße, 76 m; 07 Raposeira, 64 m; 08 Vila do Bispo, 95 m

Abwechslungsreiche Vegetation auf den Hügeln

zweig nach Lagos und setzen unseren Weg geradeaus fort. Nach der Autobahn passieren wir Plantagen von Maronenbäumen, bevor wir nach **Barão de São João 02** kommen.

Wir verlassen den Ort auf einem felsigen Weg bergan und orientieren uns in Richtung Vinha Velha. Vorbei an der Schule **Primavera 03** gelangen wir zu einer Gruppe von Windrädern. Der Weg führt auf der Höhe zu einer Kiesgrube und zu einem verlassenen **Hof 04**. Nach einem guten Stück über die Hochebene erreichen wir weitere **Windräder 05** neben Sonnenkollektoren. Über sanfte Hügel kommen wir zu einer **Landstraße 06**. Ein Feldweg bringt uns in Richtung der Küste und an den Ortsrand von **Raposeira 07**. Nach einem Schlenker zum Meer bringen uns die Markierungen nach **Vila do Bispo 08**.

Blick auf Vila do Bispo

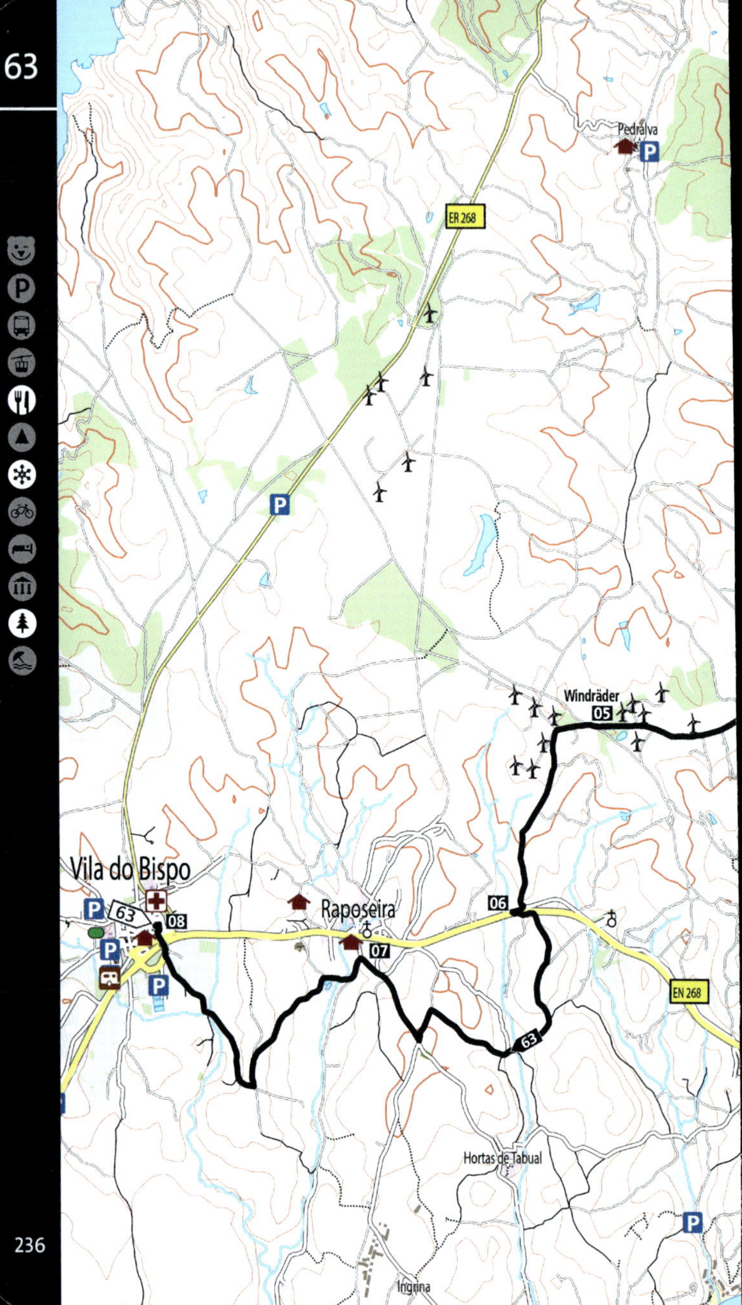
Pedralva
ER 268
Windräder
05
06
Vila do Bispo
63
08
Raposeira
07
EN 268
63
Hortas de Tabual
Ingrina

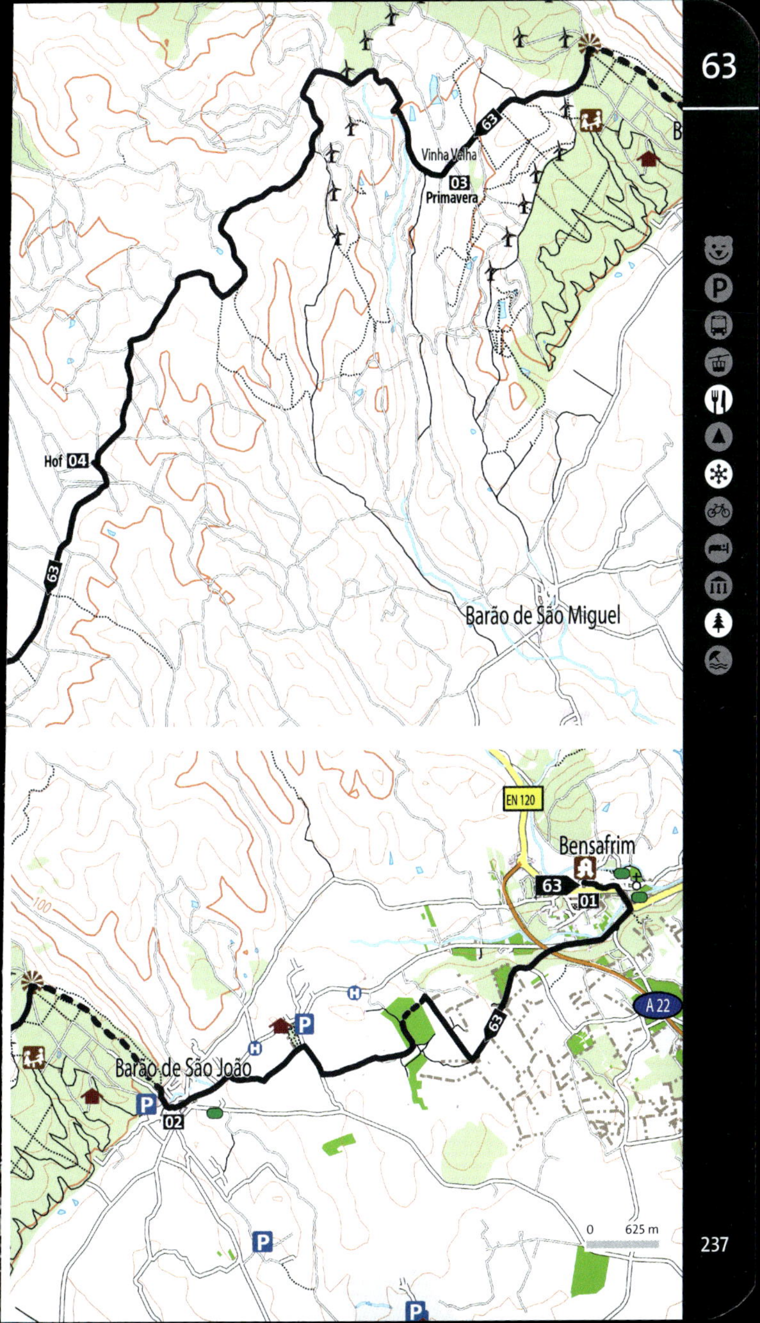
Vinha Velha
03
Primavera
Hof 04
63
Barão de São Miguel
EN 120
Bensafrim
63
01
A 22
Barão de São João
02
100
0 625 m

VIA ALGARVIANA ETAPPE 14 • 95 m

Von Vila do Bispo zum Cabo de São Vicente

  17,7 km  5:00 h  162 hm  186 hm

START | Vila do Bispo.
[GPS: UTM Zone 29 x: 508.076 m y: 4.104.110 m]
CHARAKTER | Die Via Algarviana GR13 ist durchgängig hervorragend in weiß-rot markiert, sodass detaillierte Beschreibungen mit Richtungsanweisungen überflüssig sind. Wegweiser in den Ortschaften und an markanten Stellen helfen zusätzlich der Orientierung und geben Informationen zu verbleibender Länge der Etappe.

Unser Ziel: der Leuchtturm

Das Cabo de São Vicente ist seit Menschengedenken ein heiliger Ort. Zusammen mit der Ponta de Sagres bildet es die Südwestspitze des europäischen Festlandes. Die Steilküste ist fast 70 m hoch und der Leuchtturm von 1846, der 90 km über den Atlantik strahlt, zählt zu den stärksten Europas.

▶ Wir gehen vom Hauptplatz in **Vila do Bispo** 01 hangabwärts an der Kirche vorbei. Schnell verlassen wir den Ort und wandern

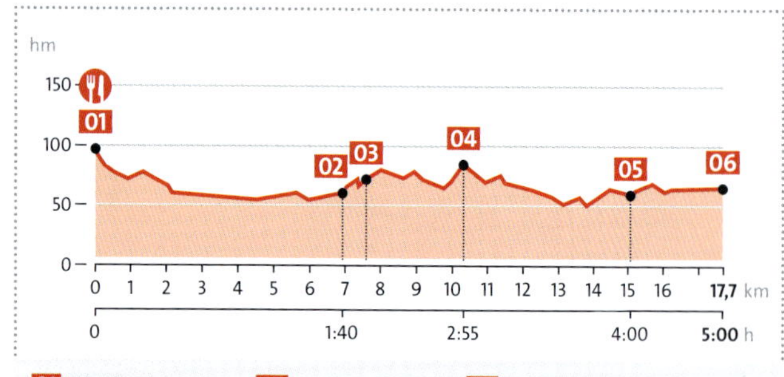

01 Vila do Bispo, 95 m; 02 Landstraße, 57 m; 03 Hof, 69 m; 04 Wegweiser, 82 m; 05 Fort, 56 m; 06 Cabo de S. Vicente, 62 m

Blick auf die Steilküste

entlang des Friedhofs, zunächst parallel zur Landstraße, dann in Richtung Meer. Wir passieren ein paar Häuser und kommen in eine karge Landschaft. Nach einem guten Stück führen uns die Markierungszeichen nach rechts zu der **Landstraße** **02**. Nach der Unterführung verläuft der Weg zu zwei **Höfen** **03** und an einer kleinen Kapelle vorbei. In der offenen Landschaft stehen nur vereinzelt Häuser. Wir stoßen auf einen **Wegweiser** **04** mit einem Abzweig nach Vila do Bispo. Wir gehen geradeaus durch eine Häusergruppe hindurch und können unser Ziel, den Leuchtturm, am Horizont erkennen. Schnurgerade führt uns eine kleine Straße auf die Küste zu, die wir am **Fort de Beliche** **05** erreichen. Teilweise neben der Straße, auf sandigen Pfaden, gelangen wir zum **Cabo de São Vicente** **06**, wo die Via Algarviana endet.

Schafe umgeben die wenigen Höfe auf der Ebene

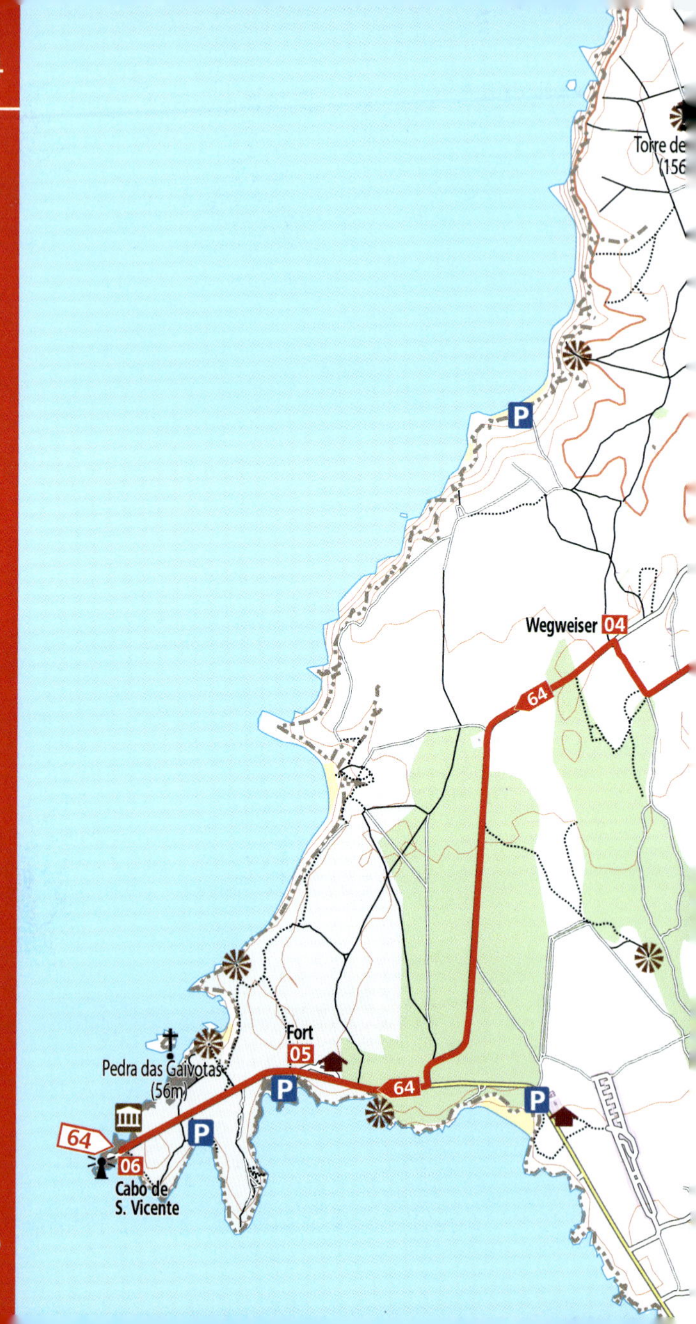
Torre de
(156
Wegweiser
04
64
Fort
05
Pedra das Gaivotas
(56m)
64
64
06
Cabo de
S. Vicente

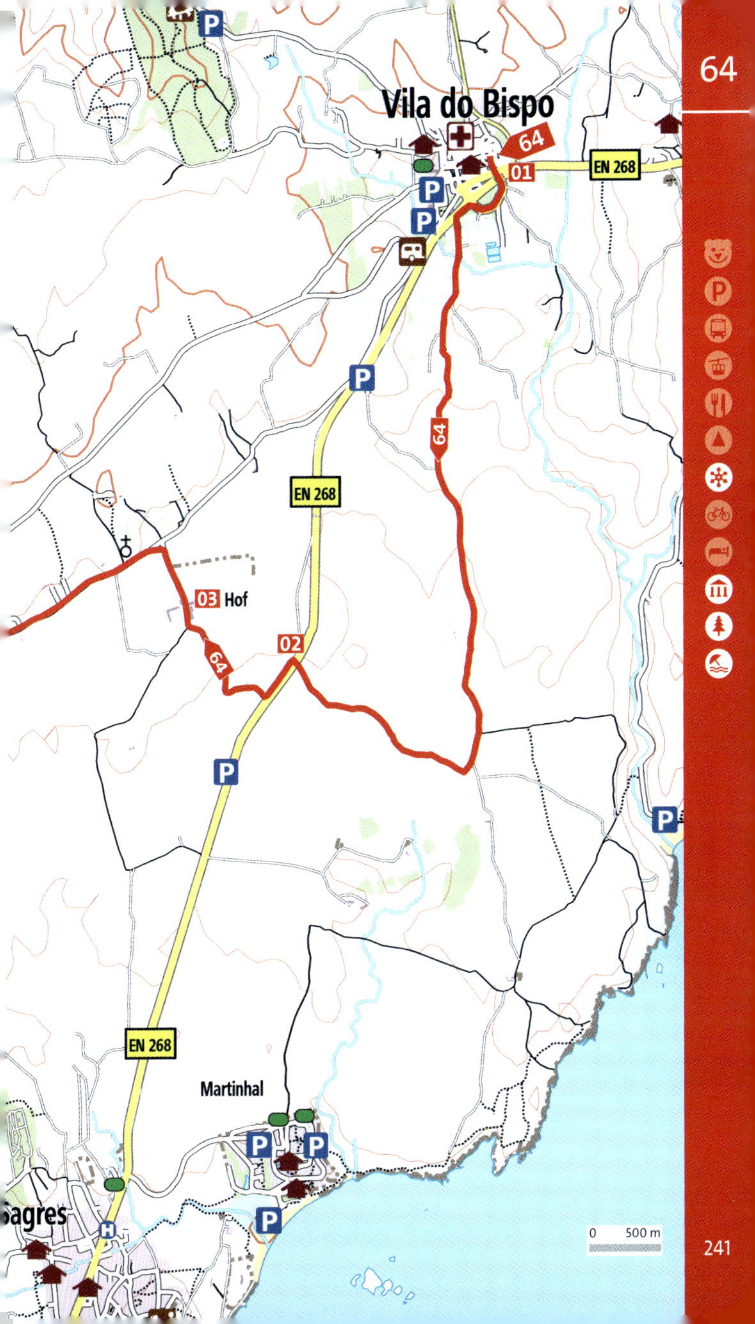

Vila do Bispo
64
01
EN 268
64
EN 268
03 Hof
02
64
EN 268
Martinhal
Sagres
0 500 m

Fischerboote in Salema

LG-1305-L
LOR DO AZEDUME
LG1360L
ESPADINHA

Sandskulpturen-Festival von Fiesa
Alljährlich werden 4 km nördlich von Pêra zu wechselnden Themen Sandskulpturen von internationalen Künstlern erbaut
www.fiesa.org

Grotten-Tour
Die wilde Küste der Algarve vom Boot aus entdecken:
www.algarve-seafaris.com

Zoomarine Vergnügungspark
EN 125 – Km 65
8201-864 Guia, Albufeira
www.zoomarine.pt

Zoo Lagos
mehr als 350 Tierarten
Medronhal – Quinta Figueiras
Barão de São João, 8600-013 Lagos
https://zoolagos.com

Museu de Portimao
Rua D. Carlos I,
8500-607 Portimão, Portugal
www.museudeportimao.pt

Museu Municipal de Arqueologia
Praça da República, n.º 1
8200 Albufeira
www.cm-albufeira.pt/content/museu-municipal-de-arqueologia

Der kleine Hafen von Arrifana

Typisches Dorf im Hinterland mit weiß getünchten Häusern

Nahezu in jedem kleinen Dorf, in jeder Stadt oder entlang des Meeres und in den Bergen finden wir Hinweise auf eine Unterkunft.

Eine sehr interessante Auswahl an Ferienhäusern und Ferienwohnungen: www.traum-ferienwohnungen.de/europa/portugal/algarve

Während unserer Touren an der Algarve waren wir ausschließlich auf ausgesuchten Campingplätzen unterwegs. Wir lieben die Abgeschiedenheit und meiden den Trubel. So haben wir besonders schöne Zeiten auf den folgenden Plätzen verbracht:

Orbitur Sagres
Cerro das Moitas
8650-998
Vila de Sagres
https://orbitur.com/en/destinations/algarve/orbitur-sagres

Quinta de Odelouca
Vale Grande de Baixo, Montes das Pitas, CxP 644-S
8375-215 São Marcos Da Serra
www.quintaodelouca.com

REGISTER

IMPRESSUM

1. Auflage 2023 Verlagsnummer 5916 ISBN 978-3-99121-776-3

Titelbild: Atemberaubende Sandbucht (Foto: Astrid Sturm)

Text und Fotografie: Astrid Sturm

Bildnachweis: Alle Bilder stammen von der Autorin

Grafische Herstellung und
Wanderkartenausschnitte: © KOMPASS-Karten GmbH
OpenStreetMap Contributors (www.openstreetmap.org)

Kartengrundlage für Gebietsübersichtskarte S. 10-11, U4:
© MairDumont, D-73751 Ostfildern 4

Alle Angaben und Routenbeschreibungen wurden nach bestem Wissen gemäß unserer derzeitigen Informationslage gemacht. Die Wanderungen wurden sehr sorgfältig ausgewählt und beschrieben, Schwierigkeiten werden im Text kurz angegeben. Es können jedoch Änderungen an Wegen und im aktuellen Naturzustand eintreten. Wanderer und alle Kartenbenützer müssen darauf achten, dass aufgrund ständiger Veränderungen die Wegzustände bezüglich Begehbarkeit sich nicht mit den Angaben in der Karte decken müssen. Bei der großen Fülle des bearbeiteten Materials sind daher vereinzelte Fehler und Unstimmigkeiten nicht vermeidbar. Die Verwendung dieses Führers erfolgt ausschließlich auf eigenes Risiko und auf eigene Gefahr, somit eigenverantwortlich. Eine Haftung für etwaige Unfälle oder Schäden jeder Art wird daher nicht übernommen. Für Berichtigungen und Verbesserungsvorschläge ist die Redaktion stets dankbar. Korrekturhinweise bitte an folgende Anschrift:

KOMPASS-Karten GmbH
Karl-Kapferer-Straße 5, A-6020 Innsbruck
www.kompass.de/service/kontakt

MIX
Papier aus verantwortungsvollen Quellen
FSC® C015829